U0521887

教育部人文社会科学研究规划基金项目"现代大学治理的社会参与机制研究"（18YJA880122）

江苏省高校优势学科建设工程项目（江苏师范大学教育学）

江苏省高校哲学社会科学优秀创新团队"现代大学治理"（江苏师范大学）建设项目

Social Participation in Governing Public Universities

朱玉山 著

公立大学治理的社会参与

中国社会科学出版社

图书在版编目（CIP）数据

公立大学治理的社会参与 / 朱玉山著. -- 北京：中国社会科学出版社, 2024. 9. -- ISBN 978-7-5227-3961-8

Ⅰ. G647

中国国家版本馆 CIP 数据核字第 2024X6L702 号

出 版 人	赵剑英
责任编辑	高　歌
责任校对	李　琳
责任印制	戴　宽

出　　版	中国社会科学出版社
社　　址	北京鼓楼西大街甲 158 号
邮　　编	100720
网　　址	http://www.csspw.cn
发 行 部	010-84083685
门 市 部	010-84029450
经　　销	新华书店及其他书店
印刷装订	北京君升印刷有限公司
版　　次	2024 年 9 月第 1 版
印　　次	2024 年 9 月第 1 次印刷
开　　本	710×1000　1/16
印　　张	19.75
插　　页	2
字　　数	306 千字
定　　价	106.00 元

凡购买中国社会科学出版社图书，如有质量问题请与本社营销中心联系调换
电话：010-84083683
版权所有　侵权必究

序　言

进入 21 世纪以后,中国的高等教育规模得到了超常规的迅猛发展。2002 年,中国高等教育毛入学率达到 15%,进入高等教育大众化阶段;2019 年,毛入学率达到了 51.6%,标志着中国高等教育迈入普及化阶段;2023 年,毛入学率达到了 61.2%。就规模而论,中国高等教育的发展尚处于普及化的初级阶段(超过 50%、低于 65% 为高等教育普及化初级阶段;达到 65%、低于 80% 为中级阶段;超过 80% 为高级阶段)。联合国教科文组织发布的数据显示,高收入国家(地区)高等教育平均毛入学率在 2018 年时已达 75%。所以,我国的普及化发展的任务仍很艰巨,普及化的脚步将继续前行。按照美国著名学者马丁·特罗教授的高等教育发展阶段理论,与量化指标相伴生的是,当高等教育进入普及化阶段后,大学与社会的关系将发生根本性变化,大学与社会的界限消失,大学与社会一体化,社会公众广泛参与大学治理成为普遍需求。中国政府在高等教育进入大众化和普及化初级阶段后,从政策层面积极响应这一变化趋势。2010 年,《国家中长期教育改革和发展规划纲要(2010—2020 年)》提出建设依法办学、自主管理、民主监督、社会参与的现代大学制度的改革目标。2019 年,《中国教育现代化 2035》进一步明确,要完善社会参与教育决策和管理机制,推动教育治理体系和治理能力现代化。因此,构建大学治理的社会参与机制,成为当前中国大学治理改革的现实课题。朱玉山博士的《公立大学治理的社会参与》这本专著对这一主题进行了探讨。

什么是大学治理的社会参与?本书作者基于市民社会理论、利益相关者理论、第三条道路理论和多中心治理理论,分别从政治学、经济学、社会学和行政学等不同学科视角，阐释了"大学治理社会参与"这一命题的内在逻辑合理性，并基于当代市民社会理论提出了分析"大学治理社会参与"这一概念的政府—市场—社会—大学的结构语境。借鉴社会参与理论的研究成果，作者还提出从参与的广度、深度和效度三个维度的主体、渠道、知情、咨询、共同决定和效果六个指标来评测大学治理社会参与的水平和质量。这些为本书后续研究的展开奠定了理论基石。

欧美发达国家公立大学治理社会参与的历史经验是什么？作者选取美国和法国进行了历史研究。美国是世界上第一个进入高等教育普及化阶段的国家，从20世纪70年代实现高等教育普及化以来，公立大学治理的社会参与已经走向稳定和成熟；法国近代以来有长达近二百年高度中央集权的高等教育治理历史，从20世纪60年代末起，通过分权制改革，逐步推进大学治理的社会参与。作者详细分析了美国和法国公立大学治理历史演进过程中社会参与的发生机制、实践经验和运作规律，为中国高等教育普及化阶段的大学治理变革提供了理论支持和实践借鉴。美国的经验表明，公立大学的治理在不同历史阶段政府、市场、社会和大学等不同参与主体的影响程度不同，现在已经形成了成熟的多元共治模式。法国的历史发展则展示了治理模式从高度中央集权向多元共治的转变历程，体现了社会参与大学治理已经成为法国大学治理结构改革坚定的方向，多元共治、民主管理成为法国大学走向善治的不变价值追求。

相比之下，中国的公办大学治理社会参与还处于初级阶段。中国自20世纪70年代末实施改革开放政策以来，高等教育管理体制在世界他国的影响下发生了重大的变革。从四十多年来的改革政策文本的分析可以看出，高等教育体制改革的基本走向是分散权力和下放权力——中央充分地向地方分权、政府适当地向学校放权、政府谨慎地向社会赋权，整体上是走向社会参与的高等教育治理结构。尽管政策层面已明确鼓励社会参与，但实际操作中仍以"知情"层次为主，"咨询"层次的参与尚在起步阶段，"共同决定"层次的社会参与根本没有发生。本书通过分析38所"双一流大学"的章程，也揭示了中国大学治理社会参与的

序　言

这一现状和挑战。

作者还选取了美国北卡罗来纳大学教堂山分校的案例，详细展示了大学治理社会参与的具体实践，从三个维度的六个指标剖析了该公立大学社会参与治理的现实运行状况，揭示了其治理模式中体现的参与主体的广泛性、参与渠道的多样性、参与层次的深度性、参与形式的稳定性、参与制度的规范性等特征，为中国大学治理改革提供了鲜活案例和有益的启示。

作者在比较美国、法国和中国公办大学治理社会参与阶梯三个层次的发展顺序及其特征后发现：美国是自上而下的顺序，体现自然发生、从有到优、缓慢推进的特点；法国是自上而下的顺序，体现事件驱动、从无到有、快速推进的特点；而中国是自下而上，体现政府主导、从无到有、稳步推进的特点。尽管各国的治理模式和发展路径有所不同，但多元共治是现代大学治理模式改革的共同趋势。现代大学不仅是政府的大学，也是社会和自身的大学，需要在多元主体共同治理下实现善治，需要在社会参与大学治理中实现自由、忠诚、平等、卓越的多元价值追求。

希望本书能为中国大学治理改革提供理论支持和实践参考，推动高等教育治理体系和治理能力的现代化。愿读者在阅读本书时能够有所启发，共同探索中国大学治理改革的新路径。

南京大学教育研究院原院长；教授，博士研究生导师

2024 年 5 月 31 日

前　言

马丁·特罗教授早在20世纪70年代就提出，当高等教育进入普及化阶段后，大学与社会的关系将发生根本性变化，卷入高等教育的受众面涉及广泛，大学与社会生产和生活不可分割，大学与社会走向一体化，社会广泛参与大学治理成为普遍要求。2002年中国高等教育毛入学率达到15%，进入了高等教育大众化阶段，2019年中国高等教育毛入学率达到51.6%，进入了高等教育普及化阶段。中国正在面临高等教育普及化后的社会参与大学治理的普遍要求。再者，中国在2010年颁布的《国家中长期教育改革和发展规划纲要（2010—2020年）》中明确提出，要"适应中国国情和时代要求，建设依法办学、自主管理、民主监督、社会参与的现代学校制度，构建政府、学校、社会之间新型关系"。中国在2019年颁布的《中国教育现代化2035》中也明确指出，要把"完善社会参与教育决策机制""建立社会参与学校管理机制"作为"推动社会参与教育治理常态化"的具体内容，以实现"推进教育治理体系和治理能力现代化"的战略任务。因此，构建大学治理的社会参与机制，是当今中国大学治理改革面临的现实问题。

美国是世界上第一个进入高等教育普及化阶段的国家，从20世纪70年代实现高等教育普及化以来，公立大学治理的社会参与走向稳定和成熟。法国近代以来有长达近两百年高度中央集权的高等教育治理历史，从20世纪60年代末实行大学治理分权制改革以来，一直在社会参与公立大学治理的改革道路上前行。因此，分析和研究美国与法国公立大学治理中社会参与的发生机制、实践经验和运作规律，可为中国高等教育普及化阶段的大学治理变革提供理论和实践借鉴。

市民社会理论、利益相关者理论、"第三条道路"理论和多中心治理理论是解释大学治理社会参与这一命题的适切理论，它们分别从政治学、经济学、社会学和行政学等不同学科视角阐释了"大学治理社会参与"这一命题的内在逻辑合理性。市民社会理论提供了大学治理社会参与问题的分析框架；利益相关者理论应用于从市民社会中界定大学治理多元参与主体的类型；"第三条道路"理论阐释了社会参与思想的来源；多中心治理理论强调的多元主体共同参与治理吻合了大学这一现代机构的组织特性。运用市民社会理论提供的四分框架和利益相关者理论界定的社会参与主体类型，借鉴社会参与的相关理论研究成果，可以将大学治理社会参与这一概念清晰地界定为：基于政府、市场、大学、社会四分框架下的市民社会中的大学利益相关主体，通过个体或一定的组织形式如董事会（理事会）、学术社团（学会、协会、研究会）、基金会、媒体组织等，介入大学决策、监督、评价等事务，以使大学达到"善治"状态的行为。借鉴社会参与理论的研究成果，还可以从参与的广度、深度和效度三个维度，以及主体、渠道、知情、咨询、共同决定和效果六个层面来评测大学治理社会参与的水平和质量。

美国公立大学自诞生以来，社会参与治理的过程经历了发生、发展到成熟的三个历史阶段，这三个阶段分别对应公立大学初创时期、公立大学体系形成时期和高等教育大众化以后三个时期，每个时期都相应地有一类重要的社会参与主体出现。公立大学治理的社会参与制度自然发生后，历经两百多年的缓慢发展，逐渐走向成熟。考察和分析美国公立大学治理中社会参与的发展过程可以发现：第一，每个时期的大学治理都是在政府、市场、社会和大学共同参与下的治理。第二，各种类型的社会主体在不同时期的产生机制、参与内容和发挥作用不同——公立大学初创时期，董事会的参与是伴随公立大学的诞生而产生的，全部由校外人士组成的董事会是公立大学的最高决策机构，全权负责大学的一切事务；公立大学体系形成时期，高等教育协会组织产生并发展壮大，在参与大学治理以维持大学这一组织机构的学术性上发挥重要影响，影响内容涉及一切学术事务；高等教育大众化以后，社会公众在"阳光法案"的保护下以各种形式普遍参与到大学事务中。第三，不同时期各参与主体的影响程度不尽相同——初创时期董事会占主导地位；形成时期大学（校长）一度发挥主导作用；大众化后政府、社会和大学参与力量基本走向均衡，共同参与，多元共治。整个美国公立大学治理社会参与的历史阶段，遵循大学发展的认识论逻辑，从参与深度的发生顺序上看是沿着共同决定—咨询—知情的参与阶梯呈"下延式"发展，是"从有到优"的发展过程。

法国大学在历史发展的进程中，形成了具有典型特点的欧洲大陆型大学治理模式。中世纪开始诞生了法国最古老的大学——巴黎大学，罗马教皇、巴黎主教和法国国王是中世纪控制大学的三股重要的外部力量，中世纪时期的巴黎大学既是在教会和国王的控制下，又是在与他们的斗争中，不断获得特权而逐渐走向组织化和制度化的自治。法国资产阶级大革命后，建立起了高度中央集权的高等教育管理制度。在这种制度下，政府对大学实行强力的中央集权控制，大学的外部利益相关者只有中央政府。20世纪下半叶的"五月风暴"，将大学推进了社会的中心，不仅拿破仑时代的中央集权体制开始动摇，而且学部集权制度也被强行拆除，虚化的"大学"开始真正向自主治理方向回归，包括校外人士在内的大学所有利益相关主体的参与治理也初见端倪。进入21世纪后，大学治理结构的改革依然在持续，但是社会参与大学治理已经成为法国大学治理结构改革坚定的方向，多元共治、民主管理成为法国大学走向善治的不变价值追求。法国大学外部治理权力历史变迁的过程就是找寻控制与自治的平衡点的过程，社会参与大学治理的生成和发展是国际影响与自愿引进的结果，社会参与型多元共治模式是法国现代大学治理结构的现实选择。

产生于分权体制、民主制度、市场经济等社会环境下的美国公立大学治理社会参与制度，强烈影响着世界各国大学治理制度的改革走向。法国和中国等罗马体系国家大学治理制度[①]改革过程中对美国制度的比较借鉴和引进，是主动地进行的，或许也是不露声色的。中国自20世纪70年代末改革开放以来，高等教育管理体制在世界各国的影响下发

---

① 见本书第一章第一节对"罗马体系"的介绍。

生了重大的变革。从40多年来的改革政策文本的分析可以看出，高等教育体制改革的基本走向是分散权力和下放权力——中央充分地向地方分权、政府适当地向学校放权、政府谨慎地向社会赋权，整体上是走向社会参与的高等教育治理结构。但是，通过考察38所"双一流"大学的章程来分析大学治理社会参与的现实状况可以发现，中国目前还处于初级阶段，处于社会参与阶梯的最底端即"知情"层次的社会参与还不够完善，"咨询"层次的社会参与尚处于起步阶段，最高层次即"共同决定"层次的社会参与根本没有发生。这能够反映中国公立大学治理社会参与发生机制的基本特征：一是大学治理社会参与的发生是供给主导型制度变迁的结果；二是大学治理社会参与模式的变革带有明显的路径依赖的特征。

美国公立大学是世界上典型的社会参与型大学治理模式，选取美国一所公立大学做解剖麻雀式的个案剖析，可以呈现鲜活生动的样本。北卡罗来纳大学教堂山分校是美国公立大学中有代表性的社会参与型治理模式高校，从社会参与的广度、深度和效度三个维度，以及主体、渠道、知情、咨询、共同决定和效果六个层面，考察分析大学董事会和大学咨询委员会两个组织的成员组成和工作内容以及大学校长遴选事件可以发现：不管是决策层次的社会参与还是咨询层次的社会参与，其参与主体都广泛来源于社会各界；参与渠道除了大学董事会共同决定层次的参与、大学咨询委员会咨询层次的参与外，还包括社会成员的捐赠参与、媒体组织的评价参与、认证协会的评估参与，等等。"阳光法案"是公立大学治理社会参与的重要制度保障。社会组织和个体普遍参与大学事务的治理是美国民主社会普遍认同的事实和做法，因此社会成员参与广泛，参与深度已达社会参与阶梯的最顶端——共同决定层次。综合分析案例大学的社会参与治理状况，可以反映出其治理社会参与的一些特性，包括参与主体的广泛性、参与渠道的多样性、参与层次的深度性、参与形式的稳定性、参与制度的规范性、参与意愿的自愿性，等等。

对美国、法国和中国公立大学治理社会参与发生和演变的历史过程进行分析可以发现，三国大学治理中都存在董事会/校务委员会/党委会、高等教育协会组织、社会公众这三类社会参与主体，分别对应社会参与阶梯的"共同决定""咨询"和"知情"三个层次。比较美国、法国和中国大学治理社会参与阶梯这三个层次的发生机制可以发现：美国是在分权体制、民主制度、市场经济等社会环境下自然生长的结果；法国打破原有制度的路径依赖，发生大学治理制度转轨，形成新的社会参与型治理模式的驱动力来自外部突发事件，属于事件驱动型发生机制；而中国则是政府理性的顶层设计，由制度到实践的强制性制度变迁的结果，属于政府主导型发生机制。比较美国、法国和中国大学治理社会参与阶梯这三个层次的发展顺序及其特征可以发现：美国是下延式发展，体现自然发生、从有到优、缓慢推进的特点；法国是下延式发展，体现事件驱动、从无到有、快速推进的特点；而中国是上延式发展，体现政府主导、从无到有、稳步推进的特点。

现代的大学是社会的大学，社会的大学社会参与治理；现代的大学也是政府的大学，政府的大学政府参与治理；现代的大学更是自己的大学，自身的大学需要自治，因此现代的大学是多元主体共同治理下的大学，多元共治是现代大学治理模式改革的共同趋势。从普遍的意义上讲，现代大学制度下的公立大学，政府、社会、大学等各类利益相关主体以各自独特的手段，在共同参与大学事务的治理中发挥各自独特的作用，充分体现出各自作用的特点，即政府参与受限制，社会参与无边界，大学自治有限度，多元共治显特色。从价值意蕴上看，社会参与的多元共治彰显了自由、忠诚、平等、卓越的多元价值，这些价值之间存在矛盾冲突，但也正是因为这些矛盾在冲突中逐渐优化而达到平衡后，各利益相关主体的各自价值诉求才能得到充分体现，缺少了社会参与，现代大学中的多元价值将无法完整表达。虽然美、法公立大学治理的社会参与中这种多元价值体现得较为充分，但是自由与忠诚、平等与卓越、民主与效率的矛盾依然存在，不过也正因为在多元共治中自由、忠诚、平等、卓越等多元价值得到彰显，民主与效率的矛盾才不再突出。

目　　录

第一章　绪论 ……………………………………………………（1）
　第一节　研究背景及意义 ………………………………………（1）
　第二节　文献综述 ………………………………………………（10）
　第三节　研究思路与方法 ………………………………………（31）
　第四节　研究内容 ………………………………………………（34）
　本章小结 …………………………………………………………（36）

第二章　公立大学治理社会参与的基本理论 ………………（37）
　第一节　大学治理社会参与的理论基础 ………………………（37）
　第二节　大学治理社会参与的分析框架、概念界定和评测
　　　　　维度 ……………………………………………………（46）
　本章小结 …………………………………………………………（57）

第三章　美国公立大学治理社会参与的历史演进 …………（59）
　第一节　初创时期（1776—1862年）：董事会制度的产生
　　　　　及其在治理结构中的作用 …………………………（59）
　第二节　发展时期（1862—1945年）：高等教育协会的出现
　　　　　及其在治理结构中的作用 …………………………（76）
　第三节　成熟时期（1945年以后）：公众参与制度的产生
　　　　　及其在治理结构中的作用 …………………………（96）
　第四节　美国公立大学治理社会参与历史发展阶段评析 ……（113）
　本章小结 …………………………………………………………（116）

第四章 法国公立大学治理社会参与的历史演进 (117)
- 第一节 中世纪时期与教会和王权斗争下的大学自治 (117)
- 第二节 近代以来中央集权统治下的大学治理 (121)
- 第三节 现代大学自治的回归和社会参与治理的出现 (123)
- 第四节 法国公立大学治理社会参与历史发展阶段评析 (129)
- 本章小结 (133)

第五章 中国公立大学治理社会参与的历史演进 (135)
- 第一节 中国公立大学治理结构的改革走向 (135)
- 第二节 中国公立大学治理社会参与的现实状况 (149)
- 第三节 中国公立大学治理社会参与发生机制的基本特征 (167)
- 本章小结 (177)

第六章 美国公立大学治理社会参与的现实案例 (178)
- 第一节 研究案例的选取 (178)
- 第二节 大学治理社会参与的广度分析 (187)
- 第三节 大学治理社会参与的深度分析 (201)
- 第四节 大学治理社会参与的综合分析 (212)
- 本章小结 (223)

第七章 美、法、中公立大学治理社会参与的比较 (224)
- 第一节 三类参与主体 (224)
- 第二节 三种发生类型 (239)
- 第三节 三个发展走向 (242)
- 本章小结 (243)

第八章 公立大学治理社会参与的趋势、特点与价值 (245)
- 第一节 公立大学治理社会参与的发展趋势 (245)
- 第二节 公立大学治理社会参与的基本特点 (251)
- 第三节 公立大学治理社会参与的价值意蕴 (257)

本章小结 …………………………………………………… (262)

参考文献 ………………………………………………………… (264)

附　录 …………………………………………………………… (280)
  附录一　高等学校信息透明度指数指标体系 ………………… (280)
  附录二　UNC – Chapel Hill 大学咨询委员会成员职业情况
　　　　　一览表（2016 年 1 月） …………………………… (281)
  附录三　2015 年 UNC – Chapel Hill 历次董事会全体会议
　　　　　内容 …………………………………………………… (290)
  附录四　UNC – Chapel Hill 校长遴选调查问卷 ……………… (294)

后　记 …………………………………………………………… (299)

第一章

绪 论

公立大学（public university）多是指由政府创办，以公费营运的大学。私立大学（private university）是指由民间创办、以自费营运的大学，其主要经费来源依赖学费、捐赠、募款等非政府资金，以维持其独立非营利组织的特性。实际上，公立、私立大学的分界线并不十分明确，如果单独以营运经费的来源作为区分依据，则公立、私立大学的界限更加不明确，因为许多公立大学所接受的政府补助占大学整体支出比重很小，相反一些私立大学所接受的来自政府的公共拨款甚至超过公立大学。公立大学与私立大学的主要区分在于举办者和管理者的不同，公立大学的举办者和管理者是政府，私立大学的举办者和管理者是社会团体或个人。私立大学的治理主体自然是社会，而公立大学的治理主体不一定包含社会，所以在讨论大学治理的社会参与这一话题时，大学的公立性质是社会参与治理的前提和基础。

第一节 研究背景及意义

一 研究背景

（一）国际背景

随着全球化的发展，跨国性问题和挑战日趋严峻，中美欧需要在推进和强化有效的全球治理中发挥重要作用，中美欧的大学将是全球治理中的思想智慧库和革新发动机,而大学本身也将在相互学习和合作发展中不断提升治理水平。

美国高等教育学家约翰·布鲁贝克(John S. Brubacher)提出,"在20世纪,大学确立它的地位的主要途径有两种,即存在两种主要的高等教育哲学:一种哲学主要是以认识论为基础,另一种哲学则以政治论为基础"①。与这两种高等教育哲学相对应,世界上存在两种高等教育体系,一种是盎格鲁-撒克逊传统的高等教育体系(以下简称盎撒体系),另一种是罗马传统的高等教育体系(以下简称罗马体系)。盎撒体系的特点是:政治系统和教育系统分离,大学一般具有法人地位,大学自治和学术自由的价值理念得到人们的普遍认同;认为大学教育要以养成健全人格的"成人"教育为主,以训练人力资源的"成才"教育为辅,大学教育应该指向人的精神和灵魂,为知识而知识,为学术而学术。这种高等教育体系以英国、美国以及澳大利亚、加拿大、新西兰等英联邦国家为代表。罗马体系的特点是:高等教育归属于国家体制,大学都被整合于政府体系之中,大学的经费几乎全部来自政府拨款;政治系统与教育系统不分,大学一般不具有独立的法人地位;实行教育国家主义政策,国家对大学的控制程度很深,认为国家举办高等教育的目的是为国家训练人力资源。这种高等教育体系以意大利、瑞典、法国、德国、俄罗斯、日本等国家为代表②。

这两种传统的高等教育体系都有自己的哲学基础,罗马体系以政治论为基础,盎撒体系以认识论为基础。这两种体系的高等教育之间一直存在相互竞争,但似乎近一个世纪以来盎格鲁-撒克逊传统的高等教育始终保持着领先地位,无论是英国《泰晤士报》和《美国新闻与世界报道》的世界大学排名榜上,还是中国上海软科世界大学学术排名榜上,前100所大学中盎撒体系的大学占比都超过了70%,特别是美国的大学长期占据世界大学排行榜的前排席位,正如哈佛大学文理学院前院长亨利·罗索夫斯基(Henry Rosovsky)曾宣称的:"当今全世界最好

---

① [美]约翰·S·布鲁贝克:《高等教育哲学》,王承绪、郑继伟、张维平等译,浙江教育出版社2002年版,第13页。
② 周光礼等:《大学章程的国际比较》,《中国高校科技与产业化》2011年第5期。

第一章 绪论

的大学中足足有 2/3—3/4 是在美国。"① 美国大学整体上已经成为当今世界上最有影响力、最具竞争力、最强大的高等教育机构生态群，实际上第二次世界大战之后美国成为世界高等教育的中心。美国大学成功的治理模式成为世界各国大学效仿的样板，在高等教育日益激烈的国际竞争环境下，罗马传统的高等教育体系也在慢慢地改革，并且近半个世纪来的改革实际上是向盎格鲁-撒克逊体系渐渐转型，如法国、德国、日本等高等教育国家控制型体制改革的总体路线呈现出向着市场化、社会化方向发展。罗马体系高等教育的转型发展，呈现的是大学治理参与主体的逐渐多元，政府体系之外的社会逐渐成为重要的参与主体。因此，大学治理的社会参与问题是一个很重要的研究主题。

（二）国内背景

中国的高等教育体制是先袭日本，后承德国，又仿法国，再学苏联，因此带有浓厚的罗马体系的色彩。民国时期也曾借鉴美国大学的管理体制，改革开放后，又开始重新学习美国，40多年来中美之间的高等教育交流互鉴几乎到了"言必称美国"的程度，而美国大学治理体系中最有特色的是基于大学自治和学术自由理念的多元主体共同治理结构，这种多元共治结构中的社会参与更是中国当下大学治理改革实践尤其需要借鉴的。

中国改革开放以来的高等教育改革，以理顺政府与大学的关系、下放大学办学自主权为改革的突破口，40多年来改革的目标始终不变。1985年《中共中央关于教育体制改革的决定》（以下简称《决定》）中提出，要"扩大高等学校的办学自主权，加强高等学校同生产、科研和社会其他各方面的联系"。1994年《关于〈中国教育改革和发展纲要〉的实施意见》指出，要"建立健全社会中介组织，发挥社会各界参与教育决策和管理的作用"。1998年《中华人民共和国高等教育法》中提出，"国家鼓励企业事业组织、社会团体及其他社会组织和公民等社会力量依法举办高等学校，参与和支持高等教育的改革与发展"。2010年

---

① Henry Rosovsky, *The University—An Owner's Manual*, New York: W. W. Norton & Company, Inc, 1990, p. 30.

《国家中长期教育改革和发展规划纲要（2010—2020年）》（以下简称《纲要》）"建设现代学校制度"一章中明确提出，要"适应中国国情和时代要求，建设依法办学、自主管理、民主监督、社会参与的现代学校制度，构建政府、学校、社会之间新型关系"，并清晰地提出了建设"依法办学、自主管理、民主监督、社会参与的现代大学制度"的改革目标。2014年7月教育部发布的《普通高等学校理事会规程》（以下简称《规程》）指出，"理事会系指国家举办的普通高等学校根据面向社会依法自主办学的需要，设立的由办学相关方面代表参加，支持学校发展的咨询、协商、审议与监督机构，是高等学校实现科学决策、民主监督、社会参与的重要组织形式和制度平台"。2015年5月教育部印发的《关于深入推进教育管办评分离促进政府职能转变的若干意见》提出，"到2020年，基本形成政府依法管理、学校依法自主办学、社会各界依法参与和监督的教育公共治理新格局，为基本实现教育现代化提供重要制度保障"。2019年中共中央、国务院印发的《中国教育现代化2035》提出，教育现代化的十大战略任务之一是"推进教育治理体系和治理能力现代化"，一是要"完善社会参与决策机制"，二是要"建立社会参与学校管理机制"，以推动社会参与教育治理常态化，从而实现"形成全社会共同参与的教育治理体系"的发展目标。

从1985年的《决定》开始提出"要扩大高校与社会的联系"，到2010年的《纲要》中提出"建立社会参与的学校制度是构建政府、学校、社会之间新型关系的需要"，再到2014年《规程》中规定"建立理事会以作为实现高等学校社会参与的重要组织形式和制度平台"；从2010年的《纲要》提出建立有社会参与的现代大学制度的概念框架，到2019年的《中国教育现代化2035》提出建立全社会共同参与的教育治理体系的实践目标，不难看出，中国自实施改革开放政策以来，随着高等教育改革的逐步深入，社会参与高等教育已经从概念上升到理念，从理念提升到行动的层面，而且伴随"治理"理论引入高等教育领域，社会参与高等教育治理、社会参与高等学校治理已经成为高等教育的时代主题，构建政府、学校、社会等大学多元主体共同治理①的新格局，成为全面深化大学治理制度改革的新目标。

回顾中国40多年来高等教育改革，一个重要主题就是处理好政府与大学的关系，府学关系研究呈现聚集的现象，研究成果汗牛充栋，无论从高等教育管理（治理）体制改革的视角、现代大学制度建设的视角还是大学治理体系改革的视角，都表达了研究者对政府与大学关系浓厚的研究兴趣。在计划经济时代大学是政府娇养的宠儿，大学的一切事务由政府包办，但是在市场经济条件下政府不得不让大学学会独立自主、自立门户，大学以独立的身份自立于社会，因此社会与大学关系的研究应该成为与府学关系研究并行的热点。社学关系表现为社会与大学的双向关系，一方面表现为大学要为社会服务，另一方面则表现为社会要参与大学的治理。政府、市场、社会和大学的多对关系中的社会参与大学治理是一个非常重要的研究问题。

当"大学治理的社会参与"这一研究主题逐渐清晰时，笔者心中不免产生一系列疑问：什么是大学治理的社会参与？为什么大学治理需要社会参与？大学治理社会参与的价值意蕴何在？如何评测一个教育系统中大学治理的社会参与程度？有哪些评测指标？美国作为当今世界典型的社会参与型大学治理模式国家，其公立大学治理社会参与机制是如何形成的？其大学治理的社会参与有何特点？参与程度如何？法国作为有着同样高等教育中央集权传统的国家，其社会参与大学治理模式又是如何形成的？其发展趋势怎样？美国、法国公立大学治理的社会参与可以为中国的大学治理模式改革提供怎样的借鉴？中国大学治理社会参与的现状如何？发生机制怎样？这一系列问题引发了笔者的思考。这既需要从学理性上去阐释"大学治理社会参与的治理理念"，又需要从实践层面去考察"大学治理社会参与的治理模式"。一方面，与自然形成的西方公民社会相比，中国的公民社会是建构的，事实上，改革开放以来，也正是在中国政府的主导下，中国公民社会开始发育，大学治理中

---

① 采用"大学多元主体共同治理"的表述，旨在突出强调治理大学需要政府、社会和大学等多元主体共同参与，从这种意义上讲的治理显然是指的大学外部治理，因此可以将"大学多元主体共同治理"简称为"大学治理"，意指大学外部治理。本书所指的大学治理即大学外部治理。

也逐渐融入社会参与元素；另一方面，美国大学是典型的社会参与型大学治理模式，其董事会制、校外咨询委员会制等都包含社会参与大学治理的元素，法国现代大学由传统模式向社会参与型大学治理模式快速转型，其校务委员会制等社会参与机构的运作经验等等，都可为中国大学提供借鉴。伯顿·R·克拉克曾指出，高等教育的形式和观念的国际性移植是变化的主要途径之一，高等教育系统的许多特点都是从国外搬来的，自愿引进很早以前就已经成为高等教育界变革的一个基本手段，而且"自愿引进一般都是点点滴滴地进行的"①。美国的高等教育系统对英国和德国的引进，日本对德国和美国的引进都取得了成功，目前中国正处在"自愿引进"他国高等教育形式和观念以逐步形成有中国特色的高等教育系统的过程中，美国、法国等公立大学治理中社会参与的成功经验无疑应该成为中国借鉴的重要内容之一。因此，中国大学治理的社会参与元素的可构建性和美法公立大学治理社会参与经验的可借鉴性，为上述问题的研究提供了可能性和研究思路。当然，美国、法国大学治理社会参与的理念与实践为中国大学治理社会参与的构建提供了参照样本，并不意味着美法大学治理的社会参与元素必定会在中国大学治理中出现，而这些元素产生和存在的制度环境才是需要深入研究的。

二 研究意义

大学治理社会参与既是一个理论问题，又是一个实践问题。随着中国现代大学制度建设向纵深方向发展，改革中出现了一些比较突出的实践问题，如"政府与大学关系悖论问题"和"大学去行政化问题"等，这些问题的解决路径指向了"社会参与"，"社会"这一"极"的加入为问题的解决提供了通道，丰富了改革实践的内容，有利于全面深化高等教育改革。但是，大学治理社会参与的实践同样面临一些基本理论问题，如"什么是大学治理的社会参与""如何评价大学治理的社会参与""大学治理社会参与的价值意蕴何在"等，对这些基础性理论问题

---

① ［美］伯顿·R·克拉克：《高等教育系统——学术组织的跨国研究》，王承绪、徐辉、殷企平等译，杭州大学出版社1994年版，第257页。

的回答，能为深化大学改革实践提供理论依据。

(一) 理论意义

"大约是在 20 世纪 90 年代，公众参与（社会参与）的概念、理论开始传入中国并逐步兴起。"① 在政治学等其他学科领域中，社会参与的研究已经取得了一些理论成果，诸如社会参与的概念、社会参与的理论基础、社会参与的意义等。而在高等教育领域，关于大学治理社会参与的研究还处于起步阶段，一些基本概念和基本理论还没有形成，大学治理社会参与清晰的概念界定、大学治理社会参与的价值探讨、大学治理社会参与的生成机制、大学治理社会参与的评测维度等，还没有很好地展开，从而阻碍更深入的实证研究的进行，不利于指导大学治理的改革实践。显然，对大学治理社会参与的基础性理论研究是重要的。

(二) 实践意义

1. 为解决政府与大学关系悖论提供通路

中国大学制度的改革以"政府下放大学办学自主权"开始，自 20 世纪 80 年代以来，政府对于中央集权的高等教育管理体制进行了一系列改革，这些改革的核心是下放管理权限、落实高等学校办学自主权。通过改革，逐步确立了高等学校相对独立的主体地位，高等学校逐渐成为"自己的主人"。然而，高等学校承接了政府下放的过多的"自主权"以后，由于高校的"法人"治理结构的不完善，出现了高校受少数"内部人"控制、权力垄断于"一把手"而引发的大面积职务犯罪、不合理的小团体利益膨胀、不同程度偏离公益目标等问题。因此，在政府与大学关系改革上就出现了"一放就乱、一乱就收、一收就死"的改革悖论：一强调给高校多一点自主权以增强办学活力，政府就容易放松对高校应有的监管，学校缺乏自我约束和管理机制，或好大喜功，或利益驱动，容易造成各自为政，致使一些高校过于追求自身利益，偏离公益目标，形成所谓的"一放就乱"；一强调高等教育的公益属性，政府就急于充当公平正义保护神的角色，容易对高校指手画脚，统得过多、管得过死，学校缺乏办学自主权，不能快速主动地根据经济社会发

---

① 蔡定剑主编：《公众参与：风险社会的制度建设》，法律出版社 2009 年版，第 2 页。

展的需要和人才市场的变化，对办学的形式和内容进行相应的调整，抑制了高校的办学活力，形成所谓的"一收就死"。在政府与高校的权力拉锯中，引入社会角色参与大学治理机制，形成政府、大学、社会各享其权、各理其事、各担其责的三方共同参与大学治理的格局，无疑是解决高等教育改革过程中产生的政府与大学关系悖论的最佳通路。政府把部分权力下放给大学，也可以说政府把原本属于大学的权力归还给大学，使大学能够独立地行使自治权；政府把部分权力下放给社会，也可以说政府赋权社会，使社会中的个人或组织能够作为大学利益相关者的角色参与大学的治理，建立政府、大学、社会的新型关系，共同治理，消解悖论。因此，研究大学治理的社会参与问题，可以为解决政府与大学关系悖论提供思考通路。

2. 为实现大学"去行政化"提供解决方案

大学的行政化是中国大学多年来的积弊，大学行政化使大学偏离了作为学术组织的性质，"高校处在政府巨大、复杂而细致的管控网络之下，高校越来越像接受和执行政府指令的办事部门"[①]。大学行政化的表现恰恰在于：一是政府将大学作为其延伸的部门不加区别地对办学进行直接管理与干预，在职能与机构的设置上要求与政府职能部门一一对应；二是在大学的内部管理上，行政权力泛化，学术权力得不到彰显，使得大学组织越来越像政府，大学的管理人员越来越像官员，大学的运行模式越来越像行政机构，进而不按照教育规律、人才成长和学术发展规律办事，而用行政手段和思维来解决学术和教育问题。[②] 大学行政化还表现在"大学倾向于依附政府及相关部门，更多关注的是如何获取行政配置的资源，缺少对办学规律的深入研究，难以彰显办学特色"[③]。因此，《国家中长期教育和发展规划纲要（2010—2020年）》明确指出，要"探索建立符合学校特点的管理制度和配套政策，克服行政化倾向，取消实际存在的行政级别和行政化管理模式"。大学去行政化关键是需

---

① 陈学飞：《高校去行政化：关键在政府》，《探索与争鸣》2010年第9期。
② 宜勇：《外儒内道：大学去行政化的策略》，《教育研究》2010年第6期。
③ 钟秉林：《关于大学"去行政化"几个重要问题的探析》，《中国高等教育》2010年第9期。

要一种能够有效阻止政府权力直接延伸到大学具体事务的力量,而独立于政府和大学之外的社会力量是不二之选,基于此,有学者指出,"社会参与治理是遏制大学行政化趋势蔓延的一种有效选择","建立一种开放性的治理结构,打破封闭的科层制结构,实行社会参与治理,这或许是平衡行政权力的唯一出路"①。因此,研究大学治理的社会参与问题,可以为实现大学去行政化提供解决方案。

3. 为中国普及化阶段的高等教育治理提供借鉴

2002年中国高等教育毛入学率达到15%,进入高等教育大众化阶段,此后中国高等教育毛入学率仍然连年持续增长,2015年达到了40%,进入大众化后期阶段,2019年达到51.6%,正式进入高等教育普及化阶段。按照马丁·特罗的高等教育大众化理论,高等教育进入普及化阶段后,大学与社会的关系将发生根本性变化,高等教育的受众面涉及广泛,大学与社会走向一体化,庞大体量的巨型大学需要巨量的办学资源,社会公众广泛参与大学治理是普遍要求。② 中国从改革开放以来,政府和高校在社会参与高等教育治理和高等学校治理方面的不断改革,取得了一些成果,但是立足长远的、可持续的社会参与制度建设仍然准备不充分。20世纪70年代以来,西方发达国家高等教育相继走完了从精英化到大众化、从大众化到普及化的过渡阶段。美国是第一个进入高等教育普及化阶段的国家,美国有着社会参与大学治理的历史传统,从20世纪70年代实现普及化以来,在大学治理的社会参与方面积累了丰富的经验;法国从20世纪60年代后期开始改革,大学治理的社会参与程度也逐渐加深,其由国家控制到大学自治的改革经验同样值得参考。因此,研究和借鉴美国和法国公立大学治理社会参与的发生机制和运作规律,可以为中国普及化阶段的大学治理变革、为完善中国的现代大学制度提供实践参照。

中国关于高等教育改革的国家政策文件中体现出的"大学治理社会参与"的理念,是决策者与研究者深入互动的结果。对高等教育管理

---

① 王洪才:《大学治理的内在逻辑与模式选择》,《高等教育研究》2012年第9期。
② [美]马丁·特罗:《从精英向大众高等教育转变中的问题》,王香丽译,《外国高等教育资料》1999年第1期。

（治理）、现代大学制度以及大学治理等范畴中关于"社会参与"问题的持续和深入的研究，为中国高等教育治理和大学治理的改革实践及政策制定提供了理论依据和实践支撑。因此，研究大学治理社会参与问题可以为全面深化高等教育管理（治理）体制改革实践提供理论支撑，为大学治理中的现实矛盾问题的解决提供实践策略。

第二节 文献综述

关于大学治理社会参与主题目前已经有少量初步研究，总体上看还很不充分，目前还缺乏系统的研究成果。关于该主题的一些相关或相似的研究成果多散见于其他研究中，主要有四类：一是高等教育管理/治理中的"社会参与"研究；二是现代大学制度中的"社会参与"研究；三是大学（高校）治理中的"社会参与"研究；四是其他领域中的"社会参与"研究。

一 高等教育管理/治理中的"社会参与"研究

高等教育管理中社会参与的研究是从 20 世纪 80 年代开始的。1985 年中共中央做出关于教育体制改革的决定，指出要加强高等学校同社会各方面的联系，研究者们开始关注社会因何和如何加强与高等学校联系问题。进入 20 世纪 90 年代后，伴随着中国经济领域提出建设社会主义市场经济的概念，研究者们开始关注高等教育领域的体制改革如何适应市场经济发展的要求，在放眼市场经济下的国家高等教育领域时，发现了"社会参与"高等教育管理这一特征，因此研究者们提出了"高等教育管理中的社会参与"这一概念。进入 21 世纪以后，随着治理理论在高等教育领域的运用，高等教育治理逐渐取代高等教育管理这一概念，社会参与高等教育治理自然成为高等教育研究者关注的主题。

早在 20 世纪 80 年代，随着中国改革开放的不断推进，研究者们开始注意到高等教育需要加强与社会的联系。许晓平认为，中国现行高等教育体制最大的弊端就是封闭性，但改革开放的社会环境强化了社会参与大学管理的意识，社会具有参与大学管理的能力，而且发现自20世纪中期以来，社会参与大学管理几乎被所有发达国家采用。①

进入20世纪90年代，中国开始实行社会主义市场经济制度，市场经济条件下的社会参与高等教育管理问题再次引起研究者的关注。陈学飞通过考察法、德、美、日、苏五国高等教育管理中的社会参与状况，了解到法国社会人士参与大学管理在多数高等学校中至今并未真正实行；德国社会力量没有直接参与高等学校的管理；日本各种社会力量通过舆论和各类压力集团的作用，能够直接或间接地影响到国家教育政策的制定，但在中央一级，起决定作用的力量是政府；美国除少数几所军事院校外，没有由政府直接管理的高等学校，都是由校外人士组成的董事会来领导的。最后得出结论"目前尚没有明显的迹象说明已经出现了社会力量参与高等学校管理的普遍趋势"②。叶家康与胡四能认为社会参与高等教育在中国产生和发展是中国社会经济发展的必然的、内在的要求，是中国教育发展和改革的迫切需要，同时也是现代世界高等教育发展对中国高等教育产生影响的结果，提出教学科研生产联合体、校董事会、校顾问委员会、校发展基金会是社会参与高等教育的几种主要形式。③ 刘智运指出实行市场经济的西方发达国家"高等教育外部运行机制一般由国家、市场、社会、学校四部分组成"，"社会参与是西方发达国家办教育的传统做法"，提出"建立在社会主义市场经济体制下的中国高等教育外部运行机制也应由国家、学校、市场和社会四个要素组成"④。刘振天在考察欧美等西方发达国家的社会参与教育管理基本情况后，认为西方国家教育管理体制中社会参与的法律制度比较健全、组织机构比较完善、参与成效比较明显。⑤ 侯卫伟与孙健提到系统论、大教育观、社区教育的兴起和企业间的竞争是社会参与高等教育管理的必

---

① 许晓平：《应当重视社会参与大学管理》，《高等教育研究》1987年第3期。
② 陈学飞：《五国高等教育管理体制改革中几个带共性的问题》，《高等教育研究》1992年第1期。
③ 叶家康、胡四能：《中国高等教育的社会参与：产生、发展、问题与对策》，《五邑大学学报》（社会科学版）1994年第5期。
④ 刘智运：《论高等教育运行机制》，《机械工业高教研究》1995年第3期。
⑤ 刘振天：《西方国家教育管理体制中的社会参与》，《比较教育研究》1996年第3期。

然要求，提出社会参与高等教育管理的形式和内容包括吸收社会各界特别是企业界代表参与有关高等教育的宏观决策、组成由社会各界代表参加的高校董事会、建立产学研联合体、组织社会力量（高等教育的中介机构）直接参与高等教育的高校排名、课程设置、质量评估和证书认可，等等。① 刘绍怀认为建立现代高等教育管理体制，就是要正确处理政府、学校、社会、市场的关系，建立起政府调控、市场调节、学校自主、社会参与相结合的科学有效的管理体制；并认为社会参与管理大学的途径包括参与高等教育的决策、参与高等教育的评价、直接参与高等教育某些方面的管理。② 这些研究者以中国提出建立市场经济体系这一宏观背景为基础，将中国与已经是发达市场经济的西方国家的高等教育管理体制做比较，发现了"社会参与"是市场经济条件下高等教育管理的共同特征，提出中国在社会主义市场经济条件下也应该发展高等教育管理的"社会参与"，而且借鉴了西方社会参与高等教育管理的一些具体举措。

进入21世纪以后，治理理论引入高等教育领域，研究者们开始运用治理理论探讨中国高等教育治理中的"社会参与"问题。龙献忠认为，随着中国高等教育大众化、国际化、市场化进程的加快，高等教育发展所面临的环境和问题日益多元化、复杂化和动态化，政府必须改变过去的单中心治理，通过分权或联合其他社会力量对高等教育实行多中心治理。③ 史雯婷从第三部门发展的角度探讨了高等教育的社会治理，认为高等教育从社会边缘走向社会的中心带来的高等教育管理权力的重新分配促使高等教育管理方式的转型是高等教育社会治理兴起的原因，还认为第三部门的发展为高等教育的社会治理提供了实施主体，第三部门的发展使高等教育的社会治理更具合法性，第三部门为高等教育内部各种力量提供了合作与竞争的平台，因此应当大力发展我国第三部门，

---

① 侯卫伟、孙健：《浅论高等教育管理中的社会参与问题》，《河南社会科学》2000年第1期。
② 刘绍怀：《关于我国现代高等教育管理体制基本要素问题的探讨》，《云南高教研究》2000年第2期。
③ 龙献忠：《论高等教育多中心治理的参与协商机制》，《高等工程教育研究》2004年第5期。

第一章 绪论

提高高等教育社会治理的水平和效率。① 从定义上看，第三部门是一类介于政府和企业之间的非政府组织、非企业组织，是代表社会公众利益、不以营利为目的的专业性、独立性、中立性的合法组织，就是社会组织，第三部门参与高等教育治理就是社会参与高等教育治理。耿建认为，高等教育公共治理模式应当是一个由政府、高校、社会组织等元素构成的系统，在这个系统中界定了政府管理权限和高校自治的责任以及社会组织参与的机制，有效的教育法律调控机制保证高等教育活动参与者的权力、责任、利益，实现集中管理与合理分权之间的协调一致是改革的目标。② 范文曜认为中国自改革开放以来，高等教育管理体制已经发生了根本性变革，无论是政府管理高等教育的方式，还是大学独立法人地位的形成以及中间机构的发展壮大，社会参与高等教育治理的程度明显扩大，这些社会参与高等教育治理的中间机构主要包括政策实施类、政策指导类、政策研究和咨询类。③ 刘承波认为，社会参与监督管理是美国高等教育治理的重要内容，董事会制度是美国最具特色的高等教育治理制度，是社会参与高等教育治理的重要机制，各种协会和中间机构发挥着积极的桥梁和纽带作用，对中国建立社会参与监督、管理学校的机制具有重要借鉴作用。④ 范文曜提出"高等教育需求多样化、高等教育走向社会中心、高等教育经费来源多渠道是社会参与高等教育治理的必然要求"，指出"高等教育治理的社会参与是世界高等教育发展的共同趋势，是实现高等教育良治的基本保证"⑤，"扩大高等教育治理的社会参与，对于经济社会发展和国际竞争力提升具有重要基础作用，对于国家行政管理体制改革和扩大基层民主具有重要示范作用"⑥。刘宝存、杨尊伟认为，"从国际上看，社会参与高等教育治理已经成为西

---

① 史雯婷：《从高等教育的社会治理看第三部门的发展》，《江苏高教》2004 年第 3 期。
② 耿建：《中国高等教育公共治理的模式选择——兼论高校管理体制改革的方向及途径》，《江苏高教》2005 年第 3 期。
③ 范文曜：《高等教育治理的中间机构》，《复旦教育论坛》2007 年第 6 期。
④ 刘承波：《美国高教治理中的规划协调与社会参与机制研究及启示》，《中国高教研究》2007 年第 10 期。
⑤ 范文曜：《高等教育治理的社会参与》，《复旦教育论坛》2010 年第 4 期。
⑥ 范文曜：《发展社会主义民主政治促进高等教育治理的社会参与》，《中国高教研究》2011 年第 6 期。

方发达国家的共同做法，但长期以来，我国高等教育治理体系中缺乏社会参与"①。周娟认为，"我国高等教育治理社会参与严重不足，这主要是社会主体缺乏法定的参与权力、公民社会发育不全造成的"②，"应当修订《高等教育法》，明确社会主体特别参与资格与参与事项范围；制定或修订社会参与专项立法，细化高等教育社会参与；修订社会团体、社会服务机构、基金会立法，放宽社会主体设立限制，从而确立高等教育治理社会主体法律地位，将社会主体打造成高等教育政府、高校、社会共同治理格局中的重要一极"③。林杰、张德祥认为，完善社会参与高等教育治理的体制机制是中国高等教育外部治理现代化的理想目标之一。④ 林靖云、刘亚敏认为，从政策视角看，中国高等教育治理中的社会参与经历了从缺位、有位到定位的变迁历程，凸显了利益相关者的多重权力博弈。⑤

上述关于高等教育管理/治理中的社会参与研究，多是从借鉴西方高等教育实践经验出发的研究，讨论的是社会参与高等教育的必要性、可行性、出现原因、存在意义、目标要求、现实困境、可能对策等，多是经验的直接借鉴或简单的逻辑推理，深层次地探讨西方社会参与高等教育的生成机制和运行机理以及通过深度的比较分析探讨高等教育治理中社会参与的发生与发展的历史规律，仍显不够。而且，高等教育管理/治理中的社会参与研究是以改革我国高等教育管理体制为出发点，显然是从政府视角的研究，研究目的是如何完善国家的高等教育管理/治理体制，目标是政府善治。

---

① 刘宝存、杨尊伟：《我国高等教育治理体系的社会参与：国际比较的视角》，《中国高教研究》2016 年第 12 期。
② 周娟：《我国高等教育治理法治化研究》，博士学位论文，南昌大学，2017 年。
③ 周娟、肖萍、程祥国：《高等教育治理社会主体法律地位研究》，《中南民族大学学报》（人文社会科学版）2018 年第 3 期。
④ 林杰、张德祥：《中国高等教育外部治理现代化：理想目标、现实困境及推进策略》，《中国高教研究》2020 年第 3 期。
⑤ 林靖云、刘亚敏：《我国教育治理中的社会参与：困境与出路》，《现代教育管理》2020 年第 11 期。

二 现代大学制度中的"社会参与"研究

在克拉克·科尔（Clark Kerr）看来，与约翰·亨利·纽曼（John Henry Newman）的古典大学和亚伯拉罕·弗莱克斯纳（Abraham Flexner）的传统大学相比，现代大学已经从原来的社会边缘进入社会的中心地域，在社会发展中发挥着越来越重要的作用。① 伯顿·R·克拉克也认为，现代大学的现代性主要体现在大学从社会边缘走向社会中心之后，大学打破了以往的自我封闭状态，大学本身从本质上发生了根本性变化。② 中国学者潘懋元同样认为，"走向社会中心的大学需要建立现代大学制度"③。因此，建设现代大学制度是传统大学走向现代大学绕不开的研究话题。中国现代大学制度研究始于21世纪初，二十多年来关于中国建设现代大学制度的研究，一直是高等教育理论界持续予以关注的热点主题。专家学者对现代大学制度的研究主要围绕三个方面展开：一是现代大学制度内涵的挖掘；二是现代大学制度建设路径的探索；三是构建中国特色现代大学制度的讨论。

关于现代大学制度的内涵研究，研究者首先挖掘出现代大学制度的基本理念和精神特质，并获得了一致认同，代表性的观点如邬大光认为，学术自由和大学自治是现代大学制度的根基，是支撑着大学制度维系、发展的根本所在，是现代大学制度的基本理念。④ 杨东平认为，现代大学制度的精神特质包括大学自治、学术自由和教授治校。⑤ 学者们将大学自治和学术自由作为传统大学走向现代大学应当保留的根基，并将处理好政府、社会与大学的关系作为维持两个基本理念的永恒哲学命题。研究者们进一步挖掘了现代大学制度的概念内涵，代表性的观点

---

① ［美］克拉克·科尔：《大学的功用》，陈学飞、陈恢钦、周京等译，江西教育出版社1993年版。
② ［美］伯顿·R·克拉克：《高等教育系统——学术组织的跨国研究》，王承绪、徐辉、殷企平等译，杭州大学出版社1994年版。
③ 潘懋元：《走向社会中心的大学需要建设现代制度》，《现代大学教育》2001年第3期。
④ 邬大光：《现代大学制度的根基》，《现代大学教育》2001年第3期。
⑤ 杨东平：《现代大学制度的精神特质》，《中国高等教育》2003年第23期。

有：潘敏认为，现代大学制度的基本内涵包括依法治校、教授治学、政学分开、科学管理。① 别敦荣认为，中国现代大学制度应当包括独立的法人制度、服务性的行政组织制度、人性化的教育制度、自由的精神四大内容。② 张俊宗认为"现代大学制度是在社会发展逐步依赖知识生产的历史进程中，借以促进大学高度社会化并维护大学组织健康发展的结构功能规则体系"，③ 大学制度的基本范畴包括政府管理制度、社会参与制度和大学自身管理制度；④ 张斌贤认为现代大学制度主要是一种处理大学和政府与社会同时也包括学校内部各种关系的一种规范体系；⑤ 王洪才认为现代大学制度的内涵包括开放性、自主性、参与性和自律性，其中参与性是指社会参与大学管理；⑥ 刘献君认为，"现代大学制度包括两个层面的制度：政府如何管理大学，即大学的他治——外部制度；大学如何自我管理，即大学的自治——内部制度"⑦；何玉海认为，"现代大学制度是在大学办学实践中形成，承载着大学精神和一定文化特征并得到广泛共识的那些支撑与维系现代大学运行、确保大学本质功能实现的基本规则或规范"⑧。学者们较为一致认可的是，现代大学制度是指与纽曼的"古典大学"、弗莱克斯纳的"现代大学"、科尔的"巨型大学"等大学制度融合后，逐步形成的以学术自由、大学自治等为基本理念，包含政府管理制度、社会参与制度、大学内部管理制度等的大学制度。

关于现代大学制度的建设路径，研究者们从一般意义上探讨，都将处理好政府、社会与大学之间的关系，作为构建现代大学制度的重要内容。代表性的观点有：董云川认为，"理顺政府、大学与社会之间的关

---

① 潘敏：《建立我国现代大学制度的内外动因析》，《上海交通大学学报》（哲学社会科学版）2001年第4期。
② 别敦荣：《我国现代大学制度探析》，《江苏高教》2004年第3期。
③ 张俊宗：《现代大学制度：内涵、主题及主要内容》，《江苏高教》2004年第4期。
④ 张俊宗：《大学制度：范畴与创新》，《高等工程教育研究》2004年第3期。
⑤ 张斌贤：《现代大学制度的建立与完善》，《国家教育行政学院学报》2005年第11期。
⑥ 王洪才：《现代大学制度的内涵及其规定性》，《教育发展研究》2005年第21期。
⑦ 刘献君：《现代大学制度建设的哲学思考》，《中国高教研究》2010年第10期。
⑧ 何玉海、王传金：《现代大学制度：本质内涵、基本结构与建设路径》，《上海师范大学学报》（哲学社会科学版）2016年第3期。

系，明晰举办者、管理者和办学者的责权利关系，是建立现代大学制度的重要目标之一"①；周光礼认为，"建立现代大学制度的核心问题实际上就是如何处理大学与政府之间的关系，保持大学自主与政府干预之间的均衡是现代大学制度建立的标志"②。张俊宗认为，建设现代大学制度就是要平衡大学与政府的关系、完善大学与社会的关系、规范大学与大学间的关系；③ 张德祥认为，构建现代大学制度的一个重要方面就是要处理好大学与社会的关系，大学发展离不开社会的资源，离不开与社会信息的交换，要从制度上保证社会参与到大学的决策和管理中来。④王洪才认为，建设现代大学制度就是要处理好大学与政府、大学与社会、大学发展与学术发展、大学发展与学生发展四对关系。⑤

关于中国建设现代大学制度的讨论伴随21世纪初现代大学制度概念的提出，在比较和借鉴西方大学制度的基础上，发展出中国现代大学制度建设方向的思考。代表性的观点有：王冀生提出，社会主义中国应当实行在政府的宏观管理和学校党委的领导下以"学校自治、教授治学、校长治校、科学管理"为基本特征的有中国特色的现代大学制度；⑥ 周光礼认为，中国建构现代大学制度，既要完善旨在保护学术自由的政策法规等外在制度，又要培育以学术自由精神为核心的内在制度；⑦ 张俊宗通过对我国大学制度的演进和变迁的分析，以及对现代大学制度的国际比较研究，提出我国现代大学制度体系的建设框架可以概括为分离三种权力、政府宏观管理、社会广泛参与、市场有效调节、高校自主办学、民主管理学校；⑧《国家中长期教育改革和发展规划纲要

---

① 董云川：《现代大学制度中的政府、社会、学校》，《高等教育研究》2002年第5期。
② 周光礼：《学术自由的实现与现代大学制度的建构》，《高等教育研究》2003年第1期。
③ 张俊宗：《现代大学制度：内涵、主题及主要内容》，《江苏高教》2004年第4期。
④ 张德祥：《关于"现代大学制度研究"的几点思考——在"现代大学制度研究"开题会上的发言》，《辽宁教育研究》2005年第8期。
⑤ 王洪才：《论现代大学制度的雏形》，《中国高等教育》2007年第7期。
⑥ 王冀生：《现代大学制度的基本特征》，《高教探索》2002年第1期。
⑦ 周光礼：《学术自由的实现与现代大学制度的建构》，《高等教育研究》2003年第1期。
⑧ 张俊宗：《现代大学制度：高等教育改革与发展的时代回应》，中国社会科学出版社2004年版，第264—265页。

（2010—2020年）》颁布后，掀起了探讨中国现代大学制度建设的新高潮。研究者分别从大学治理结构改革、大学章程建设、学术权力与行政权力重塑、高等教育管理的法治化建设、基层学术组织建设、人事制度改革、大学文化建设等方面，进一步深入地讨论中国当前现代大学制度建设的困境和路径。

关于现代大学制度中的社会参与制度建设，学者提出了比较具体的建设路径，如有学者提出现代大学制度建设的重心是完善大学与社会的联系环节，建立有效的社会参与大学管理机制，包括建立实体性的董事会制度、建立专业的社会中介组织、发布大学运行信息等具体途径;①还有学者提出积极发挥行业协会、专业学会、基金会等社会组织参与对大学的评价和监督作用，②完善大学法人制度，推进大学法人化进程，③建立大学董事会制度，吸纳社会力量直接参与大学管理，④建立高等学校理事会以参与咨询指导、推动社会合作、争取办学资源，⑤建立高校信息公开制度⑥等社会参与的现代大学制度建设路径。

中国现代大学制度作为热点主题加以研究已经持续二十多年了，它是高等教育管理体制改革研究的延续和深化，而且现代大学制度的研究已经由早期的重点关注大学与政府的关系，转移到了关注大学与社会的关系，关注大学如何真正面向社会依法自主办学，关注大学内外部权力分配，已经涉及大学治理的研究内容了。但是从已有的关于现代大学制度中的社会参与研究来看，对建设社会参与的现代大学制度的理论依据、历史形成、构建策略等探讨深度仍显不够，基于严密的逻辑分析和学理论证还很不充分，还未见有把"社会参与制度"作为现代大学制度建设的一项重要制度并作为独立主题加以充分研究的论文，表明现代

---

① 王洪才：《论现代大学制度的结构特征》，《复旦教育论坛》2006年第1期。
② 张斌贤：《现代大学制度的建立与完善》，《国家教育行政学院学报》2005年第11期。
③ 赵俊芳：《现代大学制度的内在冲突及路径选择》，《高等教育研究》2011年第9期。
④ 章兢、彭兰：《中国特色现代大学制度的建设路径探析》，《中国高等教育》2012年第10期。
⑤ 杜玉波：《加快推进中国特色现代大学制度建设》，《中国高等教育》2013年第23期。
⑥ 王敬波：《现代大学制度与高校信息公开的三维透视》，《中国高等教育》2015年第24期。

大学制度的社会参与制度还有较大的研究空间。

三　大学（高校）治理中的"社会参与"研究

中国大学治理研究始于21世纪初，是治理理论引入"大学"这一高等教育机构的产物。二十余年来，大学治理的研究可谓成果丰硕，而且呈现明显的逐年增加趋势，一直是学术界研究的热点主题之一。根据李慧玲、孟亚的研究，2003—2013年的十年间中国关于大学"外部治理"即大学与政府、市场、社会关系研究只占全部关于大学治理研究的6.2%，而探讨"内部治理"的论文比"外部治理"多得多，① 王小力、郑勇通过对近二十年文献研究也发现"国外对大学治理的研究多集中在外部治理环境对大学治理的影响上，研究的多是外部治理问题""中文文献中对大学外部治理的研究相对较少"②，这表明中国大学外部治理还有较大的研究空间。从研究方法上看，"概念分析法"占49.2%，与欧洲、澳大利亚等地区的高等教育研究中"概念分析"只占4%相比要多得多，③ 这从反面说明中国对大学治理的相关主题研究还处于初级阶段，也表明对相关理论的引介和对概念内涵的挖掘还很不充分。

现代大学是一个复杂的社会组织，其内外部结构关系的复杂性、多维度为治理理论的运用提供了适合的土壤，在大学外部的多维结构中，"社会"已经成长为当然的一维，因此社会参与大学治理已经成为大学治理的重要组成部分；现代大学还是一个典型的利益相关者组织，其利益相关者来自政府、社会和大学，在构建多元利益相关主体共同参与大学治理的结构中，"社会"当然是重要的利益相关主体之一。因此，在大学外部治理研究中，除了重点研究政府与大学的关系外，社会与大学关系的研究也理所应当成为非常重要的研究内容。

然而，20多年来，关于大学与社会关系的研究论文并不多见，从

---

① 李慧玲、孟亚：《大学治理研究十年：主题、方法和层面》，《高校教育管理》2015年第1期。
② 王小力、郑勇：《大学治理研究国内外文献综述》，《当代教育理论与实践》2022年第6期。
③ 李慧玲、孟亚：《大学治理研究十年：主题、方法和层面》，《高校教育管理》2015年第1期。

多元主体共同治理的角度研究社会参与大学治理的文章则更少。除去社会参与高等教育治理的相关研究论文外，笔者发现关于社会参与大学治理相关主题的研究内容主要集中在理论依据、内涵理解、价值意义、现实困境、构建路径等方面。关于社会参与大学治理的理论依据，研究者普遍以多中心治理理论、利益相关者理论、第三部门理论、市民社会理论①作为社会参与大学治理的理论依据。关于社会参与大学治理的价值意义，刘承波认为，市场经济的建立和高等教育进入大众化以及高等教育改革发展面临的新形势要求中国公立高校治理中必须有社会参与；②朱涵认为，社会参与是创新高校多中心治理的重要路径。③郝永林认为，在构建社会与大学的新型关系中，社会参与大学治理是评价大学治理能力的重要指标；④张继明、王希普认为，"建立大学治理过程中的社会参与体系是我国大学治理实现现代化的重要步骤"⑤。孙健认为，"社会参与大学治理的价值主要体现在追求大学外部'善治'愿景、促使大学治理分权化、破除大学治理有限理性"⑥。关于中国社会参与大学治理的现实困境，王建华和钟和平概括为社会参与志愿失灵、社会参与权力弱化、社会参与体系不完备和社会参与力度不够。⑦蒋贵友认为，一流大学规划中的社会参与治理的现实困境包括一流大学建设与治理变革的方向错位、管理体制与社会参与的权力矛盾、参与独立性与决策官僚化的协调冲突等。⑧关于社会参与大学治理的构建路径，马陆亭和范文曜认为，"大学理事会是一种非常重要的社会参与方式"，构建

---

① 朱玉山：《大学治理的社会参与：分析框架、概念界定与评测维度》，《现代教育管理》2017年第1期。
② 刘承波：《中国公立高校治理中的社会参与》，《大学教育科学》2008年第5期。
③ 朱涵：《社会参与：创新高校多中心治理模式》，《江苏高教》2012年第3期。
④ 郝永林：《大学治理的社会参与：中国情境及其实现》，《大学教育科学》2014年第3期。
⑤ 张继明、王希普：《大学权力秩序重构与大学治理的现代化》，《高校教育管理》2017年第1期。
⑥ 孙健：《社会参与大学治理：内涵、价值与限度》，《教育理论与实践》2022年第33期。
⑦ 王建华、钟和平：《高校治理中社会参与的困境及对策分析》，《大学教育科学》2011年第1期。
⑧ 蒋贵友：《一流大学规划中的社会参与治理及其现实困境》，《中国高校科技》2021年第10期。

大学理事会制度是创新我国大学治理社会参与的重要途径。① 郝永林认为,构建社会参与高校治理的路径,包括高等学校积极吸取社会力量参与管理,建立中国特色的教育评估中介组织,加强与行业产业的紧密联系等。② 龙献忠、周晶认为,要从培育国家制度能力、创新社会管理体制、完善信息公开制度、健全教育评价机制、建立社会问责机制以及建构决策性董事会制度等方面构建社会参与大学治理能力现代化的制度进程。③ 刘永林认为,社会参与地方高校治理的基本路径包括发展决策支持、产学研用合作、科教协同育人、质量监督评估和高校社会捐赠等。④ 阎光才认为,赋予理事会相关事项的决策权,理事会制度是推动中国高校治理结构改革、实现治理体系现代化道路中所不得不面临的抉择。⑤ 关于社会参与大学治理内涵的理解,丁月牙认为社会参与大学治理即指多元的社会主体以某种形式参与到大学治理体系之中,内容包括教育质量要接受社会评价、教育成果要接受社会检验、教育决策要接受社会监督,最大限度吸引社会资源进入教育领域四个方面。⑥ 郝永林认为,"社会参与大学治理主要包括政府赋权给社会,发挥利益相关者的主体地位,通过产学研等多种方式优化大学的治理结构"⑦。侯新兵认为,"所谓社会参与大学治理,是指社会中多元的独立行为主体(包括校友、社会公众、企业、中介组织、行业协会、理事会、媒体组织等)通过外部评价、监督以及内部直接介入等方式对大学治校行为进行的规

---

① 马陆亭、范文曜:《我国现代大学制度的建设框架》,《国家教育行政学院学报》2009年第5期。

② 郝永林:《大学治理的社会参与:中国情境及其实现》,《大学教育科学》2014年第3期。

③ 龙献忠、周晶:《大学治理能力现代化进程中的社会参与制度建构》,《江苏高教》2018年第7期。

④ 刘永林:《"双一流"背景下地方高校治理中社会参与的基本路径及其优化策略》,《黑龙江高教研究》2020年第4期。

⑤ 阎光才:《关于当前大学治理结构中的社会参与问题》,《清华大学教育研究》2020年第1期。

⑥ 丁月牙:《社会参与大学治理——基于高校内部的视角》,《国家教育行政学院学报》2014年第8期。

⑦ 郝永林:《大学治理的社会参与:中国情境及其实现》,《大学教育科学》2014年第3期。

制、调节、优化，甚至变革"①。

根据陈相明和陈金圣对国外大学治理研究所做的综述，国外大学治理重点研究的内容主要集中在大学治理的基本理论研究，大学治理实践过程中特定成员群体的参与及其实效研究，大学治理结构及其实际效能研究，大学治理对大学发展的影响研究等。② 西方学者认为大学的治理研究主要就是指各种利益相关者围绕大学内部权力配置的一种结构和过程的研究，是在问题意识的指导下，重点研究大学内部管理权力的理性分配和平衡，③ 如关于大学治理实践中特定群体之有效参与研究，主要是探讨教师、学生、工会以及校外利益相关群体等特定群体参与大学治理的制度路径与实际成效等等。因此，西方学者将大学治理定义为："大学治理（university governance）是指大学内外利益相关者参与大学重大事务决策的结构和过程。"④ 这与目前我国把构建大学治理的合理结构以重塑和彰显学术权力为重点研究内容显然不同。

在《董事会、校长与教授：美国大学治理结构研究》一书中，作者在系统梳理美国大学治理结构的发展路径和深入解析美国大学治理结构的制度安排的基础上，提出从法人治理走向共同治理是美国大学治理的基本发展趋势。作者在这里所指的共同治理是指以校外人士为主导的大学董事会、以校长为代表的大学行政系统和以教授为主体的学术评议会三方的共同治理。⑤ 从作者的研究中，发现社会参与大学治理的唯一形式即董事会，事实上，按照作者的"谁的大学谁治理"的逻辑，美国大学拥有众多的利益相关者，因此其社会参与大学治理的形式和内容

---

① 侯新兵：《社会参与大学治理：内涵、动因及方式》，《黑龙江高教研究》2020年第7期。

② 陈相明、陈金圣：《国外大学治理研究述评》，《山西师大学报》（社会科学版）2013年第2期。

③ 盛正发：《大学治理结构研究的综述和反思》，《集美大学学报》（教育科学版）2010年第2期。

④ Dennis John Gayle et al., "Governance in the Twenty – First – Century University: Approaches to Effective Leadership and Strategic Management", *ASHE – ERIC Higher Education Report*, San Francisco California: Wiley Subscription Services, Inc., 2003, p. 1.

⑤ 欧阳光华：《董事、校长与教授：美国大学治理结构研究》，高等教育出版社2011年版。

远不止于此。

罗纳德·G.埃伦伯格（Ronald G. Ehrenberg）主编的《美国的大学治理》（*Governing Academia*）一书，着重论述了大学内部治理的结构和治理现象，论述了大学外部治理的"州级学术监督"和公立或私立大学董事会的成员组成、规模特征、遴选办法、职责构成等，①属于社会参与范畴的董事会制度对本研究有一定的启发意义。

总体上讲，美国大学治理结构已经比较成熟和稳定，以"university governance"为关键词进行西文文献数据库检索发现，美国有关大学治理主题的研究着眼点都是放在关于大学治理的结构有效性、治理效率以及各种参与主体共同治理结构和效果的优化等"细枝末节"上。而中国关于大学治理社会参与的研究还属于现代大学制度宏观建构的范畴，这与美国大学治理研究内容很不相同。因此，对美国的大学治理社会参与的研究文献的过多关注并不能为本书提供更多的有价值信息，因为本书的重点是探讨美国和法国大学特别是公立大学治理社会参与的生成机制、参与程度、规律特征和价值意义，所以研究文献评述的重点应放在关于中国大学治理相关研究中有关社会参与的研究上。

以上这些研究者把社会参与大学治理作为独立主题加以研究，一方面表明这一主题有它研究的理论根据，另一方面也表明这是一个比较重要的研究领域，有重要的研究意义和价值。但是，就目前这一主题的相关研究来看，还存在一些不足之处：一是内涵研究不充分，对社会参与大学治理内容的划分学理性不强，从而导致更深入的实证研究难以继续，虽然有的研究者试图用实证的方法研究这一主题，但可以明显看出其对大学治理的社会参与概念本身没有清晰地探讨。二是缺少事实数据支撑，关于社会参与大学治理存在问题的研究缺乏现实情况调研分析，没有通过访谈或问卷或其他方法从事实调查中获得存在问题的证据，只是凭主观感觉总结出的问题，结论可靠性差、可信度低。三是对策研究不深入，缺少对中国大学治理社会参与生成机制环境的研究，不可避免

---

① ［美］罗纳德·G.埃伦伯格主编：《美国的大学治理》，沈文钦、张婷姝、杨晓芳译，北京大学出版社2010年版。

使研究者的对策构建带有明显的生搬硬套的色彩。

四 其他领域中的"社会参与"研究

政治学上关于公众参与/社会参与已经有比较多的研究。"大约是在20世纪90年代,公众参与①的概念、理论开始传入中国并逐步兴起。"②国内运用这一概念和理论对立法、环境保护、公共预算、城市规划、公共卫生、公共事业管理等领域开展了较多的研究,但是还少有运用这一理论对大学治理进行的研究。

(一) 关于公众参与/公民参与概念的研究

俞可平认为,公民参与又称公共参与、公众参与,是公民试图影响公共政策和公民生活的一切活动。③ 贾西津认为,公民参与"在经典意义上主要是指公民通过政治制度内的渠道,试图影响政府的活动,特别是与投票相关的一系列行为"④。王锡锌认为,公众参与是指在行政立法和决策过程中,政府相关主体通过允许、鼓励利害相关人和一般社会公众,就立法和决策所涉及的与其利益相关者或者涉及公共利益的重大问题,以提供信息、表述意见、发表评论、阐述利益诉求等方式参与立法和决策过程,进而提升行政方法和决策公正性、正当性和合理性的一系列制度和机制。⑤ 蔡定剑认为,"作为一种制度化的公众参与民主制度,应当是指公共权力在进行立法、制定公共政策、决定公共事务或进行公共治理时,由公共权力机构通过开放的途径从公众和利害相关的个人或组织获取信息,听取意见,并通过反馈互动对公共决策和治理行为产生影响的各种行为"⑥。一些研究者还从参与主体和参与对象上对公

---

① 公众参与在英语中有 Public/Citizen Participation 的表述,还有 Public Involvement/Engagement 的表述,还有 Civic Engagement、Mass Participation 等。
② 蔡定剑主编:《公众参与:风险社会的制度建设》,法律出版社2009年版,第2页。
③ 转引自贾西津主编《中国公民参与——案例与模式》,社会科学文献出版社2008年版,代序第1—2页。
④ 贾西津主编:《中国公民参与——案例与模式》,社会科学文献出版社2008年版,第3页。
⑤ 王锡锌主编:《行政过程中公众参与的制度实践》,中国法制出版社2008年版,第2页。
⑥ 蔡定剑主编:《公众参与:风险社会的制度建设》,法律出版社2009年版,第5页。

民参与（citizen participation）和公众参与（public participation）两个概念作了细微的区分：李艳芳认为公民参与强调参与者的"公民资格"，通常把政治参与也叫作公民参与，而公众参与强调参与对象的公共事务属性，公众参与的对象通常是与公共利益密切相关的社会公共事务，即那些与公众的生活和生存相关的公共事务。[①] 王锡锌也持有相同的观点，他认为公民参与是指宏观的民主政治或决策过程中公民个体的参与，强调参与的主体是个体的"公民"，比如作为一种参与形式的投票只能由公民个体来进行；而公众参与也可称为公共参与，主要是从参与的事务范围而不是参与主体来理解，强调参与"事务的公共性"。[②]

蔡定剑认为，用"公共参与"只强调参与是一个公共过程，而没有参与的主体，用"公民参与"不能概括参与的全部主体，鉴于这些概念"在国外采访外国专家时通常是可以互用的"，并且"公众"的主体范围涵盖了"公民"的主体范围，他认为统一使用"公众参与"比较准确。[③] 从其对公众参与的定义也可以看出，他在使用公众参与这一概念时，参与的对象涵盖了政治领域和公共事务领域。王周户也认为，使用公众参与这一称谓较为准确，因为从参与主体上看，一般将公众一词界定为因面临特定问题与相关主体相互作用及联系的个人或组织，个人既包括我国公民，也包括外国人、无国籍人以及被剥夺政治权利者，组织则有正式组织和非正式组织、政府组织和非政府组织、营利组织和非营利组织等多种划分角度。[④]

通过这些研究者对概念的辨析已经可以明确：从参与的主体即发出参与动作的行为主体看，有公民和公众之分，公民体现政治性涵义，公众不体现政治涵义，但公众概念的外延更为宽泛，包含政治性的公民和其他非公民，因此由公民和公众发出的参与行为包括政治参与行为和公

[①] 李艳芳：《公众参与环境影响评价制度研究》，中国人民大学出版社2004年版，第16—17页。

[②] 王锡锌：《公众参与和行政过程：一个理念和制度分析的框架》，中国民主法制出版社2007年版，第74页。

[③] 蔡定剑主编：《公众参与：风险社会的制度建设》，法律出版社2009年版，第5页。

[④] 王周户主编：《公众参与的理论与实践》，法律出版社2011年版，第133页。

共参与行为及其他行为;从参与的客体即参与动作指向的对象看,有政治领域和公共事务领域之别,指向政治领域的参与行为即为政治参与,指向公共事务领域的参与行为即为公共参与。所以,公众参与的概念外延包含政治参与和公共参与。

(二) 关于社会参与①概念的研究

社会参与是一个应用较为广泛的概念,因为中国的市民社会还在发展和成长的过程中,国家的改革目标也是要建立一个成熟的市民社会,所以社会参与这一概念被人们不假思索地拿来用到各种场合。

很多研究者都直接把社会参与同公民参与、公众参与不加区分地使用。如,申锦莲认为,社会参与是指公民或社会组织参与处理社会公共事务的态度、行动和过程,是公民和社会组织基本权利实现的前提。② 这一定义表达的参与主体是公民或社会组织,参与客体是公共事务,因此这个定义等同于公民参与或公共参与。柳拯和刘东升认为,狭义的社会参与指的是社会管理体制中的社会参与,是在社会公共事务管理不同层面的"社会协同"与"公众参与",是实现有效社会管理的基础。③ 王兵认为,社会参与是指社会成员以某种方式参与、干预、介入国家的政治生活、经济生活、社会生活、文化生活以及社区的共同事务,从而影响社会发展的过程。④ 这一定义表达的参与主体是社会成员,也就是社会公众,参与客体是政治领域、经济领域和社会领域,因此这个定义等同于公众参与。霍海燕认为,社会参与是指社会成员以各种方式影响国家政治生活和社会治理的过程。⑤ 这一定义与王兵定义中的参与主客体基本一致。刘红岩认为,"所谓社会参与,是指公共权力机构在进行立法、制定公共政策、决定公共事务或进行公共治理时,由公共权力机构通过开放的途径从公众和利害相关的个人或组织获取信

---

① 社会参与英语中使用 social participation/engagement/involvement 等表述。
② 申锦莲:《创新社会管理中的社会参与机制研究》,《行政与法》2011 年第 12 期。
③ 柳拯、刘东升:《社会参与:中国社会建设的基础力量》,《广东工业大学学报》(社会科学版) 2013 年第 2 期。
④ 王兵:《当代中国人的社会参与研究述评》,《哈尔滨工业大学学报》(社会科学版) 2012 年第 6 期。
⑤ 霍海燕:《当代中国政策过程中的社会参与》,人民出版社 2014 年版,第 2 页。

息，听取意见，并通过反馈互动对公共决策和治理行为产生影响的各种行为"。① 这一定义则直接复制了蔡定剑的公众参与的定义，仅将公众参与一词直接改为社会参与，这也表明作者认同社会参与与公众参与同义，对于"参与"一词的理解普遍都是一致的，即"参与指的是所有社会成员都有机会反映诉求并影响决策和治理，是政策与行动合法性的基础"②。另外，社会（成员）与公众的外延应该是一致的，所以社会参与与公众参与有相同的内涵和外延，应该是同义词。

然而社会参与这一概念还有另一层理解。王新松认为，"公民参与所包含的内容并不止于政治参与，社会参与也是公民参与的一个重要部分"，"公民参与既包括政治参与，也包括社会参与，还包括道德参与"，"公民参与是包含政治参与和社会参与等行为在内的更广泛的参与概念，公民性既体现在政治参与行为，如联系公共组织官员以实现自身政治诉求、参加选举活动、为竞选捐款等，也体现在社会参与行为中，如参加公益活动、参加志愿组织和各类社团、为慈善组织捐款等"。③ 显然，王新松这里讨论的是"参与"的客体包含政治领域和社会领域，他把参与的主体固定为"公民"后，仅从参与的客体上使用"社会参与"这一概念，把社会参与概念理解为公民对社会领域的参与。这种理解是由于"社会"这个复杂概念的模糊使用造成的，通常所说的社会有时并不具体区分社会成员或社会事务（领域），因此有时把社会成员的参与称为社会参与，把对社会领域的参与也称为社会参与。其实，如果使用公众参与来替代社会参与，就能避免这种歧义的产生。

（三）关于社会参与形式的研究

李艳芳认为中国立法中公众参与的方式可以概括为座谈会、书面征求意见、调查研究、列席和旁听、公民讨论、专家咨询和论证、社会舆

---

① 刘红岩：《国内外社会参与程度与参与形式研究述评》，《中国行政管理》2012年第7期。
② 柳拯、刘东升：《社会参与：中国社会建设的基础力量》，《广东工业大学学报》（社会科学版）2013年第2期。
③ 王新松：《公民参与、政治参与及社会参与：概念辨析与理论解读》，《浙江学刊》2015年第1期。

论载体讨论、信访等。① 俞可平认为投票、竞选、公决、结社、请愿、集会、抗议、游行、示威、反抗、宣传、动员、串联、检举、对话、辩论、协商、游说、听证、上访等是公民参与的常用形式。② 王锡锌认为行政立法和行政决策中公众参与的主要形式包括听证会、公开征集意见、立法调查、座谈会、论证会以及网上征求意见和评论等。③ 中央编译局比较政治与经济研究中心研究认为，社会参与的形式主要有四种类型：意见表达型，包括公民创制权、全民公投、社会协商对话、公民旁听、听证、公示、民意调查等；行动组织型，包括公民社会组织、居民自治、职工代表大会、公民会议、公民论坛等；权力维护型，包括公民投诉或申诉、接触人大代表及领导干部、信访制度、检举与控告、行政复议与行政诉讼、公益诉讼等；网络型，包括政府网站、网络论坛与虚拟社区。④ 王周户认为，行政决策的事中和事后公众参与的形式包括，座谈会、论证会、听证会、公众调查、信访、举报与公益诉讼等。⑤ 刘红岩认为中国社会参与形式主要有两类：传统参与形式和途径，如听证会、座谈会、新闻发布会、定期会议制度、民意调查、公众建言征求意见、公私合作、信访、向人大代表和政协委员表达观点、行政诉讼、行政复议、对话制度、通过第三部门参与等；新媒体时代的参与新形式，如短信、微博、QQ聊天、网络等。⑥ 李占乐将中国公民社会参与公共政策制定的渠道划分为人大、政协、政府机关、公共舆论、个人接触和司法裁决五种，认为中国民间组织参与公共政策制定可能使用的具体方式方法主要包括：参加政府组织的座谈会；提交调查报告或政策建议报

---

① 李艳芳：《公众参与环境影响评价制度研究》，中国人民大学出版社2004年版，第242—243页。
② 贾西津主编：《中国公民参与——案例与模式》，社会科学文献出版社2008年版，第4页。
③ 王锡锌主编：《行政过程中公众参与的制度实践》，中国法制出版社2008年版，第5—11页。
④ 中央编译局比较政治与经济研究中心主编：《公共参与手册：参与改变命运》，社会科学文献出版社2009年版，第15—24页。
⑤ 王周户主编：《公众参与的理论与实践》，法律出版社2011年版，第148—170页。
⑥ 刘红岩：《国内外社会参与程度与参与形式研究述评》，《中国行政管理》2012年第7期。

告；给政府官员打电话；写信（包括发送电子邮件）；发动会员给政府机关写信、打电话等；通过私人关系接触；向新闻界反映情况；召开记者招待会，表明本团体的观点；花钱在媒体上登载广告宣传；与其他团体联合，共同行动；通过司法途径解决问题等参与方式。① 这些参与形式既有政治参与的形式，也有社会公共事务的公共参与形式。

（四）关于社会参与程度的研究

雪莉·阿恩斯坦（Sherry Arnstein）依据公民权利的程度区分了三个层次的八种公民参与模式，其中最高层次是"公民控制"（Citizen Control），它与次之的"代表权"（Delegated Power）和共享权力的"伙伴关系"（Partnership）构成第一层次的参与，即"公民权力"（Citizen Power）；第二层次的参与被称作"象征"（Tokenism），它又包含了"纳谏"（Placation），"咨询"（Consultation）和"知情"（Informing）三个等级，它们均有公民的参与，但是最后的选择和决策权仍然在于政府；另外她指出两种常被冒充作参与的"非参与"（Nonparticipation）模式，即"训导"（Therapy）和"操纵"（Manipulation），是政府通过公民参与的形式达到训导公民的目的。② 蔡定剑借鉴阿恩斯坦的参与阶梯理论，将社会参与的程度分为四个层次：低档次的参与（包括操纵和训导）、表面层次的参与（包括告知和咨询）、高层次的表面参与（展示）和合作性参与（包括合作、授权和公众控制）。③ 孙柏瑛将八个参与阶梯分为社会参与的三个发展阶段：非实质性参与阶段，包括操纵和训导；象征性参与阶段，包括告知、咨询和展示三个梯度；完全型社会参与阶段，包括合作、授权和公众控制三个梯度。④ 关玲永认为，衡量城市治理中公民参与的发展状况可以从三个方面进行考察，即参与的广

---

① 李占乐：《中国公民社会参与公共政策制定的渠道和方式》，《理论导刊》2011年第3期。

② Sherry Arnstein, "A Ladder of Citizen Participation", *Journal of the American Planning Association*, Vol. 85, No. 1, 2019, pp. 24–34.

③ 蔡定剑主编：《公众参与：欧洲的制度和经验》，法律出版社2009年版，第13—15页。

④ 孙柏瑛：《当代地方治理——面向21世纪的挑战》，中国人民大学出版社2004年版，第241—243页。

度、参与的深度和参与的效度,参与的广度是指公民参与的数量和渠道的多少,参与的深度是指公民参与的作用范围和自主性程度,参与的效度是指公民参与的个体效应和整体效应。①

总之,政治学、行政学等学科关于社会参与/公众参与的相关研究所有形式的成果,为引入"社会参与"对大学治理的研究提供了丰富的参考内容。大学治理属于公共治理范畴,因此社会参与公共治理部分的研究理论、方法和成果,为系统研究大学治理社会参与提供了学术积淀。

综合以上关于大学治理社会参与相关已有研究成果的分析,可以发现,更深入的研究至少应该进行三个转换:一是由实践到理论研究路径的转换。起初,是在研究西方发达国家高等教育管理或大学治理的实践时,发现了它们比较突出的社会参与成分,包括社会参与的功能和相应的组织机构;接着探讨了中国高等教育管理或大学治理社会参与可能性和必要性是来自我国改革的深入和市场经济的建立;现在,已经出现了运用理论工具来研究大学治理问题,到了应该运用关于社会参与的理论工具深入探讨中国大学治理的社会参与问题的时候了。二是由政府到大学的研究视角的转换。社会参与问题的研究是由政府转变职能开始的,包括高等教育中介组织的研究,都是从政府的视角研究如何改革让政府简政放权、如何让政府改善管理;而大学治理研究应该从大学的视角,以大学善治而不是以政府善治为目标来探讨社会参与的一系列制度安排。三是由夹杂到独立研究主题的转换。社会参与的概念以前是夹杂在"高等教育管理/治理""现代大学制度"和"大学治理"为主题下的"顺带"研究,2014年开始,出现了直接以"大学治理的社会参与"为主题的研究,直接讨论大学多元主体共同治理下的"社会参与治理"问题,表明该论题已经发展成为研究者关注的显性主题,社会参与研究将进入作为独立主题研究阶段。

大学治理社会参与的已有研究还表现出两点不足,同时也是进行下

---

① 关玲永:《我国城市治理中公民参与研究》,吉林大学出版社2009年版,第43—44页。

一步研究的切入点：一是内涵研究不深入。已有研究对于什么是大学治理的社会参与研究不深，社会参与大学治理的内容和边界划分不明，哪些行为属于社会参与大学治理范畴而哪些不属于，还没有从理论上加以明确区分，也没有从多元共治的角度讨论社会如何参与治理的问题，而且"社会"是一个很宽泛的概念，既需要从理论上厘清大学治理社会参与的范畴，又需要从实践上表明大学治理社会参与的行为。二是研究方法少实证。已有研究多以介绍他国经验的文献研究和由此推论我国的思辨研究为主，少有基于事实的实证调查和讨论分析，尤其是讨论如何构建我国多元主体共同治理下的社会参与制度时，更应该是基于我国现实背景的实证调查和严谨的逻辑论证。

因此，关于大学治理的社会参与这一主题还有相当大的研究空间，借用政治学关于社会参与公共治理的相关理论和研究成果，进行大学治理的社会参与的内涵研究、现状研究、生成机制研究和参与程度研究将是本书的方向和主要内容。对美国和法国公立大学治理社会参与的发生机制和运行规律的研究将为中国大学治理社会参与的机制生成提供借鉴。

第三节 研究思路与方法

一 研究思路

首先，从解析大学治理社会参与的基本内涵开始，借助相关理论回答什么是大学治理的社会参与、如何清晰地界定大学治理社会参与的内涵与外延，回答为什么大学治理需要社会参与，回答大学治理社会参与的评测维度有哪些，为接下来的研究提供清晰的分析框架。

其次，从美国、法国和中国公立大学治理社会参与产生与演进的历史事实视角，分析各国不同历史发展阶段公立大学治理社会参与的主体类型、参与主体的生成机制以及参与机制运行的特点和历史发展的趋势。

再次，选取美国一所公立大学作为典型案例，分析其治理社会参与的现状,从大学治理社会参与的广度和深度两个维度,分析参与主体的广泛性、参与渠道的多样性和参与内容的深度性等特点;并从社会参与的广度、深度和效度三个维度,选取该校发生的一个生动的故事,分析其中体现的社会参与的特征。

复次,比较美法中三国公立大学治理社会参与的发生机制不同类型和发展趋势的不同特征,探讨公立大学治理社会参与的历史演进规律,阐释社会参与的现代大学公共治理是大学治理结构变革的共同走向,希望通过不同发生类型的比较为中国借鉴欧美公立大学治理的社会参与找到现实依据。

最后,在总结美国和法国公立大学治理社会参与的特点和美法中三国大学治理社会参与的发生机制类型及运作规律的基础上,对大学治理社会参与的目标模式做出价值讨论。

二 研究方法

(一) 思辨研究法

"思辨的方法实际上是一种哲学的方法","哲学方法就是由基于理性的命题,在尽可能尊重事实的基础上,经过逻辑推理得出一系列关于人类和自然界本质的观点和主张"。[①] 本书在对大学治理社会参与的基本理论进行解析时,使用思辨研究法,把其他学科领域的社会参与概念迁移到大学治理研究领域,通过逻辑演绎和推理,推导出大学治理社会参与的确切内涵,通过其他学科领域社会参与理论的演绎思维,形成大学治理社会参与的分析维度框架。

(二) 历史研究法

"历史与逻辑是统一的。"历史研究是"借助于对历史事件、运动、人物及其背后的社会经济文化等史料的破译、整理和分析,认识研究对象的性质、特点和发展过程,从而找出历史经验和教训以及预测未来的一种研究模式"[②]。本书对美国公立大学治理社会参与的发生机制和发

---

① 张红霞:《教育科学研究方法》,教育科学出版社 2009 年版,第 19 页。
② 张红霞:《教育科学研究方法》,教育科学出版社 2009 年版,第 419 页。

展过程的研究，和对法国大学外部治理权力历史嬗变的研究时使用历史研究法，在对两国大学治理结构变革的历史分析中，寻找大学治理外部权力变革中社会参与的产生和发展变化，探讨它们走上现代大学共同治理制度的历史演进规律，同时发现它们治理社会参与发生机制的特点。

（三）文献研究法

"文献研究是一种通过搜集、鉴别、整理和分析文献资料，而形成对事物及其规律的认识的方法。"[1] 本书对中国改革开放以来大学治理权力的变迁研究是通过改革开放以来中国出台的政策文本的搜集与分析，对中国大学治理社会参与现状的分析是通过"双一流"大学章程的搜集与分析，对美国北卡大学教堂山分校的个案分析是通过董事会记录等文献的搜集与分析，都属于文献研究法。

（四）案例研究法

美国案例研究专家罗伯特·殷（Robert Yin）把案例研究定义为"对某个现象或事件及其承载环境的整个系统进行整体的、全面的、专门的研究"[2]。本书选取美国第一所公立大学——北卡罗来纳大学教堂山分校为个案，通过解剖其董事会和大学咨询委员会等社会参与组织的成员组成、工作内容、参与形式，分析其社会参与的广度和深度，通过对北卡大学教堂山分校校长遴选事件的具体剖析，综合分析其社会参与的特点，都属于案例研究法。实际上，相对于大学治理研究而言，美国和法国公立大学本身也是两个国家的案例。

（五）比较研究法

"比较教育是用比较分析的方法研究当代外国教育的理论和实践，找出教育发展的共同规律和发展趋势，以作为本国教育改革的借鉴。"[3] 本书采用贝雷迪的比较研究设计，即"贝雷迪四步法"——描述、解释、并置、比较，对美国、法国和中国公立大学治理社会参与的发生和发展的历史过程进行比较，探讨美、法、中公立大学治理社会参与各自

---

[1] 张红霞：《教育科学研究方法》，教育科学出版社2009年版，第257页。
[2] 转引自张红霞《教育科学研究方法》，教育科学出版社2009年版，第397页。
[3] 张红霞：《教育科学研究方法》，教育科学出版社2009年版，第441页。

发生发展的历史规律和特点。

第四节 研究内容

一 研究逻辑框架

本书总体逻辑上遵循从一般到特殊再到一般,从抽象到具体再到抽象的逻辑结构,逻辑框架结构见图1-1。

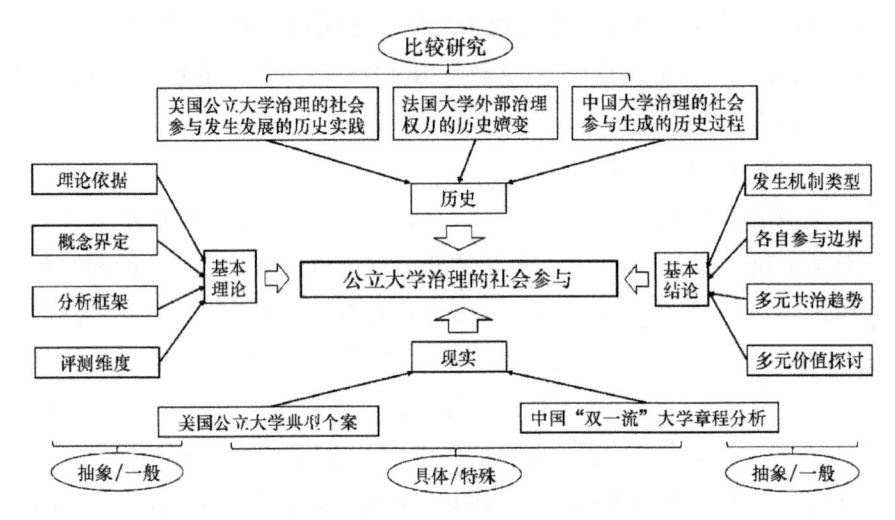

图1-1 公立大学治理社会参与的研究内容逻辑框架

二 具体研究内容

研究的具体内容包括以下五个方面:

(一) 大学治理社会参与的基本理论研究

主要研究大学治理社会参与的理论支点、本质内涵和核心价值。具体拟从三个方面展开:首先,迁移政治学中社会参与的概念,分析政府—大学—社会三分框架下参与大学治理的社会主体,对大学治理社会参与的概念进行科学准确的界定。其次,比较大学治理社会参与和高等教育治理中的社会参与的概念异同,进一步厘清大学治理社会参与概念的外延。最后,迁移政治学中社会参与阶梯理论,从广度、深度和效度等方面界定大学治理社会参与的评测维度，侧重于理论研究，旨在解决"何为大学治理的社会参与""为何要实行大学治理的社会参与""如何评测大学治理的社会参与"等问题，奠定研究的理论基础。

（二）公立大学治理社会参与的发生机制研究

主要研究公立大学外部治理权力的历史演变过程中社会组织参与大学治理的结构和过程。大学治理的社会参与是在大学内外部治理权力的历史演变和组织结构变迁的过程中形成并逐渐发展成熟的。以已经进入高等教育普及化阶段，并且其大学治理社会参与制度发展比较成熟的美、法两国为考察对象，探寻其大学外部治理结构和权力的历史嬗变过程中，社会组织或社会公众渗透大学治理的关键时期和关键事件，探讨不同国家大学治理社会参与各类主体的发生机制及其类型和特点，并从中国改革开放以来的政策文件分析中，探讨中国大学治理社会参与的发生机制，形成与美国和法国的比较。

（三）公立大学治理社会参与的运行规律研究

主要研究公立大学治理实践中社会参与的主体类型和参与内容。按照高等教育普及化阶段大学治理的普遍规律，已经进入高等教育普及化阶段的国家，其大学治理实践中社会参与应体现参与主体的广泛性和参与渠道的多样性和参与内容的深度性等特征。选取美国一所典型大学为个案进行深入研究，重点考察其治理实践中重大事项决策、重要人事任免和大额资金使用等重要环节中大学外部社会组织或社会公众参与的载体、形式和过程，深入探讨大学决策环节中社会参与主体的广泛性、参与渠道的多样性和参与内容的深度性，从社会参与的广度、深度和效度方面总结提炼当代发达国家大学治理实践中社会参与的运行特点。

（四）公立大学治理社会参与的制度环境研究

主要研究公立大学治理社会参与的制度保障因素。西方发达国家公立大学治理社会参与制度形成并不断走向成熟，是得到大学内外一系列相关配套法律和制度保障的结果，中国公立大学治理中社会参与的发生与发展也是得益于国家配套法律法规和政策制度主导的结果。从制度分析的视角出发，探寻美、法、中三国相关高等教育的法律法规和政策文本，并从社会制度中的信息公开制度、社会评价制度、媒体监督制度等制度规范中寻找有关大学组织的条款，解决大学治理社会参与制度何以得到发生并良性运转的制度保障因素。

（五）中国大学治理社会参与的发展趋势研究

主要研究中国大学治理社会参与的发生、发展和现状。具体从两个方面展开：其一，通过对20世纪80年代以来中国40多年的高等教育改革政策文本的考察，探究中国大学治理权力的改革走向，分析这种走向是否趋向于建立社会参与的大学治理模式，并讨论这种发生机制的类型；其二，大学章程应穷尽大学治理的所有要素及其关系，大学不同利益相关主体的权力诉求都要在大学章程里体现，因此选取38所"双一流"大学的章程进行考察，通过大学章程文本的分析，探讨中国大学治理社会参与的现实规定性，以此说明中国大学治理社会参与的发展趋势。

本章小结

大学是社会中的大学还是社会的大学？在当今时代，大学处于社会的中心位置，大学是社会的大学，大学与社会融为一体须臾不可分离，大学与社会的关系包含大学为社会服务和社会参与大学治理两个关系向度，对社会负责的大学其发展过程离不开社会参与大学的治理。美国公立大学治理社会参与制度是当今世界各国大学效仿的典范，更加深刻地影响着罗马体系大学变革的方向，法国公立大学由中央集权管理转向社会参与治理，是其由传统大学向现代大学转型的体现，研究和探讨美法两国公立大学治理社会参与制度的发生机制、现实状况和参与治理的特点，可为中国形成这种社会参与的现代大学制度提供启示和借鉴。中国已经进入高等教育普及阶段，卷入高等教育的受众日益增多，社会公众广泛参与大学治理日益成为普遍要求。中国社会广泛参与大学治理诉求日益增长的现实性、中国大学治理的社会参与主体的可构建性和美法公立大学治理社会参与经验的可借鉴性，成为研究大学治理社会参与问题的迫切需要和现实可能。

第二章

公立大学治理社会参与的基本理论

本章将回答为什么大学治理需要社会参与、什么是大学治理的社会参与、如何评测大学治理社会参与的程度等基础性理论问题，构建大学治理社会参与的分析框架，界定大学治理社会参与的概念，为展开后续研究打下基础。

第一节 大学治理社会参与的理论基础

为什么大学治理需要社会参与？回答这一问题，需要从学理上去寻找这一命题成立的理论依据。市民社会理论、利益相关者理论、"第三条道路"理论以及多中心治理理论是支撑大学治理社会参与这一命题的适切理论，它们分别从政治学、经济学、社会学和行政学的学科视角注解了大学治理社会参与这一命题。而且，市民社会理论提供了大学治理社会参与问题的分析架构，利益相关者理论界定了大学治理多元主体的来源，"第三条道路"理论则是社会参与思想的来源，多中心治理理论强调了多元主体共同参与的大学治理。

一 市民社会理论——大学治理社会参与之分析框架的建构者

市民社会理论为研究高等教育管理体制问题提供了新的视角,[①] 是

---

① 孙军：《市民社会理论对我国高等教育管理体制的启示》，《江苏社会科学》2012 年第 S1 期。

分析大学与其外部关系的重要理论工具，市民社会理论为大学治理社会参与分析框架的建立提供了理论依据。市民社会理论经过不同历史时期理论家们的持续探索得到不断丰富和发展，在理论发展的不同时期存在着不同的市民社会分析框架，即古典市民社会理论的一分结构、现代市民社会理论的二分结构和当代市民社会理论的三分结构。

在古典市民社会理论中，亚里士多德使用的市民社会指的是古希腊的城邦社会；西塞罗（Cicero）使用的市民社会与政治社会和文明社会意思重叠；洛克和卢梭等社会契约论者使用的市民社会相对应于自然社会，与政治社会是同义词。① 在古典市民社会理论中，没有把市民社会与政治国家做出区分，整个社会是一分结构。

在现代市民社会理论中，黑格尔第一次清楚地把国家与社会的不同性质从哲学高度作出了区分，提出现代意义上的市民社会概念，认为"市民社会是绝对精神发展的特殊领域，政治国家是绝对精神发展的普遍领域"；② 马克思运用历史唯物主义方法论，批判了黑格尔的唯心主义国家与社会观念，并把黑格尔颠倒了的国家与社会关系重新颠倒过来，认为国家是政治上层建筑，是调和阶级经济利益矛盾冲突的工具，市民社会是社会经济基础，是社会生产关系的总和，从而建立起了新的国家与社会关系学说。在现代市民社会理论中，形成了政治国家与市民社会的二分结构。

在当代市民社会理论中，葛兰西反对"经济基础决定上层建筑"的纯粹的经济决定论，认为精神和文化因素在人类历史发展中也有着十分重要的作用，并把上层建筑分为"政治社会"和"市民社会"两个阶层，认为市民社会是制定和传播意识形态特别是统治阶级意识形态的各种私人的或民间的机构之总称，包括教会、学校、新闻舆论机关、文化学术团体、工会、政党等。③ 哈贝马斯在对葛兰西及其他思想家的市

---

① 易承志：《市民社会理论的历史回溯》，《云南行政学院学报》2009年第5期。
② 王英津：《国家与社会：马克思主义经典作家之阐释》，《江苏行政学院学报》2004年第2期。
③ ［意］安东尼奥·葛兰西：《狱中札记》，曹雷雨、姜丽、张跣译，中国社会科学出版社2000年版，第201页。

第二章 公立大学治理社会参与的基本理论

民社会理论进行系统研究的基础上提出了新的市民社会理论，使市民社会理论向前推进了一大步。哈贝马斯认为"市民社会"是指随着资本主义市场经济发展起来的独立于政治力量的"私人自治领域"，其中包括私人领域和公共领域，前者指资本主义私人占有制下形成的市场体系，后者指由私人构成的、不受官方干预的公共沟通场所，如团体、俱乐部、沙龙、通讯、出版、新闻、杂志等非官方机构。[1] 哈贝马斯所指"市民社会—政治国家"二分结构中的市民社会主要包括经济领域和公共领域，而政治国家主要指公共权力领域。[2] 柯亨（Cohen）和阿拉托（Arato）继承和借鉴了哈贝马斯的市民社会理论，干脆将市民社会界定为介于经济与国家之间的一个社会领域，把整个社会划分成政治社会、经济社会和市民社会，从而构建了一个三分结构的市民社会分析模型，如图2-1所示。他们认为"市民社会是介于经济与国家之间的一个社会互动领域，主要由私人领域（尤其是家庭）、团体的领域（尤其是自愿性社团）、社会运动以及各种公共交往形式所构成"。[3] 柯亨和阿拉托认为，经济社会的运行媒介是货币，政治社会的运行媒介是权力，而市民社会主要以商谈伦理和交往理性为媒介。因此，排除政治权力和经济利益以外的市民社会体现的价值规范主要是民主协商、平等参与和公正公开。按照柯亨和阿拉托的三分结构框架的划分，"大学"的运行媒介既非政治权力又非经济货币，当属市民社会范畴，是市民社会的实体要素之一。作为当代市民社会的实体要素之一，市民社会的其他要素参与大学的治理是理所当然的。

二 利益相关者理论——大学治理社会参与之参与主体的界定者

利益相关者理论是经济学理论，其最初运用于企业组织的研究，当把利益相关者理论运用于大学组织研究时发现，大学是一个典型的利益

---

[1] 傅永军、汪迎东：《哈贝马斯"公共领域"思想三论》，《山东社会科学》2007年第1期。
[2] 李涛、王桂云：《柯亨和阿拉托市民社会理论研究》，《前沿》2012年第20期。
[3] Jean L. Cohen et al., *Civil Society and Political Theory*, Massachusetts and London: The MIT Press, 1992, p. ix.

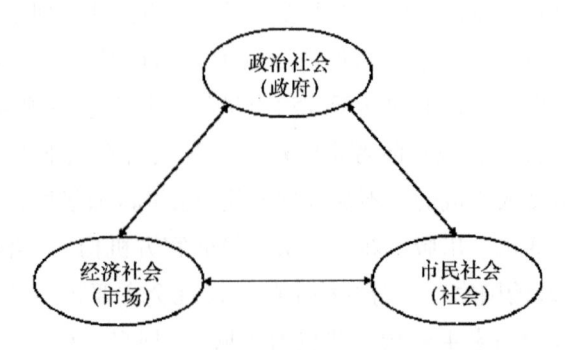

```
        政治社会
        （政府）
       ↗      ↘
      ↙        ↘
  经济社会  ←→  市民社会
  （市场）        （社会）
```

图 2-1　当代市民社会理论的三分结构模型

相关者组织，运用该理论可以清晰地界定大学治理社会参与主体的来源。

"利益相关者"一词当初是研究者在致力于解决商业世界的"价值创造和交易问题""资本主义伦理问题""管理者思维方式问题"时提出的一个经济学概念。① 在世界范围内被接受的利益相关者理论的创立者爱德华·弗里曼（Edward Freeman）于1984年在他的著作《战略管理——利益相关者方法》一书中指出，"利益相关者"（stakeholder）这个词语首次出现于斯坦福研究中心（现称 SRI 公司）1963年的内部备忘录中，最初被定义为"没有它们的支持组织就不再存在的团体"，包括股东、雇员、顾客、供应商、债权人和社团。② 他在该书中提出了"利益相关者"的最有代表性的概念，"利益相关者是指任何能够影响公司组织目标的实现，或者受公司目标实现影响的团体或个人"③。

弗里曼在他的著作中详细探讨了利益相关者理论的主要观点，包括：(1) 利益相关者的广泛性：强调企业不仅服务于股东，还服务于其他利益相关者，包括员工、客户、供应商、社区、政府以及环境。

---

① ［美］爱德华·弗里曼、杰弗里·哈里森、安德鲁·威克斯等：《利益相关者理论：现状与展望》，盛亚、李靖华等译，知识产权出版社2013年版，第3—5页。
② ［美］R·爱德华·弗里曼：《战略管理——利益相关者方法》，王彦华、梁豪译，上海译文出版社2006年版，第37页。
③ ［美］R·爱德华·弗里曼：《战略管理——利益相关者方法》，王彦华、梁豪译，上海译文出版社2006年版，第55页。

(2)利益相关者的多样性：企业涉及多个利益相关者，这些利益相关者可能有不同的需求、期望和利益。管理者需要认识并平衡这些多样性。(3)利益相关者的权利与责任：管理者认识到各利益相关者拥有对企业决策和行为的影响力和权利，同时企业也对利益相关者承担责任。(4)平衡各利益相关者的利益：组织需要在各利益相关者之间找到平衡，满足不同利益相关者的需求，而不是只关注某一方的利益。(5)利益相关者的参与和沟通：企业需要积极地与利益相关者进行沟通和互动，理解他们的需求和关注点，以便更好地平衡各方利益。①

20世纪80年代，利益相关者的研究逐渐超出了企业管理的范畴，随着时间的推移逐渐扩展到商业伦理、企业社会责任、公共政策和治理、非营利组织和社会组织、可持续发展和环境保护等多个领域和应用范围。1990年，哈佛大学文理学院前院长亨利·罗索夫斯基在他的著作中提出了大学的"拥有者"概念。②所谓大学的"拥有者"实际上就是与大学有利害关系的人或者群体，也就是大学的利益相关者。2004年，张维迎提出，大学的管理者在制定发展战略与决策时需要与其他重要的利益相关者来共同分享权利，并需要在诸多利益主体之间寻求平衡，这就决定了"大学是典型的利益相关者组织"这一属性。③2005年，胡赤弟提出，大学是非营利组织，非营利性指利润不能在组织成员中分配，也就是没有人能够获得组织的剩余利润，既然大学不为所有人控制，那么只能由利益相关者共同控制，所以大学是利益相关者的组织。④2007年，李福华也提出，与企业不同，大学作为一种非营利性组织，没有严格意义上的股东，没有人能够获得大学的剩余利润，每一个人或每一类人都不能对大学行使独立控制权，大学只能由利益相关者共同控制，大学是一个典型的利益相关者组织。⑤

---

① [美]R·爱德华·弗里曼：《战略管理——利益相关者方法》，王彦华、梁豪译，上海译文出版社2006年版。

② Henry Rosovsky, *The University—An Owner's Manual*, New York: W. W. Norton & Company, Inc, 1990, p.5.

③ 张维迎：《大学的逻辑》，北京大学出版社2012年版，第18页。

④ 胡赤弟：《高等教育中的利益相关者分析》，《教育研究》2005年第3期。

⑤ 李福华：《利益相关者理论与大学管理体制创新》，《教育研究》2007年第7期。

由市民社会理论提供的分析框架可以看出，大学外部的利益相关者包括政府、社会、市场，因此社会参与大学的治理是利益相关者理论的必然要求。

三 "第三条道路"理论——大学治理之社会参与的思想来源

"第三条道路"，又称新中间路线，是对自由放任资本主义和传统社会主义中间路线一种政治经济理念的概称。它是由民主社会的中间派所倡导的，属中间偏左的政治立场，是社会民主主义的一个流派，其中心思想是社会主义和资本主义都有不足之处，任何偏于某一端都不会是好的，所以它既不主张纯粹的自由市场，亦不主张纯粹的高福利社会，奉行类中庸之道的折中方案，是糅合了两种主义的优点、互补不足而成的政治哲学。

20世纪60年代，著名的捷克经济学家奥塔·希克对"第三条道路"的理论化作出了较大贡献，他认为当代的资本主义制度和苏联式的共产主义制度都存在着深刻的结构性危机，存在着严重的利益矛盾，他试图在社会主义和市场经济之间找到一种结合点，主张在社会主义框架内引入市场机制，以增加经济效率和创新性，同时保持对社会公正的关注。[①] 这种市场社会主义理论旨在超越传统社会主义和资本主义的对立，是"第三条道路"理论的一种体现。20世纪80年代，右翼的英国首相撒切尔政府和美国总统里根政府，将经济上缓和管制、个人主义以及全球化等理念融合进主流的左翼思想，许多政治家形容这种新政为"第三条道路"。这个理念成为现代欧洲民主社会中一种非常重要的思想，尤其对于一些欧洲社会民主党派和美国民主党成员来说，这个理念是其核心思想。20世纪90年代，美英等国再度兴起这一理论，并在欧美国家产生广泛影响。1992年，比尔·克林顿在美国总统选举中获胜，他摒弃了民主党赖以运转的传统自由主义，以及共和党推崇的保守主义，实施了"介于自由放任资本主义和福利国家之间的第三条道路"。1997年，托尼·布莱尔在英国大选中获胜并担任首相，受到英国社会

---

① [捷] 奥塔·希克:《第三条道路》，张斌译，人民出版社1982年版。

学家安东尼·吉登斯的影响，他以"第三条道路"为竞选口号和施政理念，他认为"第三条道路坚定地超越了那种专注于国家控制、高税收和生产者利益的旧左派，和那种把公共投资以及常常把'社会'和集体事业概念当作邪恶而要予以消除的新右派"①。1998年，赢得德国大选当选总理的格尔哈特·施罗德也坚持"第三条道路"的施政理念，他支持吉登斯提出的"机会平等加上公共参与决策"的"广泛包容"的政策主张。② 20世纪90年代到21世纪10年代，多个欧盟国家的中左政党单独执政或联合执政，出现了"粉红色的欧洲"现象，"第三条道路"理论成为盛极一时的执政理念。

"第三条道路"理论的主要观点包括：(1)"超越左右"的"新政治"。"第三条道路"的信奉者都认为，在当代全球化的历史条件下，阶级不再是政治生活的主导力量。社会民主党人需要超越左右的"第三条道路"，在接受社会正义中的社会主义核心价值的同时，摒弃阶级政治，摒弃传统的封闭的政党制度框架，寻求一种跨阶级的支持。(2)"公平与效率"结合的"新经济"。"第三条道路"的信奉者都主张，要创造一种新混合经济，新混合经济承认新自由主义的经济成就，但不认同它的社会根本原则，而是强调经济效率与社会公正并重。(3)"权利与义务"并重的"新福利"。"第三条道路"的信奉者都支持对传统的社会福利国家进行改革，改革的重点是变消极福利为积极福利，发挥个人责任和积极性，把社会福利国家改革为"社会投资国家"。(4)"国家与公民社会"统一的"新治理"。"第三条道路"的信奉者都主张建立新的民主国家，实现新的政府行为和执政方式。"第三条道路"改变以往"国家干涉越多，社会越公正"的理念，以公民为主、政府为辅的公民社会取代政府凌驾于社会之上的"国家责任帝国主义"，实现"民主制度的民主化"，重建"新的民主国家"，对变化中的多元化社会采取新的行动战略。"民主制度的民主化"是要在公共事务上实现更大的

---

① 陈林、林德山主编：《第三条道路——世纪之交的西方政治变革》，当代世界出版社2000年版，第5页。
② 陈林、林德山主编：《第三条道路——世纪之交的西方政治变革》，当代世界出版社2000年版，第32页。

透明度，实践新的民主参与形式，并在这一过程中培养国家与市民社会的伙伴关系。①

"第三条道路"理论主张发展新型的、民主治理的政治模式，即直接授权于民，建立参与式的民主基础和过程，形成合作与包容型的国家—社会关系结构，就是要消除公民社会和国家两者之间的对立，加强国家和公民社会的有机融合，下放政府权力，遵循"少管理、多治理"的原则，以更加开放和合理分权的体系，召唤公民积极地参与行动，直接参与地方或社区公共事务的管理。②

"第三条道路"理论实质上是强调超越政府干预的左派和自由市场经济的右派之间对立的中间派，因为其超越了政府与市场的二元对立，社会的力量得到突显，客观上形成了社会参与公共治理的思想来源。1968年世界范围的学生运动，以及由此引发的以基层民主为基本诉求的种种社会运动，也是在超越现实资本主义和共产主义的"第三条道路"思想旗帜下展开的。大学治理作为公共治理的一部分，"第三条道路"理论也理所当然地成为大学治理社会参与的思想来源。

四 多中心治理理论——大学治理之社会参与的合法性基础

从20世纪90年代开始，在"市场失灵"和"政府失灵"的理论背景下，治理理论应运而生。治理理论家们提倡多元主体治理，在"政府"和"市场"二元观点中，加入了"社会"这一新的维度，突破传统二维世界，开启了一个新的公共事务治理模式。社会参与在治理和管理理论中占有重要位置，一直是治理理论的重要内容。

以联合国全球治理委员会首先使用"治理危机"为肇始，治理开始被越来越多持新自由主义、新公共管理主义观点的学者所认可和使用，逐渐发展成为解读政府、社会组织与公民之间的关系以及国际关系原则普遍使用的概念与理论。③ 全球治理委员会于1995年在题为《我

---

① 周穗明：《欧美"第三条道路"述评》，《岭南学刊》2002年第3期。
② [英] 安东尼·吉登斯：《第三条道路：社会民主主义的复兴》，郑戈译，北京大学出版社2000年版。
③ 苟渊：《治理的缘起与大学治理的历史逻辑》，《全球教育展望》2014年第5期。

们的全球伙伴关系》的报告中指出治理包括三层含义：治理是个人和公共或私人机构管理其共同事务的诸多方式的总和；治理是使相互冲突或不同的利益得以调和并且采取联合行动的持续过程；治理既包括有权迫使人们服从的正式制度和规则，也包括人们和机构同意的或符合其利益的各种非正式制度安排。① 全球治理委员会将治理的特征归纳为：治理不是一整套规则，也不是一种活动，而是一个过程；治理过程的基础不是控制，而是协调；治理既涉及公共部门，也涉及私人部门；治理不是一种正式的制度，而是持续的互动。

治理理论的五个主要论点包括：(1)治理指出自政府，但又不限于政府的一套机构和行为体。(2)治理明确指出在为社会和经济问题寻求解答的过程中存在的界限和责任方面的模糊之点。(3)治理明确认定在参与集体行动的机构之间的关系当中包含着对权力的依赖。(4)治理是指行为体网络的自主自治。(5)治理认定，办好事情的能力并不在于政府下命令或运用其权威的权力，政府可以动用新的工具和技术来掌舵和指引。② 可以发现，治理理论关注社会管理主体多元化和平等性，重视政府相对人的参与，强调多中心治理。

20世纪90年代以来兴起的治理理论，其直接的思想资源正是欧美国家20世纪70年代以来以反对国家直接干预、主张恢复古典自由主义为主要内容的新自由主义理念，和80年代以来以重构国家与市民社会的新型互动关系为主要内容的新公共管理运动。深植于西方政治与社会传统之中的自由、市民社会和主权国家及其制度等概念，构筑了治理理论的核心框架。③ 治理理论明确提出了多中心治理观点，使得原本专属于官僚系统负责的一些具体的公共事务向个人和其他组织开放，通过协商合作的方式来共同治理，从而分享国家对内主权中的行政管理权。④

---

① The Commission on Global Governance, *Our Global Neighborhood*, Oxford: Oxford University Press, 1995, pp. 2-3.
② [英]格里·斯托克：《作为理论的治理：五个论点》，华夏风译，《国际社会科学杂志（中文版）》2019年第3期。
③ 苟渊：《治理的缘起与大学治理的历史逻辑》，《全球教育展望》2014年第5期。
④ 郁建兴、刘大志：《治理理论的现代性与后现代性》，《浙江大学学报》（人文社会科学版）2003年第2期。

民主、分权、参与、协商、合作等是治理理论最核心的内涵。[①]

大学发源于市民社会，作为市民社会组成部分的大学，其自治权一直作为一项基本原则得以延续并保留下来。大学自治强调大学与政府之间的权力边界，大学治理则更强调大学、政府、市场、社会等多中心就大学相关重要事务进行民主协商。因此，治理及其理论在政治与行政学领域的兴起很快就得到高等教育界的关注，并且尝试在政府、社会、大学之间建立平等、协商的参与式治理结构，大学治理的社会参与就是这种参与式治理结构中的重要内容之一。多中心治理理论提供了大学治理社会参与的合法性理论基础。

第二节 大学治理社会参与的分析框架、概念界定和评测维度

论证了大学治理社会参与这一命题成立之后，接下来要回答什么是大学治理的社会参与。市民社会理论、利益相关者理论和多中心治理理论，不仅为大学治理社会参与这一命题的成立提供了理论支撑，同时也为厘定这一概念的内涵提供了解析路径。市民社会理论框定了大学治理社会参与这一概念的讨论语境，利益相关者理论界定了大学治理社会参与的参与主体，多中心治理理论则标定了大学治理社会参与的治理目标。三大理论的综合运用则清晰地厘定了大学治理社会参与的内涵。

一 大学治理社会参与的分析框架

"治理"是20世纪90年代以后兴起的概念，治理强调多主体共同参与的多中心管理，"任何组织都存在治理问题"，大学治理是治理理论在大学这一组织中的运用。"大学治理是指大学内外部利益相关者参与学校重大事务决策的结构和过程"[②]。"大学是一个典型的利益相关者

[①] 龙献忠、杨柱:《治理理论：起因、学术渊源与内涵分析》，《云南师范大学学报》（哲学社会科学版）2007年第4期。

[②] Dennis John Gayle et al., "Governance in the Twenty-First-Century University: Approaches to Effective Leadership and Strategic Management", ASHE-ERIC Higher Education Report, San Francisco California: Wiley Subscription Services, Inc., 2003, p.1.

组织",大学内部和大学外部都有多个不同的利益相关主体,大学内部的利益相关主体包括校长、教授、行政人员和学生等,大学外部的利益相关主体包括政府、企业、社会等,因此通常所说的大学治理又可细分为大学内部治理和大学外部治理。"社会"属于大学外部利益相关主体之一,因此在讨论大学治理的社会参与时使用的"大学治理"概念,一般指向大学外部治理。大学外部的利益相关主体在不同的分析框架中呈现不同,所以在界定大学治理的社会参与概念之前,需要讨论大学治理结构的分析框架,旨在清晰界定"大学治理社会参与"的讨论语境。

不同学者对大学外部的利益相关群体关注重点的不同,就会形成讨论大学和社会关系的不同分析框架,"社会"作为大学的重要利益相关主体,与大学的关系也就会存在于不同的讨论语境中。伯顿·R·克拉克关注控制和协调大学的权力,将这种权力分为国家权力、市场权力和学术权力三种类型,三种权力呈现三角协调关系,三角形内部的各个位置代表三种权力不同程度的结合,不同国家或同一国家的不同时期处在不同的位置上。[①] 实质上,伯顿·R·克拉克提出了一个讨论大学治理问题的政府—市场—大学的分析框架,在这种分析框架中大学治理模式存在政府控制、市场协调和大学自治三种类型。很多研究者在伯顿·克拉克的分析框架基础上,把市场简单地等同于社会,采用政府—社会—大学的分析框架来研究大学治理问题,对此有学者指出"在以往的许多研究中,往往将社会与市场相混淆,将大学与社会的关系等同于大学与市场的关系,造成了逻辑上的混乱"[②]。关注大学治理的社会参与要把社会和市场性质上的不同进行理论上的区分,从而在政府—社会—市场—大学的分析框架下进行讨论,市民社会理论提供了这样的理论分析工具。

运用市民社会理论讨论大学相关问题的适切性与大学本身的性质有直接关系。"大学"从行会组织发展而来的特性,决定了大学与生俱来

---

① [美]伯顿·R·克拉克:《高等教育系统——学术组织的跨国研究》,王承绪、徐辉、殷企平等译,杭州大学出版社1994年版。
② 孙军:《市民社会理论对我国高等教育管理体制的启示》,《江苏社会科学》2012年第S1期。

的市民社会组织属性。"市民社会理论"所探讨的关系主体涵盖了大学外部利益相关主体，因此市民社会理论是分析大学与社会关系的适切理论工具，借鉴市民社会理论的分析框架，可以构建出大学与社会关系研究中的大学治理社会参与问题的分析模型。正如前文所述，市民社会理论经过不同历史时期理论家们的持续探索得到了不断丰富和发展，其讨论视角的不同形成了不同的市民社会分析框架，即古典市民社会理论的一分结构、现代市民社会理论的二分结构和当代市民社会理论的三分结构。

在当代市民社会理论的三分结构中，把经济社会（市场）和市民社会（社会）的不同做性质上的区分（见图2-1）是当代市民社会理论的贡献，大学是市民社会的实体要素之一。俞可平也指出，市民社会的组成要素是各种非政府和非企业的民间组织，无论是按照联合国的产业分类标准（ISIC），还是美国约翰·霍普金斯大学非营利组织比较研究中心的分类法，大学都是属于教育类民间组织[①]。"出于研究目的的需要"，把大学从三分结构下的"市民社会"中分离出来并加以聚焦，就形成了研究大学治理问题的四分架构，即政府—市场—社会—大学架构（图2-2）。在这样的分析框架中，与大学发生交互关系的结构更加明晰，大学自身的主体角色得以彰显。事实上，在当今时代，作为市民社会构成要素的大学，以其人类知识生产场所属性，受到政治国家、市场经济和市民社会的共同关注，并与它们三者发生交互性联系，发挥着政治思想智慧库、经济革新发动机和社会公平稳定器的角色。现代大学已经被推拉至整个社会的中心位置，大学在市民社会中的地位更加彰显。

政府—市场—社会—大学四分框架结构是研究大学治理社会参与问题的话语环境，在这个讨论语境中研究大学治理的社会参与，就是研究大学与政府、市场和社会等多对复杂关系中的"大学与社会"这一对关系，且是研究大学与社会关系向度中的一个向度，即社会到大学的参

---

① 俞可平：《中国公民社会：概念、分类与制度环境》，《中国社会科学》2006年第1期。

第二章 公立大学治理社会参与的基本理论

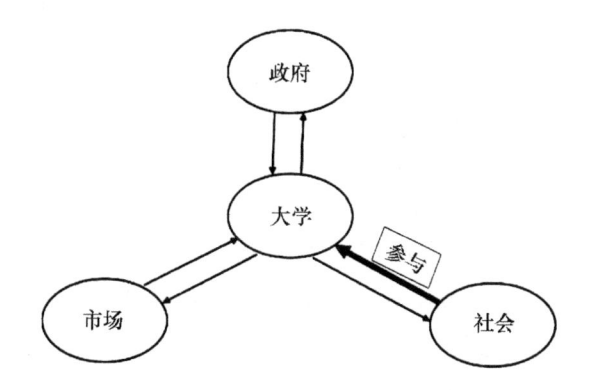

图 2-2 大学治理社会参与的四元分析架构

与向度（图 2-2 加粗箭头所示）。① 这一问题的研究视角既可以是基于大学内部，考察大学内部的社会参与元素；也可以是基于社会内部，考察社会内部参与大学治理的元素。

二 大学治理社会参与的概念界定

（一）大学治理之概念框定

按照丹尼斯·盖尔（Dennis Gayle）的经典定义，"大学治理是指大学内外部利益相关者参与学校重大事务决策的结构和过程"②，因此，从广泛意义上讲，大学治理包括大学外部治理和大学内部治理两个方面。显然，大学外部治理是指大学外部的利益相关主体参与学校重大事务决策的结构和过程。在上述四元分析框架中，大学外部的利益相关主体涵盖政府、市场和社会，所以，在谈到"大学治理的社会参与"这个概念时使用的"大学治理"一定是指向"社会"这一大学外部利益相关主体的大学治理，当然所指是大学外部治理。因此，本书把"大学治理"框定为大学外部治理，而且对大学治理这一概念不做具体分解，

---

① 朱玉山：《大学治理的社会参与：分析框架、概念界定与评测维度》，《现代教育管理》2017 年第 1 期。

② Dennis John Gayle et al., "Governance in the Twenty-First-Century University: Approaches to Effective Leadership and Strategic Management", *ASHE-ERIC Higher Education Report*, San Francisco California: Wiley Subscription Services, Inc., 2003, p. 1.

只关注"大学"这一组织"治理"中的"社会参与"问题。

(二) 社会参与之概念解析

社会参与是政治领域的概念，与社会参与密切相关的概念还有公众参与、公民参与和公共参与等。蔡定剑认为，"大约是在20世纪90年代，公众参与的概念和理论开始传入中国，并逐步兴起"，然而国内学者在译介这一概念时对应的词语"五花八门"，"英语中的表述 Public 或 Citizen Participation/Involvement/Engagement 都可译为公众参与"。他还认为，用"公共参与"只强调参与是个公共过程，而没有参与的主体；用"公民参与"显然不能概括参与的主体，参与的不仅是公民，而应是所有的居民。统一用"公众参与"比较准确，也突出了参与的主体是公众，而不是没有"人"的参与。因此，他将公众参与定义为，"公共权力在进行立法、制定公共政策、决定公共事务或进行公共治理时，由公共权力机构通过开放的途径从公众和利害相关的个人或组织获取信息，听取意见，并通过反馈互动对公共决策和治理行为产生影响的各种行为"①。根据这一定义可知，公众参与的主体是公众个人或组织，而参与的客体则不仅包括政治事务，还包括社会公共事务。

那么公众参与和社会参与两个概念有何关联呢？一些学者在进行研究时并没有把公众参与和社会参与加以严格地区分使用。如，有学者认为，"社会参与是指公民或社会组织参与处理社会公共事务的态度、行动和过程"②；有学者认为，"社会参与是指社会成员以某种方式参与、干预、介入国家的政治生活、经济生活、社会生活、文化生活以及社区的共同事务，从而影响社会发展的过程"③；有学者认为，"社会参与是指社会成员以各种方式影响国家政治生活和社会治理的过程"④。从他们的定义可以看出，社会参与的主体是社会成员，参与的客体包括政治事务和其他社会事务。从参与的主体和客体来比较公众参与和社会参与

---

① 蔡定剑主编：《公众参与：风险社会的制度建设》，法律出版社2009年版，第5页。
② 申锦莲：《创新社会管理中的社会参与机制研究》，《行政与法》2011年第12期。
③ 王兵：《当代中国人的社会参与研究述评》，《哈尔滨工业大学学报》（社会科学版）2012年第6期。
④ 霍海燕：《当代中国政策过程中的社会参与》，人民出版社2014年版，第2页。

这两个概念时可以发现，参与的主体都指向社会成员，包括组成社会的个体成员和社会组织，参与的客体都指向政治领域和社会领域，而且对"参与"的理解都是一致的，即通过互动以影响政治决策或社会治理的行为，因此，公众参与和社会参与两个概念有相同的内涵和外延，应该是同义语，可以互换使用。

社会参与（公众参与）是一种现代民主制度，除了强调社会公众对政治领域的参与外，更强调社会成员对社会公共事务的管理，是参与式民主制度，主张社会成员对公共事务的共同讨论、协商和共同决定。参与式治理（participatory governance）是治理理论的一种变体或子集，它强调民主参与，特别是通过审议实践的民主参与。[1] 参与式治理按参与活动对象的不同又有公民参与（citizen participation）和社会参与（social participation）的区分，公民参与是指人们对与政府有关活动的有目的参与，而社会参与则指人们对社会机构活动的有目的参与。[2] 尽管公民参与和社会参与在参与对象和参与形式上有不同，但作为参与式治理模式都强调治理主体的多元协同，所有利益相关方对决策过程的参与是核心和关键。在四分框架下，大学属于社会机构，因此人们对于大学治理的有目的参与活动属于社会参与。近年来国内运用社会参与的概念和理论对立法、公共预算、城市规划、环境保护、公共卫生等领域进行了较多的研究。大学事务属于公共事务范畴，大学治理应属公共治理，大学治理的社会参与应是现代社会发展的必然要求。

（三）大学治理的社会参与之"社会"界定

界定"大学治理社会参与"这一概念，最关键的是界定清楚其中"社会"的主体范畴。近年来，大学是一个典型的利益相关者组织成为高等教育研究领域的普遍共识，因此利益相关者理论为分析前述大学治理社会参与四分框架下的"社会"具体构成即大学治理社会参与的参

---

[1] Frank Fischer, "Participatory Governance: From Theory To Practice", in David Levi-Faur, ed. *The Oxford Handbook of Governance*, Oxford: Oxford University Press, 2012, pp. 457-471.

[2] Stuart Langton, *Citizen Participation in America*, Lexington, Massachusetts: D. C. Heath and Company, 1978, p. 17.

与主体提供了分析工具。国内外学者依据利益相关者理论探讨了大学利益相关者的组成和类型。丹尼斯·盖尔等人认为，美国的大学利益相关者包括高等教育协会、基金会、教育部、相关议会委员会、认证机构、大学系统办公室、州长、州教育委员会、州立法机构、学生、校友、社区成员、董事、高级管理人员、教师和校长。[1] 亨利·罗索夫斯基根据利益相关者与大学之间的重要性程度提出，教师、行政主管和学生是最重要群体；董事、校友和捐赠者是重要群体；政府和银行家等是部分拥有者；市民、社区和媒体等是次要群体。[2] 胡赤弟把大学的利益相关者按层次划分，提出教师、学生、出资者、政府等是大学的权威利益相关者；校友、捐赠者和立法机构是潜在的利益相关者；市民、媒体、企业界、银行等是第三层利益相关者。[3] 李福华将大学利益相关者划分为核心利益相关者、重要利益相关者、间接利益相关者和边缘利益相关者四个层次，分别对应于教师、学生、管理人员，校友、财政拨款者，科研经费提供者、产学研合作者、贷款提供者，当地社区、社会公众。[4] 潘海生把大学利益相关者划分为核心、关键、紧密、一般四个层次，分别对应于大学行政人员，政府、大学教师，企业、学生，学生家长。[5] 李平按与大学的亲疏关系将利益相关者划分为"亲人""熟人""生人"三个层次，分别对应于教师、学生、管理人员，政府、校友、学生家长、用人单位、办学和科研经费提供者、产学研合作者、贷款提供者，考生家长、当地市民、媒体、企业界、兄弟院校。[6]

对这些研究者提出的不同类型的大学利益相关者进行聚类分析发

---

[1] Dennis John Gayle et al., "Governance in the Twenty–First–Century University: Approaches to Effective Leadership and Strategic Management", *ASHE–ERIC Higher Education Report*, San Francisco California: Wiley Subscription Services, Inc., 2003, p. 1.

[2] Henry Rosovsky, *The University—An Owner's Manual*, New York: W. W. Norton & Company, Inc, 1990, p. 21.

[3] 胡赤弟：《高等教育中的利益相关者分析》，《教育研究》2005年第3期。

[4] 李福华：《利益相关者理论与大学管理体制创新》，《教育研究》2007年第7期。

[5] 潘海生：《作为利益相关者组织的大学治理理论分析》，《中国地质大学学报》（社会科学版）2007年第5期。

[6] 李平：《高等教育的多维质量观：利益相关者的视角》，《国家教育行政学院学报》2008年第6期。

现，政府—市场—社会—大学四分框架下的大学利益相关者基本包括政府、教师、学生、高级管理人员、银行、企业、校友、捐赠者、市民、社区、媒体、学生家长、协会、基金会等，将这些利益相关者分别纳入四分范畴中，即可获得利益相关者视角下的大学治理社会参与之"社会"范畴，即除去政府系统（政府）、市场系统（银行、企业等）和大学系统（教师、学生、高级管理人员等）之外的社会系统元素（校友、捐赠者、市民、社区、媒体、学生家长、协会、基金会等），包括不以获取利润为参与目的的银行、企业等。这些组成要素既包括公民个体，也包括社会组织，他（它）们以独立个体或各种组织形式如董事会、基金会、协会、社团组织、媒体组织等参与到大学治理中。

（四）大学治理的社会参与之内涵与外延

界定清楚参与主体后，借鉴政治和行政学上的社会参与的定义，就可以界定清楚大学治理社会参与的概念。社会参与源于政治参与，政治参与是指一种参与式民主形式，主张通过公民对公共事务的共同讨论、协商、共同行动解决共同体的公共问题，强调公民自治和参与公共事务的讨论、协商和决定。政治和行政学意义上的社会参与，是指公共权力机构在进行立法、制定公共政策、决定公共事务或进行公共治理时，由公共权力机构通过开放的途径从公众和利害相关的个人或组织获取信息，听取意见，并通过反馈互动对公共决策和治理行为产生影响的各种行为。[①] 大学事务属于公共事务范畴，大学治理的目标自然是使大学达到一种"善治"状态，因此借鉴政治学的社会参与定义，在框定讨论语境、界定参与主体、标定参与目标之后，就可以清楚地厘定大学治理社会参与的概念，它是指基于政府、市场、大学、社会四分框架下的市民社会中的大学利益相关主体，通过个体或一定的组织形式如董事会（理事会）、学术社团（学会、协会、研究会）、基金会、媒体组织等，介入大学决策、咨询、监督、评价等事务，以使大学达到"善治"状态的行为，这些参与行为包括决策咨询参与、监督问责参与、评估评价参与等。[②]

[①] 蔡定剑主编：《公众参与：风险社会的制度建设》，法律出版社2009年版，第5页。
[②] 朱玉山：《大学治理的社会参与：分析框架、概念界定与评测维度》，《现代教育管理》2017年第1期。

理解这一概念，需要强调三个方面：第一，大学是社会的一部分，大学事务是社会公共事务，大学治理属于社会公共治理范畴。起源于中世纪的大学，在原初意义上就是社会的组成部分，实行自我治理。民族国家兴起以后，一些国家的大学转变成为国家机构，隶属于政府部门而失去了自治权力；也有一些国家的大学仍然保持较好的社会属性，保留了较多的自治权力。随着现代社会的发展，大学向社会的回归是历史的必然，回归社会的大学自然由社会成员进行公共治理。第二，社会参与是政府、社会、大学共同治理下的社会参与，是对大学事务的共同讨论、协商和共同决定，参与的形式包括参与决策、参与咨询、参与监督和参与评价等。第三，社会参与大学治理的目的是使"大学"达到一种"善治"状态，实现大学和社会的自我治理。

在理解大学治理社会参与这一概念的内涵时，还需要明确这一概念的外延，因此有必要对大学治理社会参与和高等教育治理社会参与加以区分。笔者认为二者至少存在三个方面的不同：其一，视角不同，前者是四分框架下的大学视角，强调社会到大学向度的参与行为，后者是四分框架下的政府视角，强调社会到政府向度的参与行为。其二，出发点不同，前者以大学自治为前提，后者以政府统治为语境。其三，目标不同，前者的行为结果是大学善治，后者的行为结果是国家（政府）善治。导致两者概念混淆甚至外延重叠的原因，是中国历史上较长的一段时期内视大学为政治国家的一部分而非市民社会的一部分，而且社会参与民主治理的思想缺失。随着社会的发展，大学向市民社会的回归，大学是典型的利益相关者组织、是典型的多主体共同治理的组织之特征愈加明显，政府的角色逐渐变为大学重要的利益相关者之一而不是唯一的利益相关者。因此，两个不同概念的细分更加必然。

三 大学治理社会参与的评测维度

大学治理的社会参与是认定大学学术水平、评定大学教学质量、确定大学专业标准等非市场行为和体现公平、公正、公开等重要社会价值的考察依据。社会参与思想在当今的所有治理理论中都是重要内容，国内外学者们对城市规划、环境保护、公共卫生等公共事务治理上进行了较多的社会参与问题的研究,形成了一些社会参与理论。社会参与大学治理是中国现代大学制度改革过程中的一个重要命题,大学治理属于公共治理范畴,因此借鉴公共治理的社会参与理论来考察大学,笔者认为可以从参与的广度、深度和效度三个维度上来评测社会参与大学治理问题,这三个维度构成了深入测量和评估大学治理社会参与状况的立体视角。①

(一) 大学治理社会参与的广度

大学治理社会参与的广度是指社会范畴的大学利益相关主体实际参与大学事务的个体或组织的数量、分布以及参与渠道的种类和数量,反映参与主体的广泛性和参与渠道的多样性。现代西方发达国家大学共同治理的理念下,视大学特别是公立大学为公共机构,市民社会的各类主体都有大学事务的平等参与权,特别是密切相关的利益主体更有相关大学事务的参与治理权。大学治理社会参与的广泛性程度也是其国家民主化程度的反映,国家的民主化程度越高,其大学的社会属性越强,社会成员参与大学治理的广度越大。大学治理社会参与广度的评测,可以通过考察"大学章程"的途径进行文本分析研究,因为"大学章程应穷尽大学治理的所有要素及其关系",参与大学治理的个体或组织必然会以制度化的条款形式呈现于大学章程中;也可以通过考察大学与社会交往密切的组织如董事会(理事会)、大学咨询委员会、招生办公室、教学质量评估办公室等的途径进行调查访谈研究。参与主体的广泛性考察指标可以包括个体的性别、年龄、职业、身份和组织的名称、类型、性质、功能等;参与渠道的多样性考察指标可以包括公共论坛、问卷调查、邮件反馈、专业咨询、公开会议、协商投票等参与形式。

(二) 大学治理社会参与的深度

大学治理社会参与的深度是指社会范畴的大学利益相关主体对大学事务决策过程的影响程度和层次。依据美国学者雪莉·阿恩斯坦

---

① 朱玉山:《大学治理的社会参与:分析框架、概念界定与评测维度》,《现代教育管理》2017年第1期。

(Sherry Arnstein)的"公民参与阶梯理论",公民参与程度分为八个阶梯,从低到高分别为:操纵(Manipulation)、训导(Therapy)、知情(Informing)、咨询(Consultation)、纳谏(Placation)、伙伴关系(Partnership)、代表权(Delegated Power)、公民控制(Citizen Control),对应假参与、表面参与、高层次的表面参与和深度参与四个层次。① 法国著名学者雅克·谢瓦利埃(Jacques Chevallier)教授将社会参与的程度划分为"知情""咨询"和"协商参与(或共同决定)"三个阶段。② 参照公民参与阶梯理论,笔者认为作为社会机构且利益相关主体多元的大学组织,其社会参与的深度可以从"知情"(Informing)、"咨询"(Consultation)和"共同决定"(Co-decision)三个层次加以衡量。"知情"是大学向社会范畴的利益相关者主动公开利害相关事项,帮助利害人了解决策的内容,是参与的准备阶段;"咨询"是大学主动倾听社会范畴的利益相关者的意见和建议,是利害人要求和愿望的表达,是参与的基础阶段;"共同决定"是大学与社会范畴的利益相关者就有关事项进行真正的协商合作、共同决策,是参与的高级阶段。三个阶段中利益相关主体对决策过程的影响程度由低到高呈阶梯状分布,后一阶段的参与建立在前一阶段的基础之上。大学治理社会参与深度的评测主要以问卷调查或访谈调查的方式进行。

(三)大学治理社会参与的效度

大学治理社会参与的效度是指社会范畴的大学利益相关主体参与大学事务共同决策产生有效性影响的程度。在大学治理的多主体参与中,社会参与的有效性程度取决于利害事项与社会成员价值目标是否一致,当大学就有关利害事项与利益相关者的价值需求和价值目标一致时,利益相关者的愿望和要求就能得到充分表达,就能促进大学决策结果的科学化;反之,则可能产生冲突,社会参与的有效性降低。尽管大学与利益相关者的共同决策有时可能会因价值冲突而对决策有效性产生影响,

---

① Sherry Arnstein, "A Ladder of Citizen Participation", *Journal of the American Planning Association*, Vol. 85, No. 1, 2019, pp. 24–34.

② 转引自蔡定剑主编《公众参与:欧洲的制度和经验》,法律出版社2009年版,第196—197页。

第二章 公立大学治理社会参与的基本理论

但是大学治理的社会参与使利益相关各方都能参与到治理的过程中来，使各种不同利益诉求都能得到表达，产生的大量的战略性决策的价值是不可低估的。

大学治理社会参与的广度、深度和效度三个分析维度共同构成了衡量社会参与大学治理的三维尺度，三个维度分别对应于参与的形式、过程和结果（图2-3），因此通过这三个维度及多个指标的综合考察，可以对大学治理社会参与的实际水平和质量进行分析与评估。

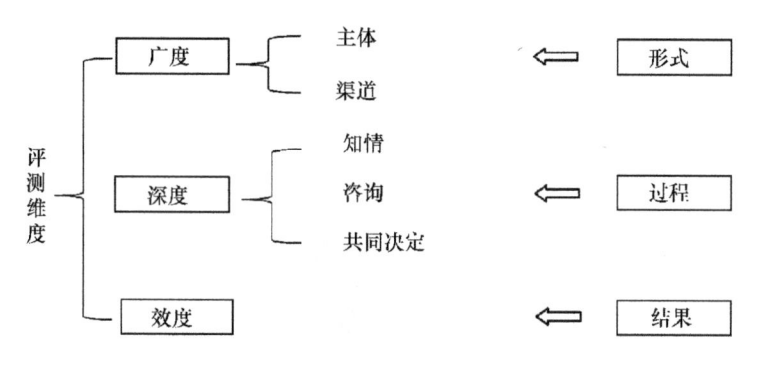

图2-3 大学治理社会参与的三维评测维度

本章小结

大学治理为什么需要社会参与？这一问题不仅要从发达国家大学治理的现实中去寻找答案，而且要从理论上去回答这一问题。事实上，现代大学治理社会参与不仅有发达国家的大学治理实践，而且有相关理论依据支撑。市民社会理论、利益相关者理论、"第三条道路"理论以及多中心治理理论是解释大学治理社会参与这一命题的适切理论，它们分别从政治学、经济学、社会学和行政学等不同学科理论视角注解了大学治理社会参与这一命题。市民社会理论用来分析大学与社会的关系并提供了大学治理社会参与问题的分析框架；利益相关者理论则应用于从市民社会中界定大学治理中多元主体的来源；"第三条道路"理论阐释了社会参与思想的来源；多中心治理理论强调的多元主体共同参与治理吻合了大学这一现代机构的组织特性。这些理论的综合运用清晰地界定了大学治理社会参与这一概念。另外，借鉴社会参与阶梯理论同样可以从参与的广度、深度和效度三个维度来评测大学治理的社会参与水平和质量。

第三章

美国公立大学治理社会参与的历史演进

上一章从理论层面提出了大学治理社会参与的政府、市场、社会和大学的四元分析框架,并提出了大学治理社会参与的社会主体类型。本章将选取美国公立大学这一当今世界典型的社会参与组织,按美国公立大学产生到发展两百多年历程的不同时期划分,分别考察公立大学治理中政府、市场和社会参与治理的发生、发展状况,重点考察董事会机构、高等教育协会组织和社会公众等社会主体参与治理的发生机制、参与行为、制度形成和演进规律。

第一节 初创时期(1776—1862年):董事会制度的产生及其在治理结构中的作用

美国从建国到南北战争是大学治理社会参与的发生时期,也是公立大学治理社会参与制度的初创时期,这一时期公立大学仿效私立大学的治理模式,建立了董事会治理结构,其他参与大学治理的社会主体还远未建立起来,由校外人士组成的董事会是这一时期大学治理社会参与的唯一制度化社会主体。[1]

---

[1] 朱玉山:《美国公立大学治理的社会参与制度:历史演进与基本特征》,《高教探索》2020年第11期。

一 公立大学的创建

(一) 国立大学的梦想

美国在1776年建国前的殖民地时期建立了9所学院，全部是私立大学，而且入学人数非常有限。据估算，1789年美国9所私立学院共有高等教育注册学生数约1000人。① 建国后，无论高等教育机构的数量、类型，还是培养的学生数都不能满足新兴国家发展的需要。1783年美国独立战争结束之后，创办国立大学的想法一直成为众多仁人志士（包括前六任国家总统）的强烈愿望，从1787年提出第一个关于建立国立大学的详细提议时起，直到20世纪初期，国立大学创立计划以文章、建议和议案等各种形式一次又一次被提出，总统提议国会否决，议员再提议国会再否决，经历一个半世纪的反反复复，但终究只是梦想。埃德加·韦斯利（Edgar Wesley）在他的著作《美国国家大学计划》一书中称之为"国家大学运动"（The National University Movement）。②

创建国立大学计划的第一个知名的提议是1787年由著名医生、国会议员、《独立宣言》的签名人本杰明·拉什（Benjamin Rush）博士提出的。1787年1月，拉什博士发表了"致美国人民的倡议书"，在倡议书中他呼吁国家在首府城市建立一所联邦大学，以"促进实用型知识的研究与教学"。③ 拉什博士在提议中设想的联邦大学是一所高起点的研究型大学，"学生在各州完成本科学习后来到这里进行更高层次的学习和研究"④。"他指出国立大学将把年轻人培养成为国家的公职人员，甚至还指出在国立大学建立30年后，只有该大学的毕业生才能进入联邦

---

① Arthur Cohen & Carrie Kisker, *The Shaping of American Higher Education: Emergence and Growth of the Contemporary System* (2nd ed.), San Francisco California: Jossey – Bass Inc., 2010, p. 11.

② Edgar Bruce Wesley, *Proposed: The University of The United States*, Minneapolis, Minnesota: The University of Minnesota Press, 1936, pp. 3 – 24.

③ John S. Brubacher et al., *Higher Education in Transition: A History of American Colleges and Universities*, New Jersey: New Brunswick, 1997, p. 220.

④ Edgar Bruce Wesley, *Proposed: The University of The United States*, Minneapolis, Minnesota: The University of Minnesota Press, 1936, p. 4.

第三章　美国公立大学治理社会参与的历史演进

政府机构工作"①。虽然拉什不是最早产生这种想法的人，但是他的身份和名声导致他的倡议引起了当时社会对建立国家大学的反复讨论，也成了人们街谈巷议的话题，自然成为制宪会议的议题也就不足为奇了。

1787年5月在费城召开的制宪会议上，来自南卡州的代表查尔斯·皮克尼（Charles Pinckney）提交了一份宪法草案，其中包含授予国会建立国家大学特别权力的条款，詹姆斯·麦迪逊（James Madison）也赞成这一提案并将其提交到了国会。然而后来一位国会议员提到"鉴于国会对首府所在的联邦区域有专属管辖权，无须增加如此特别条款"，该议员的辩解被接受，授予国会建立国家大学的权力被认为没有必要，因此创建国立大学的权力没有被写进宪法，从而也引发了后来一个多世纪的国立大学创办权的反复争斗，甚至产生因此而修宪的动议。

拉什的提案、报纸上的讨论以及制宪会议上的辩论开启了美国国立大学运动的序幕。美国最初的六位总统都一致认为对年轻的共和国来说建立国家大学是理想之举。乔治·华盛顿、托马斯·杰斐逊、詹姆斯·麦迪逊和约翰·亚当斯四位总统还就建立国家大学一事向国会提出过明确而具体的要求。1790年1月，华盛顿在他的首次年度致辞中就建议国会创办国家大学，在随后的几年里在给亚当斯、杰斐逊、亚历山大·汉密尔顿、埃德蒙·伦道夫以及弗吉尼亚州州长罗伯特·布鲁克等人的信件中，都表达了他创办国家大学的志趣。华盛顿一直胸怀建立国家大学的愿望，在1796年12月他的最后一次演讲中仍极力请求国会创办国立大学，还曾亲自到哥伦比亚特区为学校选址，甚至在他1797年7月签署的遗嘱中还为建立国家大学留给国会一笔特殊的遗产。华盛顿总统的提议只是得到了国会礼节性地接受和回应，并没有被采纳。第二任总统亚当斯虽然没有直接给国会提出建议，但他非常赞同此举。第三任总统杰斐逊曾两次提交创办国立大学建议给国会，但似乎遭到合宪性质疑。第四任总统麦迪逊曾三次建议国会，他于1810年的第二次提议以违宪为由直接被忽略，1816年他再次提案促请国会，但最终被否决。

---

① ［美］亚瑟·科恩：《美国高等教育通史》，李子江译，北京大学出版社2010年版，第55页。

第五任总统詹姆斯·门罗也赞同创办国立大学，但是他认为应该先修改宪法条款。第六任总统约翰·昆西·亚当斯1825年上任伊始就促请国会创办国家大学，但同样令他失望的是国会并没有采取行动。

在18世纪末和19世纪初提出的许多其他建立国家大学的提议中，最有名的当数1806年由美国著名学者、美国驻法国大臣乔尔·巴洛（Joel Barlow）的"美国国家大学的创办计划书"。仿效法国资产阶级大革命后建立起来的教育体制，他提议在美国建立一所国家大学以作为整个教育体系的最高点，这一联邦教育机构要承担两项不可或缺的职责——教学和研究。① 作为驻法大使的巴洛，其提案深受法国大革命后建立起来的"帝国大学"体制的影响，他以重组后的巴黎的大学为样板，提出建立美国国家大学必须由教学与科研两部分组成。但是，巴洛的提案在参议院那里遭受了同样失败的命运。

从约翰·亚当斯政府结束的1829年到1869年的40年间，国家大学运动处于潜伏期，再没有总统重提建立国家大学一事，也没有议员提出过此类议案。1869年后，国家大学运动又开启了一个新的阶段。1869年约翰·霍伊特（John Hoyt）在国家教育协会（National Education Assosiation）的一次演讲中，发起了建立国家大学的运动。协会接受了霍伊特的建议，随即成立了以霍伊特为首的国家大学委员会，开始调查并形成提案提交国会。然而，提案尚未完成时，已有一名参议员于1872年3月率先提交了国会一份建立国家大学的提案。在随后的半个世纪里，接二连三地有国会议员提交提案，"从1872年到1933年的一段时间里，大约有60余份提案提交到国会，其中三分之二的提案被提交到了参议院"②。这些方案一个比一个更加具体且成熟，例如1893年佛蒙特州参议员雷德菲尔德·普罗克托（Redfield Proctor）提出，大学的名称叫"美国大学"（The University of the United States），大学董事会由每个州州长任命的一名本州成员和总统任命的六名成员组成，总统、

---

① John S. Brubacher et al., *Higher Education in Transition: A History of American Colleges and Universities*, New Jersey: New Brunswick, 1997, p. 220.

② Edgar Bruce Wesley, *Proposed: The University of The United States*, Minneapolis, Minnesota: The University of Minnesota Press, 1936, p. 15.

副总统、最高审判长、众议院议长、教育专员、史密森尼国家自然历史博物馆秘书、史密森尼博物馆馆长是董事会的当然成员,禁止教授宗教教义和党派信条,该大学的本科学历是进入政府序列的先决条件,公共土地出售收入的一半用于支持大学,等等。① 一直到1936年仍然还有国会议员提出建立国家大学的提案。就这样,国家大学运动的大戏在屡屡尝试和屡屡失败的反复中持续不断地上演,时至今日美国依然不存在国立大学。

韦斯利把国家大学运动失败的原因归结为三个方面:一是公众对此事的倦怠与冷漠;二是为数不多但是很有影响力的反对声音;三是事实上已经建立起来的可以替代国家大学目标的其他存在。② 盛行于19世纪的州权主义哲学观念可以解释公众对建立国家大学的冷漠或反对,国立大学所代表的非宗教、反地方主义的观念以及过于鲜明的联邦色彩与殖民地时期学院培养出来的精英们的教派和私有观念相冲突,再加上美国南北战争之后陆续建立起来的多个国家性质的教育机构也实质性地成为国家大学建立的阻碍。③

(二) 州立大学的创办

美国最早的州立大学可以追溯到18世纪末期。毫无疑问,18世纪欧洲启蒙运动为美国独立战争和法国大革命提供了充分的思想准备,启蒙运动倡导的反对宗教控制,崇尚自然科学和实用知识以及法国大革命后建立起来的政府集权控制的教育体制都影响着美国公立大学的创立。然而,国立大学运动屡屡失败,达特茅斯学院案的判决结果也确定了改办私立大学为公立大学的道路走不通。因此,美国国家建设和社会发展所需要的新型实用知识的传授就要借助于一种新形式的大学——州立大学来完成,州立大学作为公立大学形式创建起来。

虽然美国教育史专家一般都认为1819年创办的弗吉尼亚大学是美

---

① Edgar Bruce Wesley, *Proposed: The University of The United States*, Minneapolis, Minnesota: The University of Minnesota Press, 1936, p. 18.

② Edgar Bruce Wesley, *Proposed: The University of The United States*, Minneapolis, Minnesota: The University of Minnesota Press, 1936, p. 18.

③ John S. Brubacher et al., *Higher Education in Transition: A History of American Colleges and Universities*, New Jersey: New Brunswick, 1997.

国第一所真正意义上的州立大学，如布鲁贝克和鲁迪把弗吉尼亚大学认定为"美国第一所真正的州立大学"①，其主要依据是，"州为大学的运转提供创办资本和发展资金，大学有由州长任命的监事会"②，但是已有多所公立大学先于弗吉尼亚大学在18世纪末期和19世纪初年被创办出来，如北卡罗来纳大学、俄亥俄大学、佐治亚大学、佛蒙特大学、田纳西大学，马里兰大学，还有南卡罗来纳学院以及肯塔基州的特兰西瓦尼亚大学等，尽管布鲁贝克和鲁迪认为它们是"自称的州立大学"③。

北卡罗来纳大学于1789年12月11日由州议会授予办学特许状，并于1795年开始招收第一批学生。④ 俄亥俄大学于1804年（该州成立的第二年）由州议会批准成立，并于1808年开门办学。⑤ 佐治亚大学于1785年1月27日由州议会批准成立，并于1801年开门办学。⑥ 佛蒙特大学建立于1791年。⑦ 田纳西大学建立于1794年。⑧ 马里兰大学建立于1807年。⑨ 南卡罗来纳学院建立于1801年。⑩ 美国建国初期这些大学的建立是适应启蒙运动和国家革命带来的对自然科学知识和人文知识的需求以及反对教派控制和追求平等教育机会的思想产物，尤其是北卡罗来纳大学、佐治亚大学和南卡罗来纳学院更是与弗吉尼亚大学一样是托马斯·杰斐逊所倡导的南方公立大学运动的产物。

美国在18世纪后二十年和19世纪前二十年建立的州立大学并非现

---

① John S. Brubacher et al., *Higher Education in Transition: A History of American Colleges and Universities*, New Jersey: New Brunswick, 1997, p. 147.

② [美]罗纳德·G.埃伦伯格主编：《美国的大学治理》，沈文钦、张婷姝、杨晓芳译，北京大学出版社2010年版，第36页。

③ John S. Brubacher et al., *Higher Education in Transition: A History of American Colleges and Universities*, New Jersey: New Brunswick, 1997, p. 158.

④ Kemp P. Battle, *History of the University of North Carolina (1789-1868)*, Raleigh: Edwards & Broughton Printing Company, 1907, p. 61.

⑤ Ohio, "History & Traditions", https://www.ohio.edu/students/history.cfm.

⑥ Thomas Walter Reed, *History of the University of Georgia*, Athens, Georgia: University of Georgia Press, 1949.

⑦ UVM, "UVM Facts", https://www.uvm.edu/uvm_facts.

⑧ UTK, "Information", http://www.utk.edu/aboutut/#gallery1.

⑨ UMaryland, "History", http://www.umaryland.edu/about-umb/umb-fast-facts/.

⑩ SC, "Our History", http://www.sc.edu/about/our_history/index.php.

在完全意义上的公立大学,其私立性质甚于公立。当时人们的传统观念认为公立大学是由政府批准和监督,但是委派给一个企业集团直接管理。因此,这些早期建立的州立大学包含了很多殖民地时期大学的特征,它们的办学特许状也都视这些大学为私人企业。例如,"佛蒙特大学1791年建立时,其特许状把董事会成员当作私人个体对待而非公共官员,直到1810年立法机构才规定董事会成员需通过选举产生,这样才将大学置于公共控制之下。同样地,佐治亚大学1789年建立时,特许状为其规定了一个自我存续的董事会,但是私人来源的大学基金一律由州政府监管,直到1876年大学董事会才改为由州立法机构任命,而且直到1881年州政府才直接拨款支持该大学"①。再如,北卡罗来纳大学1789年由州议会授予特许状批准建立,在特许状的条款中规定,该大学是一个拥有全部法人公司权力的机构,同时其董事会应永续存在,直到1821年才转为由州政府直接控制。②

1819年达特茅斯学院案的判决结果结束了托马斯·杰斐逊派"试图由政府来控制所有高等学校的努力,并导致了美国公私立高等学校的分野"。杰斐逊试图通过重建威廉玛丽学院为州立大学的努力失败后,他把精力转向彻底新建一所完全意义上的州立大学,在他的不懈努力下,于1818年终于获得了州立法机构授予的办学特许状。而后他亲自选择校址,设计建筑,规划课程,聘请教授,争取拨款,1825年弗吉尼亚大学正式开门办学。"弗大开办伊始就置于校外董事会掌控之下,董事由州长任命并经立法机构批准。弗吉尼亚州政府斥巨资兴建弗大校舍、图书馆和基本设施,而且每年都给弗大拨款支持。"③ 弗吉尼亚大学作为一所全新的公立大学的另一个特征是"完全摆脱所有宗教派别的控制"④。

---

① John S. Brubacher et al., *Higher Education in Transition: A History of American Colleges and Universities*, New Jersey: New Brunswick, 1997, p. 146.
② Kemp P. Battle, *History of the University of North Carolina (1789-1868)*, Raleigh: Edwards & Broughton Printing Company, 1907, p. 13.
③ John S. Brubacher et al., *Higher Education in Transition: A History of American Colleges and Universities*, New Jersey: New Brunswick, 1997, p. 147.
④ John S. Brubacher et al., *Higher Education in Transition: A History of American Colleges and Universities*, New Jersey: New Brunswick, 1997, p. 149.

"在弗吉尼亚大学以及欧洲，尤其法国集权式教育制度的带动下，1829年田纳西州立大学、1824年印第安纳州立大学、1831年亚拉巴马州立大学相继成立，州立大学在西部各州迅速发展起来。"① 密歇根大学是西部各州立大学的典范，是杰斐逊派公立大学思想的坚决贯彻者，其1837年的特许状几乎成了1851年建立的明尼苏达大学的特许状原封不动的模板，同样也强烈地影响着1848年建立的威斯康星大学特许状的起草。②

除了州立大学理念（State – University Idea）外，美国"西进运动"和"联邦赠地"是西部地区州立大学得到较快建立的重要因素。美国建国后向西部地区开疆拓土，"19世纪初美国于1803年购买了路易斯安那的领土，这使得美国的版图几乎扩大了一倍。后来，佛罗里达、得克萨斯、俄勒冈以及1848年《墨西哥条约》所割让的土地相继归入美国版图，使其领土面积大增"③。联邦政府赠地建立州立大学开始于俄亥俄州，1804年俄亥俄州就从联邦政府那里获赠土地用以创办州立大学，而后，阿拉巴契亚山脉以西各州均从联邦政府那里获赠土地，兴建州立大学，"截至1857年《莫雷尔法案》第一次提交国会讨论时，联邦政府已经累计向15个州赠予400万英亩土地用于州立大学的创办"④。这一时期建立的较重要的州立大学还有密苏里州立大学（1839年）、衣荷华州立大学（1847年）和加利福尼亚伯克利大学（1855年）。"到南北战争前夕，美国的27个州已有25个州相继建立了州立大学。"⑤

美国从建国到南北战争的这一段时期，经历了国立大学创办的失败，经历了殖民地学院改造为公立大学的失败，也经历了由弗吉尼亚大学创办成功而带动的南部和西部州立大学的陆续创办，"这一时期是美

---

① 欧阳光华：《董事、校长与教授：美国大学治理结构研究》，高等教育出版社2011年版，第76页。
② John S. Brubacher et al., *Higher Education in Transition: A History of American Colleges and Universities*, New Jersey: New Brunswick, 1997, p. 156.
③ [美]亚瑟·科恩：《美国高等教育通史》，李子江译，北京大学出版社2010年版，第48—49页。
④ John S. Brubacher et al., *Higher Education in Transition: A History of American Colleges and Universities*, New Jersey: New Brunswick, 1997, p. 154.
⑤ 黄福涛主编：《外国高等教育史》，上海教育出版社2008年版，第140页。

国高等教育不断'试误'的时期,这种高等教育自由放任发展、自生自灭的局面直到进入20世纪才逐步得到纠正,但是具有美国特色的高等教育体系已经开始形成了一个粗略的轮廓"①,也为美国公立高等教育体系的建立奠定了基础。

二 公立大学治理的政府参与

在公立大学初创时期,不论是第一批"自称的州立大学",还是第一所"真正意义上的州立大学",抑或是"西进运动"建立起来的州立大学,联邦政府和州政府在其创办和发展中都扮演了不可或缺的角色。联邦政府曾经试图通过建立国家大学的途径全面干预大学的制度没有建立起来,在国立大学梦想破灭后建立的州立大学的治理中,联邦政府和州政府通过立法、拨款和任命州立大学董事会成员等途径参与大学治理。

(一) 联邦政府的立法支持

1.《1785年土地法令》和《1787年西北地区法令》

美国独立战争结束后,新政府没有收入来源,但是有土地。"独立战争后,美国掌握了大约1亿5100多万英亩的公共土地。"② 从18世纪到20世纪中期,联邦政府授予每个州的联邦土地达数百万英亩,各州获得的这些土地中保留一部分,其出售或租赁收入用来支持州立公共机构的建设,包括小学、中学和大学,而且这些收入为维持美国公立教育体系至今发挥了重要的作用。③ 最早规定联邦政府授予州政府公共土地并要求州政府留置其中一部分用于发展公立教育的两部联邦法案是《1785年土地法令》(The Land Ordinance of 1785) 和《1787年西北地区法令》(The Northwest Ordinance of 1787),"1785年土地法令对学校发展的重要性是不可低估的,它是第一个专门为公共教育提供土地的联

---

① 黄福涛主编:《外国高等教育史》,上海教育出版社2008年版,第140—141页。
② 转引自韩毅、何军《美国1785年土地法令历史溯源》,《贵州社会科学》2014年第7期。
③ Alexandra Usher, "Public Schools and the Original Federal Land Grant Program", https://files.eric.ed.gov/fulltext/ED518388.pdf.

邦法律"，"这两部法令开启了联邦政府参与州立教育事业发展的先例"①。

1785年国会通过了土地法令，确定了出售西部公共土地，将其作为国家收入来源的公共土地政策，并具体确立了公共土地划分、测量、出售和使用办法。该法令规定"俄亥俄河西北部土地以36平方英里的村镇为基本单位进行划分，界线以经线和纬线平行，经测量后方可出售；每个村镇要划成36个地块，每个地块为1平方英里（合640英亩），每个地块分别对应1到36的数字；地块出售方式为公开拍卖，每英亩不低于1美元；640英亩（1平方英里）为最小出售面积"②，法令还规定"每个村镇标号为8、11、26、29的四个地块属于联邦政府的保留地块，留作将来出售；每个村镇的第16号地块预留作为开办公立学校之用"③。

《1787年西北地区法令》的全称是《合众国领地（俄亥俄河西北领地）治理法令》，该法令正式规定了俄亥俄河西北领地由领地到正式州建制转变的法律程序和条件。"许多革命领袖和国父们，特别是托马斯·杰斐逊，非常强烈地相信教育的重要性，他们认为提供公共教育是确保公民能够行使宪法赋予他们自由与责任，从而保持解放与自由精神的唯一手段。"④于是，该法令的第三条写道："宗教、道德及学识，皆仁政及人类幸福所不可或缺者，因此学校及教育措施应永远受到鼓励。"依据该法令在领地内先后建立了5个州，俄亥俄州（1804年）、印第安纳州（1816年）、伊利诺伊州（1818年）、密歇根州（1837年）、威斯康星州（1848年）。正是得益于这两部土地法令对公共教育的支持，一批州立大学得以建立起来，1804年创建的俄亥俄大学就是最早使用联

---

① Alexandra Usher, "Public Schools and the Original Federal Land Grant Program", https://files.eric.ed.gov/fulltext/ED518388.pdf.
② 转引自韩毅、何军《美国1785年土地法令历史溯源》，《贵州社会科学》2014年第7期。
③ Alexandra Usher, "Public Schools and the Original Federal Land Grant Program", https://files.eric.ed.gov/fulltext/ED518388.pdf.
④ Alexandra Usher, "Public Schools and the Original Federal Land Grant Program", https://files.eric.ed.gov/fulltext/ED518388.pdf.

邦赠地建立起来的州立大学。

2. 达特茅斯学院案判例

这一时期对公立大学建立和发展产生重大影响的联邦判例是达特茅斯学院案。1816年，新罕布什尔州议会通过了将达特茅斯学院改为州立大学的法案，学院董事会不服判决，于1817年2月将州议会告上法庭，但是1817年9月6日州法院判决学院董事会败诉。达特茅斯学院董事会不服，上诉联邦最高法院。1818年3月10日，联邦最高法院正式受理此案。结果，1819年联邦最高法院作出终审判决：（1）达特茅斯学院属于私法人，其经费来自私人捐赠；尽管学院关乎社会的公共福祉，但州政府无权控制该学院。（2）达特茅斯学院特许状是董事会和英国王室的契约，新罕布什尔议会的法案单方面破坏契约义务，违反美国宪法有关契约的条款，因此该法案无效。

达特茅斯学院案的判决不仅从法律上明确私立学院存在的法理依据，使得私立学院作为独立的法人享有不受政府干涉的高度的自治权，从而直接推动美国私立院校的发展，而且由于该法案击破了开国之初一些政治家的"国立大学梦""公立大学梦"，使得这些人不再寻求将原有私立学院改为公立大学，转而通过公共税收直接建立新的公立大学，从而间接促进了美国州立大学的形成。[①]

达特茅斯学院案的联邦法院判例也造成美国公私立高等教育的分野，此后这些私立学院不再接受州政府的干预和控制，相应地也不再接受政府的经费支持，各州通过公共税收经费直接支持建立新的公立大学。

(二) 州政府的经费支持

联邦政府赠予土地是这个时期西部州立大学创立的决定性因素，联邦政府除了赠地给州政府用于开办州立大学外，没有其他经费上的支持，州立大学的建校资金也主要来自卖土地的收入，然而卖土地的钱很少，因此州立大学的办学资金十分匮乏，"在很多州，依靠税收对州立

[①] 欧阳光华：《董事、校长与教授：美国大学治理结构研究》，高等教育出版社2011年版，第74页。

大学定期拨款制度，直到美国南北战争后才建立起来"①。

（三）州政府任命董事会成员

"尽管公立大学在法律上被界定为公法人（public corporations），但在其创建过程中唯一业已存在和可以借鉴的组织形态是私立大学，因此那些创设公立大学董事会的州宪法或法令沿袭的是私立大学的法人治理结构，并将之运用于公共情景之下。"② 因此，第一批"自称的州立大学"和第一所"真正意义上的州立大学"以及第一批"西进运动"中联邦赠地大学，在建立之初都无一例外地采用了董事会制度。第一批"自称的州立大学"虽然是由政府授予特许状建立，但其建立之初却仍然采用私立大学性质的董事会制度，直到后来其董事会改由州议会批准或公共选举后才转变为真正的州立大学。

佐治亚大学1789年特许建立，到1876年其董事会才改由立法机构任命；佛蒙特大学1791年特许建立，到1810年其董事会才改由公共选举产生；密歇根大学1817年由领地政府批准建立时，其董事会由领地总督任命，1837年改为由州长提名，州议会参议院批准任命；弗吉尼亚大学1819年创办时的董事会即是由州长任命并经立法机构批准的。州政府（含立法机构）任命的董事会是保证大学公立性质的主要依据之一。彼得·斯科特（Peter Scott）在《作为组织的大学及其治理》一文中，称这种由州政府任命的董事会控制大学的治理模式为"政治指派模式"③。

三 公立大学董事会制度的形成及其作用

美国从建国到南北战争这一时期，"联邦政府从两个方面推动了自由、开放的教育市场的形成：第一，在宪法中没有明确提及教育的相关条款，并且没有规定建立全国的教育管理部门或是国立大学。第二，最

---

① John S. Brubacher et al., *Higher Education in Transition: A History of American Colleges and Universities*, New Jersey: New Brunswick, 1997, p. 146.

② Edwin D. Duryea, *The Academic Corporation: A History of College and University Governing Boards*, New York & London: Falmer Press, 2000.

③ 转引自 Werner Z. Hirsch et al. eds., *Governance in Higher Education – The University in a State of Flux*, London: Economia Ltd., 2001。

高法院在1819年达特茅斯学院案的判决中强调了法人团体不可侵犯的原则"①。开放自由的教育市场下,"建立学院很容易,任何群体都可以筹集资金,提交办学章程,申请办学执照,雇用几个有学识的人,然后就可以办学了"②。宗教团体最热心于建立学院,州政府在建立州立学院方面也成效显著。但总体来说,"此时的美国大学还远远没有成为主要的社会机构,仅仅是兴起的众多类型社会机构中的非主流群体,尤其是宗教团体创办了美国大部分院校且招收了主要的适龄大学生"③。"1840年的统计数字表明,当时已有173所学院,16233名学生,平均每所学院有93名学生。到1860年,平均每所学院的学生数上升到120名。"④ 因此,这一时期"学院对美国人的生活所发挥的作用,或许还没有教会大"⑤。

这一阶段,公立大学处于初创时期,建立的数量不多,涉及的利益群体也少,学院也只为那些给学院提供办学资金的群体服务,普通社会公众对高等教育的需求还不及对宗教的需求强烈,大学远未进入社会公众关注的中心,像后来的大学认证协会等社会组织远未建立起来。但是,州立大学虽然是由州政府出资创办,其治理结构仍然是仿效私立大学,由校外人士组成的董事会管理,州政府并没有把州立大学作为政府部门直接管理。公立大学的这一治理模式从创办之初开始实行,一直延续至今。

(一) 大学董事会制度的产生

美国公立大学在产生之初即仿效私立大学采用董事会治理制度。董

---

① [美]亚瑟·科恩:《美国高等教育通史》,李子江译,北京大学出版社2010年版,第55页。
② [美]亚瑟·科恩:《美国高等教育通史》,李子江译,北京大学出版社2010年版,第55页。
③ 李国良:《治理理论视角下美国公立研究型大学制度研究》,博士学位论文,吉林大学,2016年。
④ Hofstadter et al. eds., *American Higher Education: A Documentary History*, Chicago: University of Chicago Press, 1961.
⑤ [美]亚瑟·科恩:《美国高等教育通史》,李子江译,北京大学出版社2010年版,第58页。

事会制度发源于欧洲，欧洲的公司最早采用董事会治理结构。① 而欧洲的公司也是经历了较长历史时期的发展演变，才产生出董事会制度。在古代罗马法中，一切社会组织都被称为"公司"，如罗马国家、自治城市、经济、宗教和政治组织、教会和寺院等，但罗马法规定"与每个人利害攸关的事情，得由全体成员一起决定"，所以古罗马时期公司没有出现董事会结构。② 中世纪的公司，如教会、中世纪城市、商人行会等，尤其是商人行会成为公司董事会制度孕育的土壤，商人行会"用一个代表组织来取代全体成员会议"③ 的决策模式，诞生了董事会治理结构的雏形。近代，从具有同业行会性质的规约公司到介于合伙与股份公司之间的合股公司，在其发展过程中完成了董事会制度的初创和初步定型。④ 现代股份制公司实行董事会制度已经是立法确认的强制性要求，其职责定位也转变为"监督、联络和战略管理"⑤，并将经营权授予总经理。从古代公司到现代公司，董事会从无到有，董事会治理结构已经成为现代股份公司的标准配置。

大学是起源于中世纪学者与学生行会的一种社会组织，据学者考察，在拉丁文中"Universitas""Collegium"是与"公司"概念相对应的、通常可以互换的同义词。⑥ 因此，大学天生就是"公司"的一种形式。同其他类型的公司一样，中世纪的大学也同样发展出了董事会制度。美国大陆从一开始就采取了源自英国的董事会制度。⑦ 因此，美国建国前殖民地时期的9所学院无一例外地采用了董事会治理结构，建国后逐步建立起来的公立大学自然是公司性质的机构，同样采用董事会治

---

① Franklin A Gevurtz, "The European Origins and the Spread of the Corporate Board of Directors", *Stetson Law Review*, Vol. 33, 2004, pp. 925–954.
② 吴伟央：《公司董事会职能流变考》，《中国政法大学学报》2009年第2期。
③ Franklin A Gevurtz, "The European Origins and the Spread of the Corporate Board of Directors", *Stetson Law Review*, Vol. 33, 2004, pp. 925–954.
④ Franklin A Gevurtz, "The European Origins and the Spread of the Corporate Board of Directors", *Stetson Law Review*, Vol. 33, 2004, pp. 925–954.
⑤ Lynne L Dallas, "The Multiple Roles of Corporate Boards of Directors", *San Diego Law Review*, Vol. 40, 2003, pp. 781–819.
⑥ 吴伟央：《公司董事会职能流变考》，《中国政法大学学报》2009年第2期。
⑦ 邓峰：《董事会制度的起源、演进与中国的学习》，《中国社会科学》2011年第1期。

理结构。虽然随着历史的发展大学与公司一样都产生了董事会治理结构，但是与公司不同的是，大学由外行人士（layperson）组成董事会，这种非学术的外行人士组成董事会的做法又是如何发源的呢？

美国大学"外行董事会（lay governing board）发源于美国公司的说法是一个误解"①。克拉克·科尔和玛丽安·加德（Marian Gade）的研究将大学外行董事会的历史追溯到14世纪中叶意大利和德国的公共管理委员会。14世纪中叶，由利益相关的市民组成董事会的做法被运用于当时许多意大利和德国的"学生大学"，为了打破学生对学生行会的控制，教授与市政官员联手，由市政当局任命公共教授，继而任命一个由市政官员和公民组成的"公共团体"来管理公共教授的薪资和监督教职。② 这样那些被称为博洛尼亚模式的学生自治大学就被置于公共控制之下，以作为对教授和学生的过度行为的回应。③ 在随后的14世纪和15世纪，市政当局在所有意大利大学中建立了这样的公共团体，大学的真正控制权则越来越多地由公共团体掌握，到16世纪和17世纪时，学校的学生控制权已经成功地转移到公共团体的手中。④ 这种公共团体就是大学外行董事会的雏形。

在殖民地美国东海岸的第一批大学出现之前，这样的外行董事会控制模式在整个欧洲都出现了，⑤ 这种外行董事会治理模式随着英国到美洲大陆的殖民迁移到美国，大学外行董事会制度随后在美洲大陆上形成并延续至今。因此，公立大学在产生之初也毫不例外地采用外行董事会

---

① Richard Ingram, *Governing Public Colleges and Universities: A Handbook for Trustees, Chief Executives, and Other Campus Leaders*, San Francisco, California: Jossey – Bass Publishers, 1993, p. 5.

② W. H. Cowley, *Presidents, Professors, and Trustees*, San Francisco California: Jossey – Bass Inc, 1980, pp. 29 – 30.

③ Clark Kerr & Marian Gade, *The Guardians: Boards of Trustees of American Colleges and Universities*, Washington D. C.: Association of Governing Boards of Universities & Colleges, 1989, p. 17.

④ Hastings Rashdall, *The Universities of Europe in the Middle Ages (Vol. 1)*, Oxford: Oxford at the Clarendon Press, 1895, p. 212.

⑤ W. H. Cowley, *Presidents, Professors, and Trustees*, San Francisco California: Jossey – Bass Inc, 1980, p. 29.

制度，比如美国第一所公立大学——北卡罗来纳大学①，1789 年 12 月 11 日北卡州议会通过了北卡罗来纳大学特许状，规定"董事会由州内的杰出人士、慈善人士和值得信赖的人民领袖组成"②。第一届 40 名董事会成员的身份除州长、最高法院法官、参议院议员、州法院法官、州众议院议长、州参议院议员和开国将领等政治精英外，还包括 1 名著名律师、1 名开明商人、1 名著名教师（牧师）以及 3 位普通民众。③ 这种由校外社会人士组成的外行董事会，是参与大学治理的社会载体，从公立大学创建之初直至现在，一直与大学校长、大学教师和其他大学成员一起共同治理大学。

（二）公立大学董事会成员的产生方式

与私立大学不同的是，"当各州开始建立公立学院时，州议会往往要对学院的一些方面作出规定，例如规定董事会成员如何产生，要求董事会成员中必须包括州长、检察长或州的其他官员"。④ 州立大学的董事会作为公共利益的代表，其产生方式主要有两种：一是由州长任命并经立法机构批准；二是通过公共选举产生。如，1789 年 12 月北卡州议会通过了北卡罗来纳大学特许状，即规定"董事会由州内的杰出人士、慈善人士和值得信赖的人民领袖组成"⑤。除了州长、众议院议长、国会议员、州议会议员、最高法院法官、州法官和开国将领外，还有商人 1 名、牧师 1 名、律师 1 名以及第 1 位大学捐赠人。密歇根大学 1817 年

---

① 虽然佐治亚大学（University of Georgia）于 1785 年就被特许，但是直到 1801 年才开始上课；虽然威廉玛丽学院（College of Williams & Mary）于 1693 年被特许，是现有公立大学中最早的大学，但其早先是私立大学，到 1906 年才成为公立大学；北卡罗来纳大学（University of North Carolina）是美国最早（1795 年）开始招生的公立大学。因此，这三所大学各自在不同的意义上声称自己是美国第一所公立大学，历史学家布鲁贝克和鲁迪（John Brubacher & Willis Rudy）认为它们是"自称的州立大学"。

② Kemp Battle, *History of the University of North Carolina (1789–1868)*, Raleigh: Edwards & Broughton Printing Company, 1907, p. 3.

③ Kemp Battle, *History of the University of North Carolina (1789–1868)*, Raleigh: Edwards & Broughton Printing Company, 1907, pp. 3–4.

④ [美] 亚瑟·科恩：《美国高等教育通史》，李子江译，北京大学出版社 2010 年版，第 77 页。

⑤ Kemp P. Battle, *History of the University of North Carolina (1789–1868)*, Raleigh: Edwards & Broughton Printing Company, 1907, p. 4.

由领地政府批准建立时，董事会成员由领地总督任命，1837 年密歇根州建立时改为州长提名，州议会批准，到 1852 年时根据密歇根州宪法规定改由全州人民普选产生。

（三）公立大学董事会的权力和作用

董事会在公立大学建立之初就被赋予多项权力，主要包括：大学选址和筹建权，大学教师任免权，大学经费预算权，大学课程教材规定权，以及大学管理各项规定的制订权，等等。如，1789 年批准的北卡罗来纳大学特许状就载明"董事会有权任命大学校长、教授和导师，也有权因为他们的行为不端和玩忽职守而免去其职位"，"董事会有权为大学的管理制定规章以维持良好的运行秩序"。① 再如，1837 年密歇根州议会通过的"密歇根大学组织与管理法"即授予大学董事会建校权、教师任免权等权限。②

四 公立大学治理的自我参与

公立大学从产生之日起就不是像欧洲中世纪大学那样是起源于"行会"的自治组织，不是由"教师"或"学生"自发组织起来的大学，而是由政府和社会"创办"出来的，而且公立大学由政府委派的董事会具体创建之后，大学内部的具体事务（如课程安排、教学计划等）实际上委托给了由董事会委任的大学校长和教授，有时大学校长就来自大学教授。因此，大学校长、教授对大学自身的治理只能说是"大学参与"而非"大学自治"，可以说公立大学自创办至现在就一直没有完全自治过，大学校长和大学教授始终没有享受过像欧洲大学校长和大学教授那样的自治权。这样，在公立大学创建之初，管理大权就交给了由校外社会人士组成的董事会，而不是由州政府直接任命校长负责管理，这是最具特色的美国大学治理制度。董事会作为公共利益的代表，其成员既有来自政府部门的，也有来自社会公众的，他们享有治理公立大学的最高决策权，并与大学校长、大学教授和大学其他成员一起共同决定大

---

① Kemp P. Battle, *History of the University of North Carolina (1789－1868)*, Raleigh: Edwards & Broughton Printing Company, 1907, p. 8.
② 崔高鹏：《美国州立大学董事会权力的变迁》，浙江教育出版社 2015 年版，第 108 页。

学的发展。

总体来说，由于这一时期的公立大学只是处于社会边缘的一类社会组织，影响力很小，政府关注的力度也不大，并且学校规模较小，校长和教授发挥作用的空间较小，所以虽然这一时期的大学是由政府、社会和大学共同参与下的合作治理，但是主要由校外社会人士组成的外行董事会实际上掌握着学校治理的主导权。这一时期是由社会主导的共同参与时期。

第二节 发展时期（1862—1945年）：高等教育协会的出现及其在治理结构中的作用

美国从南北战争时期到"二战"结束是"大学转型时期"[1]，是公立大学体系形成时期，也是公立大学治理社会参与的发展时期，这一时期董事会依然是参与大学治理的重要社会主体，但是作为大学治理社会参与的另一重要主体形式——高等教育协会——开始出现，并逐渐成长为参与大学治理中不可或缺的一个主体力量。[2]

一 公立大学体系的形成

美国完整的公立大学体系的形成得益于三种类型高等院校的产生与发展：一是赠地学院的建立；二是研究型大学的建立；三是初级学院的建立。另外，公立中学的扩张也是重要的贡献因素。

（一）赠地学院的建立

在美国南北战争以前，联邦政府通过赠予各州公共土地，建立起一批公立高等院校，1862年以后颁布的一系列土地拨赠法案催生了一批

---

[1] Arthur Cohen & Carrie Kisker, *The Shaping of American Higher Education: Emergence and Growth of the Contemporary System* (2nd ed.), San Francisco California: Jossey–Bass Inc., 2010, p. 105.

[2] 朱玉山：《美国公立大学治理的社会参与制度：历史演进与基本特征》，《高教探索》2020年第11期。

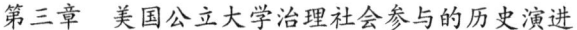

赠地学院（land-grant colleges）的诞生，极大地促进了公立高等院校数量的增加和实科高等教育的发展。

《1862年莫雷尔法案》（Morrill Act of 1862）规定，联邦政府在每州至少资助一所学院从事农业和技术教育；凡有国会议员一人的各州可以获得3万英亩的公用土地或相等的土地期票；出售公用土地获得的资金，除10%可以用于购买校址用地外，其余将设立捐赠基金，其利息不得低于5%。该法案实施后，一些州利用联邦拨赠的公用土地以及土地出售的资金建立起了一批赠地学院，但这些赠地学院创办后一直存在经费拮据问题。《1890年第二莫雷尔法案》（Morrill Act of 1890）获得通过，该法案规定，联邦政府对依靠联邦拨赠土地建立起来的赠地学院提供年度拨款（每年对每所赠地学院拨款最低限额为一万五千美元，以后逐年递增，最高限额为两万五千美元），以保证这些新型的技术学院具有充足的财力得以正常地运行。两个莫雷尔法案，一个规定赠予土地，一个规定提供拨款，切实为赠地学院的创办和发展提供了强力的法律保障和充分的资金支持，掀起了全美大规模的赠地学院运动。

各州依据莫雷尔法案"五年内至少建立一所赠地学院才能享受1862年赠地学院法案的利益"之规定，纷纷创建赠地学院，但创建的方式有所不同，根据各州自身的情况共有6种创建模式：第一种是创建新的赠地学院，有21个州新建了21所学院，如佛罗里达州创建的佛罗里达农业学院（1884年）、纽约州创建的康奈尔大学（1865年）、北卡罗来纳州创建的北卡罗来纳农工学院（1887年）等；第二种是改造私立教派学院为赠地学院，有两个州改造了两所学院；第三种是改造私立世俗文理学院为赠地学院，有4个州改造了4所学院，如加州的加州学院（1855年）、特拉华州的特拉华学院（1833年）、新泽西州的拉特格斯学院（1825年）、俄勒冈州的考维利斯学院（1858年）；第四种是改造州立大学为赠地学院，有9个州的9所原先的州立大学改造为赠地学院，如佐治亚大学（1785年）、明尼苏达大学（1851年）、佛蒙特大学（1791年）、威斯康星大学（1848年）等；第五种是认定农学院（或农工学院）为赠地学院，有11个学院，如马里兰农学院（1856年）、密歇根农学院（1855年）等；第六种是创建私立赠地学院与建立新的赠地学院，有3个州6所学院，如麻省理工学院、南卡罗来纳州立大学等。①《1862年莫雷尔法案》颁布后的18年时间里，美国创建了43所赠地学院；《1890年第二莫雷尔法案》颁布后，在南部10个州建立了17所黑人赠地学院；到1916年，赠地学院和大学已经达到69所。② 其中多数发展成了现在的州立大学，不乏有名的公立大学，如威斯康星大学、加利福尼亚大学等。

克拉克·科尔曾指出，莫雷尔法案推动的"赠地运动"适应了美国工农业迅速发展和人口激增对高等教育的新需求，"使得美国现代的公立大学体系开始形成"③。

（二）公立中学的扩张

促进公立大学体系形成和发展的另一个重要因素是公立中学系统的快速扩张。④ 1870年公立中学只有1026所，招收学生7万人；1890年公立中学总数突破1526所，在校生达到20万人；到1900年公立学校已经增长到6005所，招收学生增加到52万人；到1940年公立中学的毕业生达114万人。⑤ 公立中学在校生人数的快速增长，为公立大学提供了充足的生源，从而也刺激了公立大学的快速发展。随之教育机会民主化的观念由中学阶段扩展到大学阶段，包括赠地学院在内的公立大学为美国公民提供了大量接受高等教育的机会。时任公立密歇根大学校长的詹姆斯·安吉尔（James Burrill Angell）表达了中学阶段教育民主化与大学阶段教育民主化的这种密切关系，他说："第一，我一直努力使每一位公民都认为他们是本大学的利益相关人，他们在帮助大学尽最大努力服务于他们的子女和邻居方面拥有真正的兴趣；第二，我一直努力

---

① 崔高鹏：《浅析美国赠地学院创建模式及其影响》，《中国人民大学教育学刊》2014年第1期。
② 李素敏：《美国赠地学院发展研究》，河北大学出版社2004年版，导言第3页。
③ 转引自陈学飞《美国高等教育发展史》，四川大学出版社1989年版，第58页。
④ John S. Brubacher et al., *Higher Education in Transition: A History of American Colleges and Universities*, New Jersey: New Brunswick, 1997, p. 160.
⑤ Thomas D. Snyder ed., *120 Years of American Education: A Statistical Portrait*, U. S. Department of Education, January 1993, p. 34.

使本州的所有中小学校和教师们了解他们和大学都是一个完整教育体系的一部分，并让他们知道即便是本州最偏僻学校的学生，他们通往本大学的道路也是敞开的。"①

(三) 研究型大学的建立

南北战争以后，随着美国社会工业化、都市化、专业化和世俗化步伐的加快，整个社会的文化思想也日益发生了深刻的变化，要求创办研究型大学、发展研究生教育的呼声不断高涨。美国社会工业化的发展带来了社会财富的增加，大批从德国留学回国拥有博士学位的毕业生带回了德国研究型大学理念，这些为美国现代研究型大学的发展奠定了必要的财力和人力条件。1876 年，以研究生教育为首要任务的私立约翰·霍普金斯大学开办，首任校长为美国著名教育家丹尼尔·吉尔曼（Daniel Coit Gilmam），首批教师几乎全部拥有德国大学的博士学位。约翰·霍普金斯大学的创办树立了美国研究生教育的典范，开启了美国的现代大学时代，其创办成功和榜样的示范作用，加速了一批州立大学改造为研究型大学的进程，一些早期建立的州立大学纷纷增加研究生教育的课程，建立研究生院，并开始授予硕士和博士学位，加利福尼亚大学、伊利诺伊大学、密歇根大学、明尼苏达大学和威斯康星大学逐渐成为公立研究型大学的代表。

(四) 初级学院的建立

19 世纪末期，一批研究型大学建立起来后，"一些大学校长坚信如果大学仍然以一、二年级新生的教学为重点，就永远不会成为真正的研究和专业发展中心"②。"1892 年，威廉·哈珀（William Rainey Harper）就任芝加哥大学校长之后，把芝加哥大学分成两级学院——基础学院和大学学院，从而在事实上拉开了初级学院运动的序幕。1896 年哈珀把这两个学院改称为初级学院和高级学院，首次使用

---

① John S. Brubacher et al., *Higher Education in Transition: A History of American Colleges and Universities*, New Jersey: New Brunswick, 1997, p. 160.
② ［美］亚瑟·科恩:《美国高等教育通史》，李子江译，北京大学出版社 2010 年版，第 104 页。

初级学院这一概念。"① 在哈珀的倡导及芝加哥大学创设初级学院实践的示范下,一些州开始创办初级学院,伊利诺伊州的乔利尔特教育委员会于1902年在乔利尔特中学附设十三、十四年级,创办了全美第一所公立初级学院——乔利尔特初级学院。1907年,加利福尼亚州议会最早通过立法允许州内中等教育委员会提供大学头两年教育,并授权各地区建立地方性的初级(社区)学院。1910年,加州率先建立了第一所公立社区学院。

高中毕业生数量增长带来的升学压力是初级学院迅速发展的最主要推动力。在开始阶段,社区学院的主要办学目的是为本社区没有机会或能力进入高等学校的中学毕业生提供大学一年级、二年级的教育,以使他们将来有机会转入四年制学院或大学。后来,为了满足社区不断增加的需要,初级学院或社区学院的职能不断扩展到提供转学准备教育、职业技术教育、继续教育、补习教育和为社区服务。20世纪三四十年代,初级学院开始大量开设职业领域课程,初级学院具有双重功能,既为学生继续接受大学教育做准备,也为学生就业做准备。这种具有双重功能的社区学院成了美国教育体系的独创。

总之,南北战争到"二战"的这一时期,高等院校类型的丰富促进了公立高等教育规模的快速扩张,美国国家教育统计中心的数据显示,1931年秋季高等教育入学总人数达到115.4万人,其中公立高等教育机构共招收学生58.2万人,占当年全部入学人数的50.4%,② 首次超越私立高等教育机构招收人数,此后公立高等教育机构招生规模逐年增加。到1940年,公立高等教育机构共招收学生79.7万人,占当年入学全部人数的53%,其中公立两年制社区学院招收人数10.8万人,占当年两年制社区学院全部入学人数的72%。③ 赠地学院的创建极大地促进了公立高等院校数量的增加,同时包括农科、工科在内的各种实用

---

① 贺国庆、王保星、朱文富等:《外国高等教育史》,人民教育出版社2006年版,第249页。

② Thomas D. Snyder ed., *120 Years of American Education: A Statistical Portrait*, U.S. Department of Education, January 1993, p.76 (Table 24).

③ Thomas D. Snyder ed., *120 Years of American Education: A Statistical Portrait*, U.S. Department of Education, January 1993, p.76 (Table 24).

专业学科在公立大学里的创设,也促进了传统文理学院向综合性大学的转型,研究型大学的建立和研究生教育的开展以及社区学院的创举在纵向上丰富了公立大学人才培养的层次,研究型大学、专业学院、初级学院这三种类型的院校构建起了结构完整的美国现代公立高等教育体系的基本框架。

二　公立大学治理的政府参与

克拉克·科尔列举了美国南北战争到"二战"这一时期联邦政府介入大学事务的一些基本事实:《1862年莫雷尔法案》;1887年建立农业实验站的哈奇法案;《1890年第二莫雷尔法案》规定用联邦拨款来补充最初赠予的土地,以资助学院的某些特定学科的教育;1914年创办农业推广服务中心的史密斯—利弗法案;"一战"期间(1914—1918)联邦政府制订的预备役军官培训团计划;大萧条时期(1929—1933),大学参与了就业规划局和国家青年署发起的若干项计划;"二战"期间(1939—1945)大学大规模地参与了自1940年开始的"工程、科学与管理"战争培训计划;1940年建立了全国国防研究委员会,大学开始从事该委员会提出的多种与战争有关的研究项目。[①] 可以看出,联邦政府对大学事务的介入主要是通过立法和拨款手段,而且介入的目的都是"为了适应国家的需要"。

(一) 联邦政府立法

这一时期联邦政府对大学事务参与的最重要的立法是《1862年莫雷尔法案》和《1890年第二莫雷尔法案》。联邦政府在始于18世纪末期的"西进运动"中就开始拨赠土地用于学校建立,到19世纪中期美国的工农业发展势头迅猛,整个国家发展对除传教士、律师、医生以外的耕作技术、制造技术及其他实用学科人才的需求急剧增加,莫雷尔法案提出的土地拨赠运动正是国家对这种需求的反映。一批赠地学院的建立适应了农业、工业发展和农工业相关的科学技术的需要。同时,社会

---

① [美]克拉克·科尔:《大学的功用》,陈学飞、陈恢钦、周京等译,江西教育出版社1993年版,第36—37页。

上的民主主义甚至平等主义形成了一种全国性的浪潮，教育民主化的呼声也要求高等教育向各个阶层所有合格的青年人敞开大门，赠地学院的建立适应了这种需要。

莫雷尔法案是"曾付诸实施的最具生命力的法规之一"①，是美国联邦政府通过立法干预公立高等教育体系建立和发展最成功的法案之一。不仅在该法案颁布后的百余年间赠地学院的数量一直在增加，而且联邦拨款也一直没有中断并且数额逐年增加。根据美国州立大学与赠地学院联合会（National Association of State University and Land – Grant College）1999年的年度报告，美国赠地学院的总数为105所，遍布各州。

（二）政府的经费支持

这一时期联邦政府参与大学事务的另外一个重要方面是拨款支持，联邦政府通过法案和计划等手段给大学拨付经费，支持大学的发展。

首先，对赠地学院的拨款支持。一是《1890年第二莫雷尔法案》规定为赠地学院拨付年度经费，每年给各州的拨款数额为2.5万美元，用于农业、机械工艺、英语、数学、物理、自然和经济科目的教学，特别用于关于这些科目在工业上的应用及有关教学设备的开支。② 二是拨款建立实验站。1887年颁布的《海奇法案》（Hatch Act）要求各州建立农业实验站，同意该法案的各州，每年可获得1.5万美元的联邦资助，用于支付实施调查、实验、出版和分发研究结果所需的花费，农业实验站与赠地学院形成了系统的合作关系。1906年颁布的《亚当斯法案》（Adams Act），给每个实验站拨款5000美元，以后每年增加2000美元，直到总量达1.5万美元。1914年颁布的《史密斯—利佛法案》（Smith – Lever Act）建立了连接赠地学院的合作推广服务体系，授权资助发展农业和家政项目，联邦政府第一年拨款48万美元，第二年拨款60万美元，以后七年中，每年增加50万美元，直到每年的拨款达410万美元。1925年由赠地学院协会起草的增加实验站资助的议案获得国会通过，法案授权增加对州的拨款，每州第一年为两万美元，以后每年增加1万

---

① ［美］克拉克·科尔：《大学的功用》，陈学飞、陈恢钦、周京等译，江西教育出版社1993年版，第33页。
② 转引自李素敏《美国赠地学院发展研究》，河北大学出版社2004年版，第190页。

美元，最终达每年 6 万美元，加上《海奇法案》和《亚当斯法案》的拨款，每个实验站所获得联邦拨款每年达 9 万美元。① 三是拨款支持农业推广服务。联邦政府用于资助赠地学院直接与农民接触的农业推广服务经费也逐年增加，1924 年的《克拉克—麦克纳里法案》(Clarke - McNary Act)、1928 年的《卡珀—凯查姆法案》(Capper - Ketcham Act) 和 1935 年的《班克黑德—琼斯法案》(Bankhead - Jones Act) 三个法案的实施后，1948 年联邦政府给农业推广工作的经费达 5805 万美元。② 农业实验站获得了充足的联邦政府经费，促进了赠地学院农业研究、工程研究和家政研究的开展，农业推广服务获得充足的联邦政府经费资助，促进了赠地学院社会服务的开展，从而形成了赠地学院发展的教学、研究与服务的良性循环。

其次，"二战"时期的拨款支持。1941 年美国开始全面直接地参与了战争，战争开始的初期，联邦政府并没有利用高等学校为战争服务的全国性计划，但随着战争的进展，联邦政府和军事部门不仅意识到要使用高等学校的巨大科研能力，而且要利用高等学校为军队培养急需的各种指挥人员和技术人才。于是到 1943 年秋，联邦政府的战时高等教育计划得以确立。在这项计划之下，大约有 660 余所高等学校与政府签订了各种培训军事人员的合同。其中规模最大也是最成功的计划之一，是对工程、科技和管理等领域培训国防急需的技术工人、管理人员和专家的培训。自 1940 年到 1945 年，大约有 180 万人接受了这方面的培训。另外，"二战"期间，"为了适应国家的需要"，各种科学研究实验室在大学里建立了起来。直到"二战"前，在大学里，科研仍然只是小部分人从事的小规模活动，经费十分有限，联邦的整个科研开发支出仅为 7400 万美元。"二战"期间联邦政府通过与大学签订科研合同的方式拨款给大学建立科研实验室和从事科学研究，年度科研经费平均达到 15 亿美元，极大地促进了美国大学科学研究的发展。

（三）成立教育部（U. S. Department of Education）

美国独立后，1791 年批准的《人权法案》第十条指出："宪法未授

---

① 李素敏：《美国赠地学院发展研究》，河北大学出版社 2004 年版，第 86 页。
② 李素敏：《美国赠地学院发展研究》，河北大学出版社 2004 年版，第 99—100 页。

予合众国也未禁止各州行使的权力，一律由各州或人民保留。"因此，对教育的管理职能由州政府、私人机构和宗教团体执行。联邦政府对教育放任自流的政策导致各州教育发展各自为政，互不相干，造成全国教育水平参差不齐，民众获得教育机会极不平等，缺少全国统一教育行政管理机构的弊端越来越明显。19世纪40年代，美国教育家巴纳德首次提议成立一个由联邦政府管辖的教育部，统一管理全美的教育事务。但由于州政府认为联邦管理教育侵犯了各州的主权，巴纳德的建议在国会受到了多方的阻挠。1867年，历经20多年的国会辩论，《教育部法案》(Department of Education Act) 在国会勉强通过。法案提出："应在华盛顿市设立一个教育部门，目的是收集各种教育统计数据和相关事实，以反映各州的教育发展状况，并且传播学校组织与管理以及教学方法的相关信息，以帮助建立和维持高效的学校系统和促进教育质量的提升。"[1]于是，教育部作为非内阁成员的独立机构成立。

教育部成立后，各州担心其日渐扩张的管理权侵占各州保留的教育权利，国会各党派从成立的第一天开始就对教育部的存废争论不止。1869年，国会通过法案，将教育部更名为教育办公室（Office of Education），并由独立的部改为隶属内政部管理。这一设置存续70年，在这期间的大部分时间里，其名称多使用美国联邦教育局（U. S. Bureau of Education），1929年名称恢复为教育办公室，1939年改为隶属于联邦安全总署，1953年又被重新划分到美国联邦健康、教育和福利部。直到1980年，教育从健康和福利部门分离出来，一个全新的内阁级别的美国教育部（U. S. Department of Education）才正式出现，[2]并存续至今。然而，自1980年美国教育部重建以来，共和党一直以联邦政府无权干涉各州和社会的教育事务为由，坚持主张取消教育部，都因民主党的反对未能实现。

美国联邦教育部于1867年建立的初衷只是承担"收集"和"传

---

[1] Thomas D. Snyder ed., *120 Years of American Education: A Statistical Portrait*, U. S. Department of Education, January 1993, p. 1.

[2] Thomas D. Snyder ed., *120 Years of American Education: A Statistical Portrait*, U. S. Department of Education, January 1993, p. 1.

播"教育统计信息两项任务。《1890年第二莫雷尔法案》颁布后,联邦政府对赠地学院介入的事务增多,教育部负担起了赠地学院项目的经费拨付等管理事务。"二战"和冷战时期,联邦政府对教育支持的力度显著扩增,教育部承担起了联邦政府各种教育政策的落实和项目经费的管理等事务。20世纪六七十年代以后,联邦教育部关注的重点又转移到公民的受教育权利平等上,承担起弱势群体的教育资助计划等事务。多年来,联邦教育部以其"服务性"职能和"推动公民权利与社会公正"①的形象得到了美国社会的认可。

根据1979年10月17日美国国会通过的《教育部组织法案》(Department of Education Organization Act)的规定,教育部的使命包括:"加强联邦义务,确保每个个体享有平等的受教育机会;补充和完善各州政府、地方学校系统、公共和私人非营利教育研究机构、社区组织、家长和学生的各项措施,以提高教育质量;鼓励公众、家长和学生更多地参与联邦教育项目;通过联邦层面提供的研究、评价和信息共享,提升教育质量和实用性;完善联邦教育计划的协调;完善联邦教育活动的管理;向总统、国会和公众增加联邦教育计划的问责性。"② 同时,教育部组织法第一章第103条款(SEC. 103b)还对美国教育部的职权范围做出了明确限定:"除了法律授权之外,禁止对任何教育机构、学校或者学校系统的课程设置、教学大纲、学校管理或人事安排,禁止对认证机构或协会,禁止对任何教育机构或学校系统图书馆资源的选择、教材或其他教学材料的内容,进行任何形式的命令、监督或者控制。"③

由此可以看出,美国教育部只负责教育信息统计服务和促进社会教育公平服务,而对设立学校、确定入学和毕业标准、认证教育机构、评估教育质量、确定学校人事安排等具体教育事务并不介入,这些事务留给社会机构和学校去完成。这种政府不具体干预学校事务的传统,给社会和大学留足了自主、自理和自治的空间,是形成社会参与大学治理的因,也是社会参与大学治理的果。

---

① 徐贲:《美国教育部从无到有》,《教育》2015年第48期。
② Congress, Department of Education Organization Act, 1979.
③ Congress, Department of Education Organization Act, 1979.

三 高等教育协会组织的出现及其作用

从美国南北战争到"二战"这一时期,是美国高等教育规模大扩张时期,在赠地学院政策的作用下,公立高等教育得到快速发展,高等院校数量快速增长的同时,高等教育的入学人数也快速增加。从1869—1870年度到1939—1940年度,全国公私立高等教育机构数从563所增加到1708所,增长了两倍多;高等教育入学人数从62839人增加到1494203人,增长了近23倍(见表3-1)。

表3-1　1869—1940年美国高等教育机构数和高等教育入学人数增长情况

年份	1869—1870	1879—1880	1889—1890	1899—1900	1909—1910	1919—1920	1929—1930	1939—1940
高等教育机构数(所)	563	811	998	977	951	1041	1409	1708
高等教育入学人数(人)	62839	115850	156756	237592	355430	597880	1100737	1494203

资料来源:NCES, 120 Years of American Education: A Statistical Portrait, Table 23.

这一时期是高等教育规模大扩张时期,也是各种高等教育协会组织大量产生时期。这些协会组织有全国性协会,也有区域性协会;有院校协会,也有专业协会;有以大学为成员的协会,也有以个体为成员的协会。如,1887年诞生了美国第一个高等教育协会组织——美国农业学院和实验站协会(AAACES);1896年成立了全国州立大学协会(NASU);1900年成立了美国大学联合会(AAU);1915年成立了美国大学教授协会(AAUP);1920年成立了美国社区学院协会(AACC),等等。现在被称为美国"六大"(Big Six)高等教育协会组织的全国性协会(见表3-2)除了美国州立学院与大学协会(AASCU)成立于1961年外,其他五大协会都是产生于这一时期:公立与赠地大学协会(APLU)的历史可以追溯到1887年成立的美国农业学院和实验站协会,美国大学联合会诞生于1900年,国家独立学院与大学协会(NAICU)

建立于1915年,美国教育理事会(ACE)成立于1918年,美国社区学院协会创建于1920年。这些社会性机构组织的产生和发展,对参与美国高等教育不同层面的治理和参与大学治理发挥着重要的作用。

表3-2 美国"六大"(Big Six)高等教育协会组织的成立时间

协会名称	成立时间	协会类型	网址
公立与赠地大学协会(APLU)	1887年	院校型	www.aplu.org
美国大学联合会(AAU)	1900年	院校型	www.aau.edu
国家独立学院与大学协会(NAICU)	1915年	院校型	www.naicu.edu
美国教育理事会(ACE)	1918年	协调型	www.acenet.edu
美国社区学院协会(AACC)	1920年	院校型	www.aacc.nche.edu
美国州立学院与大学协会(AASCU)	1961年	院校型	www.aascu.org

资料来源:各协会网站。

(一)高等教育协会组织的产生机制

在高等院校数量大规模扩增时期,持续不断地产生了大量社会性高等教育协会组织,来自政府、社会、市场和大学四个方面的力量共同推动了高等教育协会组织的产生。

第一,政府的影响。一方面,随着高等院校特别是公立高等院校数量和高等院校入学人数的增加,高等教育发展对国家经济、科技和社会发展的作用显著增强,政府希望通过发展高等教育"适应国家发展需求"的意愿明显增加;另一方面,由于联邦宪法限制了政府干预高校事务的权力,社会性高等教育协会组织的诞生恰好契合了政府的这种愿望和需求,发挥了政府和高校间的协调作用,使得政府免于直接干预学校事务的"违宪"行为的发生。美国第一个社会性高等教育协会组织——美国农业学院和实验站协会就是在这样的情形下产生的。《1862年莫雷尔法案》的通过导致了赠地学院群体的形成,1871年来自29所赠地学院的代表自发地在芝加哥集会,讨论学院发展遇到的共同问题,并敦促建立农业实验站项目;1872年美国农业总署署长召集农业学院、社会和其他方面的会议,讨论增加赠地学院和建立实验站事宜;1877年、1882年、1883年赠地学院的代表又分别举办了三次非官方的领导会议，1885年农学院的代表与农业部的代表在华盛顿会晤，成立了寻求国会资助专门委员会，同时同意建立一个正式的协会组织。1887年在专业委员会的努力下，《海奇法案》获得通过，批准了建立农业实验站项目，随后负责协调赠地学院和农业实验站的协会组织——美国农业学院和实验站协会正式成立，并在华盛顿特区召开了第一次年会，宾夕法尼亚州立大学校长乔治·阿瑟顿（George Atherton）当选为首任协会主席，协会会员资格仅限于《1862年莫雷尔法案》和1887年《海奇法案》建立的学院。经过多次更名与合并和扩充机构成员后，现在该协会名为公立与赠地大学协会（Association of Public and Land-grant Universities，APLU），是北美历史最悠久的高等教育协会组织，目前拥有251名成员，包括公立研究型大学、赠地学院、州立大学系统和附属组织，成员机构遍布美国所有50个州、哥伦比亚特区、美国4个领地、加拿大和墨西哥。[①]

第二，社会的张力。一方面，美国的社会文化中强调公民个人的自由和权利不受政府的侵犯，形成了独立的公民社会，这种强大的公民社会能够遏制国家权力的扩张，从而保持政府和社会各自独立的边界；另一方面作为社会组织的大学特别是作为"防止政府过分束缚的一个堡垒的私立大学"[②]，在面对政府控制时能够自觉保持一种抵制的张力，从而为高等教育社会组织的产生提供正当性空间。美国大学联合会就诞生在这样的环境和条件下。自1876年仿照德国模式建立了约翰·霍普金斯大学以后，一批研究型大学陆续建立起来，但是由于自由放任的办学政策，各研究型大学既缺乏统一的入学标准也无严格的毕业规格要求，各种滥发博士文凭的现象非常突出，有的即将面临倒闭的大学也能颁发博士学位，导致美国的研究型大学受到欧洲大学的漠视，学生纷纷离开美国到欧洲攻读学位。[③] 于是，1900年1月芝加哥大学、哈佛大学、哥

[①] Hugh Hawkins, *Banding Together: The Rise of National Associations in American Higher Education (1887–1950)*, Baltimore: The Johns Hopkins University Press, 1992, p. 4. APLU, "History of APLU", http://www.aplu.org/about-us/history-of-aplu/.

[②] [美]约翰·S·布鲁贝克：《高等教育哲学》，王承绪、郑继伟、张维平等译，浙江教育出版社2002年版，第35页。

[③] Hugh Hawkins, *Banding Together: The Rise of National Associations in American Higher Education (1887–1950)*, Baltimore: The Johns Hopkins University Press, 1992, pp. 15–17.

第三章 美国公立大学治理社会参与的历史演进

伦比亚大学、约翰·霍普金斯大学和加州大学的5位大学校长联合邀请美国其他9位大学校长在芝加哥会晤以商讨对策,在邀请信中他们写道,会晤的目的是"为不同大学的学生获得博士学位提出更高的统一标准,以解决学生流失欧洲问题"①。1900年2月,这14所全国顶尖的授予博士学位的研究型大学校长在芝加哥大学集会,在他们的共同倡议下成立了美国大学联合会。最初的14所发起大学中有11所是私立大学,公立大学只有4所,到1909年有8所大学加入进来,全部为公立大学,会员大学公私立各半。目前该协会有会员大学71所,仍然是大体上公私立大学各占一半。美国大学联合会是在美国高等教育迅速扩张时期,高等教育管理混乱无序的状态下,为建立统一的博士学位授予标准的初衷而建立的社会组织,而且从1914年开始的很多年里,该协会在很大程度上作为一个认证机构运作。该协会在建立之初,重要使命是为外国大学提供一个研究生质量符合要求的学院名单,其发布的认证学院名单的权威性一直得到社会的认可,在同时期"美国联邦教育局(U.S Bureau of Education)也准备制定自己的认证学院名单,但是因为被视为政府干预大学而受到强烈反对,被迫终止"②。美国的大学具体的教学质量标准(如入学和毕业标准、课程和专业标准等),都是由社会组织参与制定的,当有政府试图插手这些具体事务时,总有一种社会力量体现为抵制政府干预的张力,同时这种张力也是社会组织产生的动力。

第三,市场的作用。由于联邦政府奉行不干预教育的政策,加上达特茅斯学院案判决结果强调的法人团体不可侵犯,导致了美国自由、开放的高等教育市场形成。美国建国后到南北战争前的这段时间里,宗教团体和其他一些社会组织"建立大学的狂热风靡一时";从美国南北战争到"二战"这段时间里,"为适应国家的需要",联邦政府掀起拨款兴建公立大学的热潮。到1945年前后,全国初级学院、赠地学院、州立大学、研究型大学等各层级公私立高等院校数达1700余所,高等教

---

① Ann Leigh Speicher, "The Association of American Universities: A Century of Service to Higher Education 1900-2000", 2009.

② [美]亚瑟·科恩:《美国高等教育通史》,李子江译,北京大学出版社2010年版,第142页。

育在校生数近 150 万人，高校教师数近 15 万人，① 形成了具有相当规模的高等教育市场，包括学生市场、教师市场和院校市场，也就是伯顿·R·克拉克所说的消费者市场、劳动力市场和院校市场。但是，市场的逐利性和市场规则不兴导致的无序性给市场化的高等教育带来诸多显在的问题，各类院校创建时缺少规范，入学条件、培养规格、修业年限、毕业要求等都缺乏标准，各种院校参差不齐，滥发文凭现象严重。高等教育行业协会的出现在促进高等教育市场由无序走向规范发挥了重要的作用，因此，19 世纪下半叶到 20 世纪初的这段时期成为质量认证类协会组织产生的高峰期。著名的 6 大区域性认证组织基本上都是建立于这一时期，如新英格兰高等院校与中学协会（NEAS）建立于 1885 年，中部州学院协会（MSACS）建立于 1887 年，中北部地区学院协会（NCAC）和南部地区学院协会（SACS）建立于 1895 年。"高等教育协会组织出现的主要目的和使命就是建立规范和标准，规范高等教育领域无序竞争的混乱局面。因而可以说市场成为推动许多协会组织诞生的最原始、最强大的力量。"②

第四，大学的自治。美国最早建立起来的大学是殖民地时期的私立大学，这些早期的大学继承了欧洲大学的自治传统，其民间社会组织的自治属性深刻地影响着后来大学的组织管理特性，再加上美国宪法未授予联邦政府干预大学事务的权力，可以说美国的大学自诞生之始就一直作为公民社会的一部分存在，而非政府部门的一种存在形式，是一种特殊的社会组织，始终与政府保持着距离。正是这种大学的自治力量，促使大学自己能够自发地组织起来，成立大学联盟，成立解决自身问题的大学协会，从而带动了社会其他专业性的非政府、非营利的高等教育协会组织的形成，推动整个高等教育的社会化治理的进程。

（二）高等教育协会组织在参与大学治理中的作用

在这一高等教育机构快速扩张时期，大量产生的高等教育协会组织除了参与政府有关高等教育的公共政策的制定之外，最主要的是通过制

---

① Thomas D. Snyder ed., *120 Years of American Education: A Statistical Portrait*, U. S. Department of Education, January 1993, p. 75.

② 熊耕：《美国高等教育协会组织研究》，知识产权出版社 2009 年版，第 41 页。

第三章　美国公立大学治理社会参与的历史演进

定一系列的标准和规则参与到大学具体的治理实践中，标准和规则的建立对于维护大学的良性运转以及高等教育正常秩序起到了关键的作用。

1. 建立入学标准

成立于1910年的美国大学注册与招生官员协会（The American Association of Collegiate Registrars and Admissions Officers，AACRAO），就是一家为统一大学入学标准而创建的协会组织。1910年，全国只有10所学院的注册学生数超过5000人，社区学院处于它的婴儿期，州立大学系统远未出现，还没有统一的认证机构和认证标准（1900年创建的美国大学联合会只为研究型大学制定认证标准），各个高等教育机构的差异非常大。大学的入学要求从上完一年到四年中学不等，并且学习成绩也不作为推荐入学的参考。此外，有很多机构自称为学院，事实上它们连基本的大学设施都不具备。在这样的条件下，北达科他州农业学院的注册官和会计师向全国各高等教育机构的注册官和会计师发出一封倡议书，提议举办有关注册官和会计师的工作职能研讨会。于是，1910年8月15日，24位专家（包括15位注册官和9名会计师）齐聚密歇根的底特律，举行了一场工作研讨会。会后，美国大学入学注册官协会（American Association of Collegiate Registrars，AACR）便告诞生。"二战"后的数十年里，高校入学人数急剧扩增，招生官对招收、评估和录取新生工作的重要性突显，于是协会于1949年更改为现名。现在该协会已成长为一个大型的非营利、自愿性的专业协会组织，代表超过11000个高等教育招生与注册专业人员，代表世界40多个国家将近2600家高等教育机构，负责提供专业发展、专业指南和志愿标准，供高等教育官员使用，涉及记录管理、招生、招生管理、行政信息技术和学生服务的最佳实践。[①]

2. 建立专业标准

几乎所有的专业协会都成立于这一时期。"从1869年成立的美国语言学学会，到19世纪80年代成立的现代语言协会、美国历史协会、美国经济学会，以及19世纪90年代的美国化学学会、美国心理学协会。

---

① AACRAO, "About AACRAO", http://www.aacrao.org/about.

20世纪初的5年间成立的专业协会主要有：美国哲学协会、美国人类学协会、美国政治科学协会和美国社会学学会。"① 专业协会建立之初的最主要工作之一就是制定专业标准，开展专业认证。美国医学协会（American Medical Association，AMA）是最早制定专业标准并开展专业认证的协会，1904年AMA成立医学教育与医院委员会（Council of Medical Education and Hospitals，CMEH），1905年该委员会就开发制定了医学教育的专业评价标准，以保证医学院的教学质量。在医学专业认证的带动下，其他专业也纷纷制定专业标准，仿效医学专业的模式开展专业认证。"在此后的30年时间里，在牙科、法学、工程教育、药学、林学、园林建筑、图书馆学、音乐、护理、师范等专业陆续开展了专业认证，并继续扩展到其他专业。到50年代末期，几乎所有的专业领域都建立起了类似的专业认证制度。"②

3. 建立职业规范

高等教育协会组织还负责高等教育机构相关人员职业规范的建立，这些高等教育机构的相关人员包括校内各类人员，如大学教师、大学董事、大学生注册官、大学生招生官、大学图书管理员、入学教育指导者、学生事务管理者、大学生住宿管理者、高校商务工作者、大学生心理咨询师等，每种类型的工作人员都有自己的全国性专业协会，这些协会为各类人员制定职业规范并提供职业发展服务。例如，成立于1915年的美国大学教授协会（AAUP）制定的《职业道德宣言》规定了教授的基本道德准则，也为所有大学教师提供了标准；再如成立于1919年的全国学生事务管理人员协会（NASPA）制定的《职业实践标准》，提出了高校学生事务管理者职业服务、雇佣关系、学校资源管理等18条基本职业标准。还有成立于1921年的美国大学董事会协会（AGB），成立于1910年的美国大学生注册和招生官协会（AACRAO），成立于1924年的美国大学人事协会（ACPA），成立于1947年的美国入学教育

---

① [美] 亚瑟·科恩：《美国高等教育通史》，李子江译，北京大学出版社2010年版，第120页。

② L. E. Blauch ed., *Accreditation in Higher Education*, New York: Greenwood Press, 1969, p. 11.

第三章　美国公立大学治理社会参与的历史演进

指导者协会（NODA），等等。

美国高等教育协会组织种类五花八门，数量数不胜数，其在高等教育领域制定的规则亦如政府制定的法律一样详细具体且多如牛毛。高等教育协会组织影响大学治理的方方面面，如为大学建立入学标准和毕业标准，为大学建立专业标准和课程标准，为大学人才培养建立职业规范和行业规范，为大学开展专业认证和院校认证，等等。这些社会性组织的产生和发展，对参与美国高等教育不同层面的治理和参与大学治理发挥着非常重要的作用，可以说高等教育协会组织对大学治理产生的影响无处不在、无时不在，这种影响是间接的，客观上充当了大学决策者的顾问、参谋和外脑，在大学治理中实质性地发挥着咨询作用。

四　公立大学治理的自我参与

这一时期，赠地学院运动带来了公立高等教育的大发展，公立大学体系的建成改变了以往大学只培养牧师、律师、医师、教师的传统，使得大学传统上只培养"绅士"、只为少数精英阶级服务，转向面向社会为所有合格的青年敞开大门，服务于工业、农业、经济、政治和社会生活的各个领域。克拉克·科尔这样描绘这一时期的大学："大学校园开始成为美国最繁忙的交通路口之一——成为来自全国几乎每个州、每个角落的农场主、商人、政治家和学生的汇聚点。由于向所有合格的来者敞开了大门，以往作为修道院和象牙之塔的大学已被摧毁。"① 大学向社会的开放，带来社会对大学的关注程度明显提升，从而提升了大学教师职业的社会地位，也提升了教师参与大学治理的权力空间。在校外董事会的决策领导下，在高等教育协会组织的间接影响下，大学校长主持下的行政团队与大学教师共同治理大学。

（一）公立大学治理的教师参与

公立大学初创时期，大学由董事会具体负责筹建，大学教师由董事会聘任，并且大学教授如公司雇员一样可以由董事会随意解聘。公立大

---

① ［美］克拉克·科尔：《大学的功用》，陈学飞、陈恢钦、周京等译，江西教育出版社1993年版，第34页。

学体系形成时期，大学教师职业的社会地位得到明显提升，大学教师参与大学治理的权力空间提升，特别是大学教师用以保护自身权力的协会组织——美国大学教授协会（AAUP）的建立，在保卫学术自由、维护终身教职和争取更多大学治理参与权方面发挥了重要作用。

1900年，当著名的经济学家爱德华·罗斯（Edward Ross）因为利兰德·斯坦福（Leland Stanford）夫人不喜欢他的关于移民劳工和铁路垄断的言论而将其解聘之时，引起其他大学教授的广泛关注。这一事件也一直深深地印在约翰·霍普金斯大学哲学家阿瑟·洛夫乔伊（Arthur O. Lovejoy）教授的心目中，直到1915年他与约翰·杜威一起商讨有必要建立一个组织来保卫教师的学术自由时，于是美国大学教授协会诞生了。[①] 不像欧洲的大学那样拥有学术自由的传统，直到美国大学教授协会诞生之时，对美国大学教师来说，"学术自由"仍然是一个新的概念。虽然美国大学教授协会是为保卫教师学术自由权力而生，但是协会组织在为教师争取更多的大学事务管理的参与权方面也发挥了重要作用。美国大学教授协会的学院与大学治理委员会（Committee on College and University Governance）早在1920年就起草了一份声明，强调了在人事决策、管理人员选择、预算和有关教育决策等方面教师参与的重要意义。同年，该委员会发表了协会的第一份关于高校教师参与大学治理情况的调查报告——《教师在大学治理和行政中的地位与功能》。报告通过对70所精英院校的调查，发现在这些院校中广大教师共享院校治理的机会很少，院校管理方普遍对教师共享院校治理持反对和排斥态度。因此，委员会呼吁学院和大学应该制定相应的措施和程序以增加教师共享院校治理的机会，保障教师在制定与教师相关的事务中拥有发言权。在20世纪20年代和30年代，委员会和它的报告反复呼吁院校应该增加教师共享院校治理的机会。一直到1938年，协会才发表了《学院和大学治理中教师的地位和作用》的报告，建议学院和大学校长及其相关机构发挥中介作用，促进董事会与教师之间的相互理解，扩大教师在校长以及院系负责人的提名和任命等方面的参与权，保障教师共享院校治

---

① AAUP, "History of the AAUP", https://www.aaup.org/about/history-aaup.

理的民主权利。在随后的几十年里协会一直为争取教师在学校治理中的参与权而努力,到 1966 年该协会的学院与大学治理委员会发表了《学院和大学治理的声明》,清晰地提出了"共享治理"(shared governance)的概念。① 伴随着美国大学教授协会的努力争取,教师参与大学治理的权力逐渐扩大,到共享治理的理念被院校管理方普遍接受时,教师参与的共享治理逐渐变为现实。

(二) 公立大学校长治理权力的加强

公立大学初创时期,大学普遍规模很小,"1840 年的统计数字表明,平均每所学院有 93 名学生,到 1860 年,平均每所学院的学生数上升到 120 名"②。学校规模小,则事务相对简单,受董事会委托的校长是学校的唯一行政官员,他们一般是教授中的代表担任。有的大学甚至可以不设校长职位,如弗吉尼亚大学自 1825 年开办一直由教授委员会中的轮值主席承担校长职责,直到 1904 年才设立校长职位。

公立大学体系形成时期,大学规模普遍增大,如 1930 年时,哥伦比亚大学拥有全日制学生 15000 人,加利福尼亚大学 17000 人,明尼苏达大学和俄亥俄大学各在 12500 人左右。大学里的专业也发展迅速,由神学、法律、医学发展到包括商业学、工程学、新闻学、建筑学、药剂学、牙医学、农业、矿业学和林业学、图书馆学、教育学、哲学以及社会学在内的数个专业。在大学规模扩大、职能增加,师生人数增多、学科专业分化的情况下,大学行政事务日益成为一个复杂的系统,任凭校长一人独立承担所有行政事务再无可能,诸如学生注册、图书管理、对外联络、争取资金、人事管理等事务不断分离开来,因此以校长为首的行政系统逐渐形成。同时,以校外人士为主的外行董事会在学术系统变得复杂而专业的情况下,不得不更多地依赖专业且专职的大学校长来处理复杂的校内事务。因此,在这一时期,大学校长的治校权力明显加强,在学校发展中的地位日益凸显,校长的智慧和才干直接决定着大学

---

① AAUP, "Shared Governance", http://www.aaup.org/our-programs/shared-governance.

② [美] 亚瑟·科恩:《美国高等教育通史》,李子江译,北京大学出版社 2010 年版,第 57—58 页。

发展的优劣。

从美国南北战争到"二战"这一时期,在董事会的授权下校长治校权力得到凸显,大学快速发展中涌现出了一批美国高等教育史上彪炳史册的著名大学校长。安德鲁·迪克森·怀特（Andrew Dickson White）,康奈尔大学首任校长,1867年至1885年任职校长18年；查尔斯·威廉·艾略特（Charles William Eliot）,1869年至1909年任职哈佛大学校长40年；詹姆斯·布瑞尔·安吉尔（James Burrill Angell）,1871年至1909年担任密歇根大学校长38年；丹尼尔·吉尔曼（Daniel Gilman）,约翰·霍普金斯大学首任校长,1875年至1901年任职校长26年；威廉·哈珀（William Harper）,芝加哥大学首任校长,1891年至1906年任职校长15年；本杰明·惠勒（Benjamin Wheeler）,1899年至1919年担任加州大学校长20年；查理斯·理查德·范海斯（Charles VanHis）,1904年至1918年担任威斯康星大学校长14年。这些著名大学校长都是在这一时期涌现的杰出巨人,他们在各自大学的治理中留下不可磨灭的历史贡献,使得这些大学今天能够蜚声世界。因此,"这一时期被称为大学校长的时代"①。

第三节 成熟时期（1945年以后）：公众参与制度的产生及其在治理结构中的作用

美国在"二战"以后,尤其是在高等教育大众化走向高等教育普及化以后,公立大学治理的社会参与制度逐渐走向成熟,社会公众（The Public）开始作为又一重要的参与大学治理的社会主体,走到了显著的位置上,在大学治理中发挥重要作用。社会公众以个体或组织的形式参与到大学的治理中来,再加上董事会和各种各样的高等教育专业协会组织的参与,逐渐形成了比较成熟的公立大学治理的社会参

---

① 欧阳光华：《董事、校长与教授：美国大学治理结构研究》,高等教育出版社2011年版,第91页。

与制度。①

一 高等教育的大众化和普及化

"二战"以后，在国家政治、经济、军事和科技快速发展的同时，美国的高等教育也得到了蓬勃发展，高等教育的规模、数量、结构、质量发生巨变。克拉克·科尔称这一时期为高等教育的"大变革时期"②。

按照美国著名学者马丁·特罗（Martin Trow）的高等教育大众化理论，高等教育的毛入学率为15%—50%时，为高等教育的大众化阶段，超过50%为普及化阶段。根据这一理论，美国的高等教育毛入学率1953年为14.7%，1954年为16.2%，开始步入大众化阶段；之后逐年稳步增长，到1988年达49%，1989年为51.4%，步入普及化阶段。③1952年公立高等教育机构注册学生人数为110万人，开始超过私立高等教育机构的103万，并且持续较快地增长，到1989年达1057万，是私立高等教育机构注册学生人数（296万人）的3倍多，公私立高等教育机构注册在校学生总人数占适龄人口的比例超过50%，开始进入普及阶段（见表3-3）。

表3-3　　　　"二战"后美国高等教育毛入学率情况

年份	高等教育机构数（所）	高等教育注册学生数（万人）	高等教育毛入学率（注册人数占18—24岁人口比例）（%）	公立高等教育机构注册学生数（万人）	私立高等教育机构注册学生数（万人）
1945	—	167.7	10	83.4	84.3
1946	1768	207.8	12.5	—	—

---

① 朱玉山：《美国公立大学治理的社会参与制度：历史演进与基本特征》，《高教探索》2020年第11期。

② Clark Kerr, *The Great Transformation in Higher Education 1960 – 1980*, Albany: State University of New York Press, 1991.

③ 这里使用的是美国国家教育统计中心的统计数据。美国国家教育统计中心发布的高等教育入学率采用的是高等教育净入学率的计算方法，即18岁至24岁的本科生或研究生在两年或4年制院校就读的人数占18岁至24岁适龄人口规模的百分比。这与联合国教科文组织UIS的统计数据不同，UIS的数据显示1975年美国的高等教育毛入学率突破50%，进入高等教育普及化阶段。

续表

年份	高等教育机构数（所）	高等教育注册学生数（万人）	高等教育毛入学率（注册人数占18—24岁人口比例）（%）	公立高等教育机构注册学生数（万人）	私立高等教育机构注册学生数（万人）
1947	—	233.8	14.2	115.2	118.6
1948	1788	240.3	14.7	118.6	121.8
1949	—	244.5	15.2	120.7	123.8
1950	1851	228.1	14.3	114.0	114.2
1951	1852	210.2	13.4	103.8	106.4
1952	1832	213.4	13.8	110.1	103.3
1953	1882	223.1	14.7	118.6	104.5
1954	1863	244.7	16.2	135.4	109.3
1955	1849	265.3	17.7	147.6	117.7
1956	1850	291.8	19.5	165.6	126.2
1957	1878	332.4	22.0	197.3	135.1
1959	1947	364.0	23.8	218.1	145.9
1961	2021	414.5	23.6	256.1	158.4
1963	2093	478.0	27.7	308.1	169.8
1964	2132	528.0	28.7	346.8	181.2
1965	2175	592.1	29.8	397.0	195.1
1966	2230	639.0	30.7	434.9	204.1
1967	2329	691.2	32.2	481.6	209.6
1968	2374	751.3	34.1	543.1	208.2
1969	2483	800.5	35.0	589.7	210.8
1970	2525	858.1	35.8	642.8	215.3
1971	2556	894.9	35.3	680.4	214.4
1972	2606	921.5	35.8	707.1	214.4
1973	2665	960.2	36.5	742.0	218.3
1974	2720	1022.4	37.9	798.9	223.5
1975	3004	1118.5	40.3	883.5	235.0
1976	3026	1101.2	38.8	865.3	235.9

续表

年份	高等教育机构数（所）	高等教育注册学生数（万人）	高等教育毛入学率（注册人数占18—24岁人口比例）(%)	公立高等教育机构注册学生数（万人）	私立高等教育机构注册学生数（万人）
1977	3046	1128.6	39.0	884.7	243.9
1978	3095	1126.0	38.3	878.6	247.4
1979	3134	1157.0	38.8	903.7	253.3
1980	3152	1209.7	40.2	945.7	264.0
1981	3231	1237.2	41.0	964.7	272.5
1982	3253	1242.6	41.4	969.6	273.0
1983	3280	1246.5	42.0	968.3	278.2
1984	3284	1224.2	42.0	947.7	276.5
1985	3331	1224.7	43.0	947.9	276.8
1986	3340	1250.4	45.1	971.4	279.0
1987	3406	1276.6	47.1	997.3	279.3
1988	3587	1305.5	49.0	1016.1	289.4
1989	3565	1353.9	51.4	1057.8	296.1
1990	3535	1371.0	51.1	1074.1	297.0
1991	3559	1415.7	53.7	1117.4	298.3

资料来源：NCES, 120 Years of American Education: A Statistical Portrait, Table 24, 26.

（一）高等教育大众化和普及化的推动力

1. 退伍军人入校

1944年5月8日，美国国会通过了《军人权利法案》，法案规定为"二战"中在军队服役超过90天的退役军人提供1年且最多不超过4年的教育与训练，由美国政府支付其每学年不超过500美元的学杂费和每月50美元的生活津贴。在法案的激励作用下，"二战"结束后，大批退役军人涌入高等学校，从1945年开始，到1956年的十余年间，进入高等学校的退役军人总数达到223.2万人。仅在1947年的高峰年，在高校注册学习的退伍军人总数就达115万人，占当年美国高校在校学生总数的49.2%（见表3-4），也就是说几乎一半的学生都是退役军人。①

表3-4 "二战"后退役美国军人进入高等学校情况统计

年份	高校学生总人数（万人）	退役军人学生数（万人）	退役军人学生占高校全体学生比例（%）
1945	167.6	8.8	5.2
1946	207.8	101.3	48.7
1947	233.8	115	49.2
1948	240.3	97.5	40.5
1949	244.4	84.4	34.4
1950	228.1	58.1	25.2
1951	210.1	39.6	18.7
1952	213.4	23.2	10.8
1953	223.1	13.8	6.1
1954	244.6	7.8	3.1
1955	265.3	4.2	1.6
1956	291.8	0.1169	—

资料来源：Keith Olson, *The G. I. Bill, The Veterans, and The Colleges*, Lexington: The University Press of Kentucky, 1974, p. 17.

退役军人的入校扩大了高等教育的规模，十多年间政府支付的军人学杂费和生活津贴开支达55亿元，增加了高校的办学经费，促进了高等教育的发展，更为重要的是极大地促进了高等教育观念的变革，"由于高等学校在第二次世界大战期间所作出的重大贡献和战后初期在接收和培训众多退伍军人中所获得的巨大成功，学院和大学在社会中的地位明显提高，被政界和公众普遍认为是增加国家实力和解决社会急迫问题具有特殊重要性的机构"②。

---

① Keith Olson, *The G. I. Bill, The Veterans, and The Colleges*, Lexington: The University Press of Kentucky, 1974, p. 17.
② 陈学飞：《美国高等教育发展史》，四川大学出版社1989年版，第153页。

第三章 美国公立大学治理社会参与的历史演进

退役军人进入高校的真正影响是带来社会公众对高等学校的认可和高等教育观念的转变,这种观念的转变促使美国高等教育由为少数人所享受的特权逐步转变为普通公众的权利,适龄青年人申请加入高等学校的热情逐步增加,加快了高等教育步入大众化的步伐。加州大学校长本杰明·惠勒(Benjamin Ide Wheeler)这样表达高等教育观念的这种转变,他说:"大学理应成为一个在学习、追求真理和人与人之间不存在贵族与平民之分的地方。"[①] 1945年高等教育注册学生数为167万人,1955年为265万人,十年间增长了近100万人,增长了58%,开始步入高等教育大众化阶段。到1975年,高等教育注册人数达1118万人,30年增长到原来的6倍多,结结实实地走上了高等教育大众化的道路。

2. 政府投入增加

克拉克·科尔曾把"二战"以后美国高等教育大发展和大变革的原因归结为联邦政府对高等教育的关注和对高等学校投入的增加。[②] 政府投入的增加是"为适应国家的需要",是在美苏争霸的国际环境下,把教育作为优先发展的国家战略的政策需要。

从1945年到1956年,政府为资助退役军人进入高校投入了一笔财政经费,但随着退役军人入校数量的减少,财政投入也逐渐减少,也就是说政府自1944年军人权利法案颁布以来没有采取其他任何重大的资助高等教育的行动。一直到1957年10月4日苏联第一颗人造地球卫星发射成功,才引起美国朝野极大震惊,使得教育成为政府和公众关注的焦点。在美国政界、军界、科技界和社会公众反思"苏联卫星上天事件"后,最终将原因归结为美国教育和科技的落后。于是在1957年到1958年的不到一年的时间里,国会议员们提交的关于教育问题的议案就多达1500份,国会通过了至少80项法案,其中最重要的是1958年通过的《国防教育法》。《国防教育法》的颁布把教育与国防联系在一起,发展教育上升到国家战略的高度,因此政府对教育的投入明显增

---

① John S. Brubacher et al., *Higher Education in Transition: A History of American Colleges and Universities*, New Jersey: New Brunswick, 1997, p. 170.

② [美]克拉克·科尔:《大学的功用》,陈学飞、陈恢钦、周京等译,江西教育出版社1993年版,第36—38页。

加。该法案授权联邦政府拨款2.8亿美元,以加强自然科学、数学和外语等科目的教学。以此为起点,政府对高等学校的教育经费投入逐年增加,1958年联邦政府、州政府和地方政府的投入共19.7亿美元,1968年增加到73.8亿美元。由政府投资的增加带动社会捐赠等各种渠道对高等教育投入增加,从1959—1960年度到1969—1970年度,高等学校各项经费总收入由57.8亿美元增加到215亿美元,10年增长到原来的近4倍。[1] 高等教育经费的增加促进了高等学校规模的扩张,不仅反映在高校入学人数的增加上,而且反映在高等学校数量的增加上,加快了高等教育大众化的节奏。1955年有高等学校1849所,而且其中约半数学校学生数不足500人,注册学生总人数为265万人;1965年高等学校增加到2175所,规模不足500人的学校降到四分之一以下,注册总人数增加到592万人;1975年高等学校数增加到3004所,万人以上的大学超过7%,注册学生总人数达1118万人。

3. 公立高等教育机构是大众化的主要承担者

从表3-3可以看出,1952年以前公立和私立高等教育机构的注册学生数基本持平,都在110万人左右,从1952年开始公立大学的学生人数超过私立大学并呈直线式快速增长,而私立大学一直保持缓慢增长,到1975年时全部注册大学生数达1118万人,其中公立大学的在校生人数是私立大学的近4倍,约占全部注册大学生比重的八成(见图3-1)。很明显从1953年左右美国高等教育步入大众化阶段后,是公立高等教育机构承担了大众化阶段公众对高等教育的需求,扩大了高等教育的规模,促使高等教育由大众化迈向普及化。公立大学的"公共机构"性质,高等教育的"公共产品"属性,承载社会的公共利益,由精英到大众再到普及化的高等教育入学机会,使得高等教育与社会的每个人的利益息息相关。英国人詹姆斯·布莱斯(James Bryce)在他的著作《美利坚联邦》(*American Commonweath*)中称赞公立大学对于维持民主制度和机会均等的重要意义,他说:"与苏格兰和德国的大学相

---

[1] Thomas D. Snyder ed., *120 Years of American Education: A Statistical Portrait*, U.S. Department of Education, January 1993, p. 89.

比，美国大学值得赞美的地方是能够让各个阶层的人民都有走进的机会","它们引导各个阶层的人们对大学教育的价值深信不疑并渴望获取之"。①

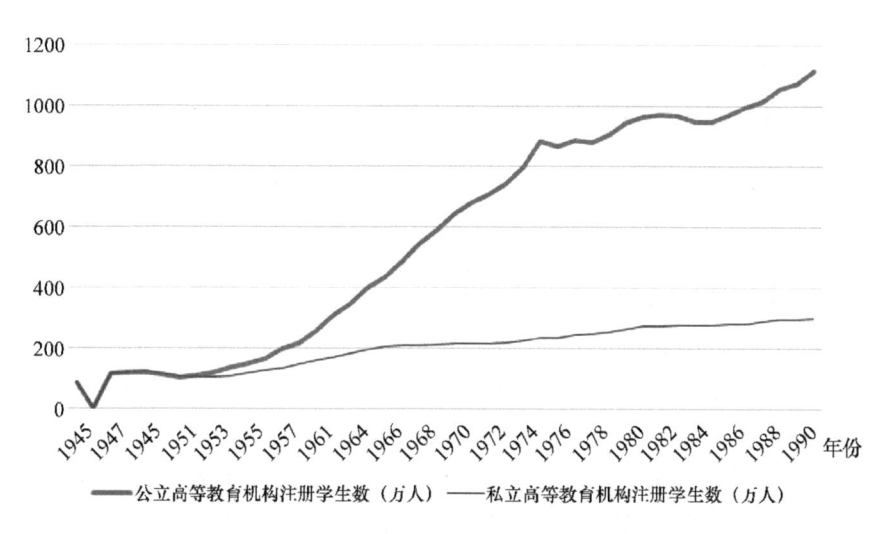

图3-1 1945—1990美国公私立高等教育机构注册学生人数变化曲线图

（二）高等教育大众化和普及化后的影响

1. 高等教育进入社会中心

大众化乃至普及化后的高等教育逐渐进入社会的中心位置，大学以其知识生产场属性，担负着政治思想智慧库、经济革新发动机和社会公平稳定器的作用。"一战""二战"中大学在军事人员培训、军事科学研究、退伍军人再学习等方面的突出表现，以及在与苏联争霸中大学在科学技术创新实验研究等方面的巨大成就，让政府发现了大学在"为了适应国家的需要"中所能发挥的特殊作用，大学成为实现国家目标的一个主要工具，从而政府将高等教育推向国家发展的战略中心；大学在提供社会公众的职业训练、推迟年轻人参加工作的时间以及提供贫困阶层、特殊种族等弱势群体的受教育机会等诸多社会问题上显现出比较有

---

① John S. Brubacher et al., *Higher Education in Transition: A History of American Colleges and Universities*, New Jersey: New Brunswick, 1997, p. 172.

效的解决办法，让社会公众发现了高等教育的价值，大学成为实现社会价值的一个主要工具，从而将大学推向社会公众关注的中心；大学自身也变得结构巨型、权力分散、功能多元，克拉克·科尔称之为"多元巨型大学"①，丹尼尔·贝尔称之为"后工业化社会"的"最重要的机构"②。政府和公众对大学的强势关注以及大学自身随着社会的发展不断提升自身的社会影响力，共同把大学推向"新的中心地位"已是理所当然。

2. 公众参与的诉求增加

一方面，克拉克·科尔这样描绘现代大学，"它不是一个社群，而是若干个社群——本科生社群和研究生社群；人文主义者社群、社会科学家与自然科学家社群；专业学院社群；一切非学术人员社群；管理者社群。多元化巨型大学的界限很模糊，它延伸开来，牵涉历届校友、议员、农场主、实业家——而他们又同这些内部的一个或多个社群相关联"③。现代巨型大学已经卷入了越来越多的利益相关者——政府、企业、董事会、社会团体、学生家长、教师、学生、大学管理者……，数量之多、类型之众，已经将所有社会成员的利益和福祉裹挟其中。因此，各类群体出于自身利益的考虑，要求参与大学决策的诉求明显增加。

另一方面，维持庞大而复杂的大学机构的运转，其耗费是相关巨大的。单纯依赖政府的有限拨款是无法支撑起这一巨型机构的良好运转，因此，包括学生缴费、社会捐赠、私人赠予、学生捐助等各种渠道的经费支持弥补了政府经费的不足。1950年非政府来源经费占大学总收入的比重为54.85%，超过政府的拨款数额，而到1990年这一比重增加到将近60%（见表3-5）。社会主体的投资增加，知晓和问责大学的需求也相应增加。

---

① [美] 克拉克·科尔：《大学的功用》，陈学飞、陈恢钦、周京等译，江西教育出版社1993年版，第4页。
② [美] 丹尼尔·贝尔：《后工业社会的来临——对社会预测的一项探索》，高铦、王宏周、魏章玲译，新华出版社1997年版。
③ [美] 克拉克·科尔：《大学的功用》，陈学飞、陈恢钦、周京等译，江西教育出版社1993年版，第12页。

第三章 美国公立大学治理社会参与的历史演进

表3-5 1950—1990年美国高等教育机构的非政府来源经费情况

年度	政府拨款（亿美元）	非政府来源经费（亿美元）	非政府拨款比例（%）
1949—1950	10.7	13.0	54.85
1959—1960	25.6	32.3	55.78
1969—1970	97.1	118.1	54.88
1979—1980	277.4	307.8	52.60
1989—1990	560.1	836.3	59.89

资料来源：NCES, 120 Years of American Education: A Statistical Portrait, Table 33.

二 公立大学治理的政府参与

"二战"以后至20世纪80年代末，联邦政府对大学事务参与度较"二战"前的任何时期都明显加强，原因是"为了适应国家的需要"。虽然联邦宪法未授予联邦政府直接参与大学事务的权力，但是联邦政府还是设法通过国会立法以资助大学设施、资助大学科学研究和资助大学生发展等渠道"干预"大学事务，社会和大学出于对社会发展、大学发展和国家发展利益高度一致的认可，默许了这种干预。陈文干将这段联邦政府强力干预大学事务的时期分为"联邦干预的谨慎时期、加强时期、暂缓时期和持续时期"四个阶段。[①] 此外，州政府也通过各种途径加强对公立大学的控制。

首先，联邦政府通过制定一系列重要的教育政策法规，直接参与大学事务。在苏联第一颗人造地球卫星上天的巨大刺激下，美国国会1958年通过了《国防教育法》，将教育提到与国家安全密切相关的战略高度，法案通过为大学生提供低息贷款，加强对数学、科学和外语教学的资助，设立国防奖学金等措施向高校注资，还于1964年和1968年先后两次通过《国防教育法》修正案，延长该法案的实施周期。继《国防教育法》后，国会还通过了其他一系列教育法案，促进高等教育的优先发展，如1963年的"高等学校设备法"通过向公立社区学院、技术

---

① 陈文干：《美国大学与政府的权力关系变迁史研究》，浙江大学出版社2015年版，第73—76页。

学院以及其他提供大学本科生和研究生教育的高等学校提供联邦补助金与贷款,以促进学校的教室、图书馆和实验室建设;再如1965年的"高等教育法"授权拨款资助大学的社区服务计划和继续教育计划,增加学院图书馆的资源,加强发展中的学院以及为大学本科生教学设备的扩充提供资助等。《国防教育法》是"二战"后联邦政府通过立法形式直接干预高等教育的一个里程碑式的事件,"二战"以前联邦政府并没有持续地介入高等学校;高等教育法是美国历史中联邦政府第一部在高等教育方面最系统、最完善的立法,高等教育法的颁布和实施以及之后联邦政府不断针对高等教育面临的突出问题和发展趋向而对其进行反复修订和补充,表明了联邦政府对高等教育采取直接干预的强硬态度。此后,联邦政府还通过发表政府报告如1983年的《国家处在危急之中——教育改革势在必行》、1984年的《投身学习——发挥美国高等教育的潜力》等,制定战略规划如1991年的《美国2000年教育战略》等,参与和影响大学的改革与发展。

其次,政府通过巨额投资,把大学引导到符合国家利益需要的发展方向上。通过一系列的国会立法,政府得以名正言顺地投资高等学校,插手大学的教学和科研事务。政府挥舞着巨额的钞票,吆喝着自身想要达成的目标,只有那些符合政府条件的项目,政府才会把钱投向那里,虽然联邦机构提出的科研项目大学不必非要接受,但是大学很难抵挡这种高额财源的诱惑,实际上大学通常是接受的。因为"失掉教授最快速的方法之一就是拒绝接受教授与其对手在华盛顿议妥的研究拨款"①。在接受了联邦拨款之后,联邦对大学的后续影响则接踵而来,引起了大学的学科甚至教学的巨大改变。

"二战"期间政府与大学科研合作的成功以及大学的科学研究在"二战"中所发挥的巨大作用,使得在美苏争霸期间为了国家防务和应对苏联科学与技术的挑战,联邦政府继续"谋求大学的支持",而大学也"十分忠诚和十分欣然地来满足国家的需求"。大学从联邦政府获得

---

① [美]克拉克·科尔:《大学的功用》,陈学飞、陈恢钦、周京等译,江西教育出版社1993年版,第40页。

的科研经费，由1957年的2.17亿美元猛增到1968年的15.09亿美元。大学获得的科研经费在全国科研经费中的比例，由1957年的15%上升到了1968年的28%。联邦政府的资助成了一些大学获得科研经费的主要来源，克拉克·科尔称这些大学为"联邦拨款大学"。然而，"联邦的科研支出主要限于资助物理科学、生物和医学科学及工程科学，大约仅有3%用于社会科学，而对人文学科提供资助几乎等于零"①。实质上，联邦政府影响了大学学科的发展方向，而且这种影响是深远的。

最后，州政府对公立大学的控制增强。从政府的财政投入上看，1951—1952年度州政府对高等学校的财政投入为6.1亿美元，开始超过联邦政府的财政投入4.5亿美元，并一直不断增长，到1989—1990年度，州政府的财政投入达383亿美元，是联邦政府财政投入（140亿美元）的2.7倍，② 州政府是当仁不让的公立大学财政经费的最主要提供者。州政府在加大对公立大学财政支持的同时，也不断通过各种手段加强对公立大学的控制，主要途径包括：建立州一级的高等教育协调机构，建立公立大学系统，制定公立高等学校的总体发展规划，制定大量有关公立高校的具体规则，如董事会规章、教师集体谈判规则、高校财务预算和支出法规等等。

三 公众参与的出现与制度化

"二战"以来，在大学的治理结构中，政府权力明显加强，甚至影响到了一些大学的发展方向，但是无论政府影响如何增强，在公立大学治理结构中的社会参与仍然持续地存在，没有被政府取代，甚至没有被政府力量削弱。一是董事会治理机制没变，二是高等教育协会组织的影响一直持续，三是社会公众对大学治理的参与诉求和路径显著增加。大学治理公众参与出现的主要原因是，社会对公立高校经费投入的增加，社会公众对公立高校的问责增加，和作为公共机构的公立大学受到阳光

---

① ［美］克拉克·科尔：《大学的功用》，陈学飞、陈恢钦、周京等译，江西教育出版社1993年版，第38页。

② Thomas D. Snyder ed., *120 Years of American Education: A Statistical Portrait*, U.S. Department of Education, January 1993, p.89.

法案的制约。

（一）高等学校收支剧增引起社会公众普遍关注

"二战"以后，美国进入发达的工业社会，国家经济繁荣，个人收入水平普遍提高，联邦政府把高等教育作为重点资助和优先发展的战略重心，社会各界也普遍把高等教育视为增加社会收益、促进社会公平和实现个人价值的重要途径，因此政府和社会各界对高等学校的经费投入迅速增长，高等学校因规模的扩张在行政管理、教学科研和基本建设上的开支也显著增长。从1949—1950年度到1989—1990年度，高等学校的总收入从23.7亿美元迅速增长到1396.4亿美元，总支出从22.5亿美元快速增长到1346.6亿美元①（见表3-6）。其中包括联邦政府、州政府和地方政府在内的政府投入和学生缴纳的学杂费以及社会各界的捐赠等也都是快速增长，但是包括学生学杂费在内的社会资助高等学校经费的增速比例超过了政府，并且到1990年非政府投入已达到高校总收入的60%。显然，在高等学校开支不断增长的情况下，政府企图"把资助高等教育的负担从纳税人身上转嫁到受益最大的学生和家长身上"②，不断增长的高昂的学费，引起学生、学生家长和社会对高校开支的关注和问责；政府对公立高校财政性经费投资的剧增，也增加了广大纳税人参与大学事务的愿望和诉求。当然，社会团体和个人对公立高校的经费投入本身也是对高校治理的参与，其行为影响学校的建设与发展。

表3-6　1949—1950年度至1989—1990年度美国高等学校收支情况

（单位：亿美元）

年度	总收入	政府投入	学杂费	社会捐赠	私人赠予	其他收入	总支出
1949—1950	23.7	10.7	3.9	0.96	1.19	6.95	22.5
1959—1960	57.9	25.6	11.6	2.06	3.83	14.81	56.0

---

① Thomas D. Snyder ed., *120 Years of American Education: A Statistical Portrait*, U.S. Department of Education, January 1993, p.89.

② ［美］詹姆斯·杜德斯达、弗瑞斯·沃马克：《美国公立大学的未来》，刘济良译，北京大学出版社2006年版，第65页。

第三章　美国公立大学治理社会参与的历史演进

续表

年度	总收入	政府投入	学杂费	社会捐赠	私人赠予	其他收入	总支出
1969—1970	215.2	97.1	44.2	4.47	10.01	59.42	210.4
1979—1980	585.2	277.4	119.3	11.77	28.08	148.65	569.1
1989—1990	1396.4	560.1	339.3	31.44	77.81	387.75	1346.6

资料来源：NCES, 120 Years of American Education: A Statistical Portrait, Table 33, 34.

（二）公立高校问题突现引发社会问责机制

"二战"以后，政府和社会快速增长的巨额投资促进了高等学校的大发展和大变革，特别是公立高等学校规模急剧扩张，形成了庞大的公立高等教育体系。20世纪70年代后，公立高校学费上涨、开支增大、学业成绩下降、教学质量下滑等问题突现出来，引起社会公众的不满和质疑。美国大学入学考试委员会主办的学术性测验表明：1963—1980年，学生的成绩呈持续下降的趋势；1964—1982年，在研究生入学考试的15门主要学科中，有11门成绩下降；大学生中仅有半数获得学士学位。① 到20世纪80年代，高等教育质量问题成为大众化后社会公众关注的热点和焦点问题。于是，在20世纪80年代中期，美国高等教育评估制度开始兴起。评估包含"改进"和"问责"两个方面，改进是高校的主要评估目的，而问责是政府和社会的主要评估目的。评估有机构认证、高校排名和院校自我评估三个层次，机构认证是20世纪初以来认证协会组织一直从事的主要工作内容，高校排名的出现开辟了以声誉评价促质量提高、回应社会问责的新途径。

《美国新闻与世界报道》(U. S. News &World Report) 的美国大学排名就是这一时期诞生的质量评价和社会问责的媒体工作新内容。该周刊的大学排名开始于1983年，是最先开展大学排行的社会媒体，也是目前有最长大学排行历史、最有权威性的期刊。该周刊以美国国家教育统计中心和各大学主动提供的数据为基础，从同行评议、毕业率和保持率、教师资源、财政资源、新生入学成绩、校友捐赠等指标，每年对全

---

① 王英杰：《美国高等教育的发展与改革》，人民教育出版社2002年版，第86页。

美大学进行一次排名，排名反映着大学的声誉和质量，影响大学的录取结果。美国对大学进行排名的社会媒体还有《金融杂志》《商业周刊》《新闻周刊》《华尔街日报》《卡普兰考试服务》《时代》《普林斯顿评论》等。这些社会媒体对大学的评估评价，在一定程度上推动了美国大学本科教学质量的提高，反映了社会对大学的关切，回应了社会对大学的问责。

(三)"阳光法案"促使公众参与制度化

公众参与制度化的保障来自"阳光法案"。1966年美国联邦政府颁布了《信息自由法》(Freedom of Information Act, FOIA)，这是一部规制政府信息公开、保障社会公众知情权的法律，又称"阳光法案"。各州据此法案分别制订了各州的"阳光法案"，规定公立大学是"公共机构"，而且将"公共机构"具体到公立大学内部的许多正式组织，如董事会、理事会、委员会等。"公共机构的所有正式会议对公众开放，任何人有权参加"，"正式会议是指由公共机构成员在任何时间、任何地点参加的，旨在为他们责任范围内的公共事务进行听证、审议或投票而举办的集会，包括电视电话会议和其他电子手段进行的会议"。"公共机构"形成的"公共记录"包括记录、文件、信函、地图、书籍、照片、胶片、磁带、电子数据处理记录、文物或者其他文献资料等，任何人可以免费或以最低成本获取。

"阳光法案"是针对社会公众的法案，是保障社会公众知情权和参与权的法案，如果公立大学的正式决策违反阳光法案的规定，没有获得公众的参与，法院将宣布会议讨论的内容和形成的决定无效。这样，强制性的法律规定为社会公众参与大学事务治理提供了可靠的保障，促使社会公众的参与形成了制度化。

四 公立大学治理的自我参与

"二战"以后，公立大学在政府和社会的巨额资助下获得了大发展，在政府权力和社会权力的参与和干预下，"大学控制自己命运的能力已大大减弱"①。大学内部治理的权力结构中,校长权力在教师参与权和学生参与权崛起的情势下受到挤压,大学内部主要利益相关主体的共享治理得以形成。

(一) 学生参与治理

20世纪60年代,美国高等学校规模扩大、学生数量激增,来自各种渠道的投资大幅度增加,联邦政府对公立大学的财政投入达到历史上的最高峰,高等教育进入发展史上前所未有的黄金时代。然而,60年代也是美国危机四伏的年代,古巴导弹危机、越南战争以及社会民权运动等事件,都关联到巨型大学校园里的大学生。1964年9月,加利福尼亚大学伯克利分校的大学生反对校方一系列禁令的"自由言论运动"拉开了60年代美国大规模学生运动的序幕。大学生反对越南战争、反对征兵政策的不满情绪主导了校园,并不断扩大到对学校管理制度的不满,学生们质疑大学的课程设置、教师选聘、招生政策以及校方的专断等等,学生要求参与大学决策的呼声日甚。在学生行动的压力下,很多大学特别是公立大学不同程度地改变了以往自上而下单向性管理模式,使学生能够在一定程度上参与管理和决策的过程。根据1969年对美国875所高校的调查,有88.3%的高校允许学生代表至少参加学校的一个决策机构。其中,有2.7%的高校赋予学生在董事会中的投票权,41%的高校允许学生作为观察员参与处理诸如教师的选聘、晋升和终身教职评审,并且这种趋势在随后的日子里依然持续发展。1971年,美国教育理事会调查发现,全国14%的高校董事会中包含有学生代表。② 私立大学董事会一般很少有学生参与,而有的公立大学董事会中的学生董事甚至享有投票表决权,如北卡罗来纳大学在1972年的大学章程中即规定学生会主席是董事会的当然成员,任期一年,是13名董事会成员之一,享有决策的表决权。

---

① [美] 克拉克·科尔:《大学的功用》,陈学飞、陈恢钦、周京等译,江西教育出版社1993年版,第40页。
② 欧阳光华:《董事、校长与教授:美国大学治理结构研究》,高等教育出版社2011年版,第114页。

(二) 教师参与治理

1966年，美国大学教授协会、美国教育理事会和美国大学与学院董事会协会（AGB）联合发表《学院与大学治理的声明》（以下简称《声明》）。《声明》提出"高等教育机构所承担任务的多样性和复杂性，在董事会、管理层、教师、学生和其他人之间产生了不可避免的相互依赖关系。这种关系需要这些高校成员之间充分的沟通，以及为适当的联合规划和共同努力提供充分的机会。"[①] 从而提出了高等学校董事会、管理层、教师、学生等内部成员共享治理权力的概念。

美国公立大学自建立起来后一直实行"法人—董事会"治理结构，董事会是学校的最高决策机构，校长团队是在董事会领导下的最高行政机构，教师、学生等成员很少分享学校的决策权力，即使是在有关教师群体和学生群体自身的问题上也很少有参与权力。20世纪60年代大学生运动的结果促进高校关注学生在大学治理中的权力，而教师参与大学共享治理则是美国大学教授协会长期努力的结果。美国大学教授协会的网站介绍说："自成立以来，美国大学教授协会一直致力于争取教师在学校治理中有意义的参与行为。美国大学教授协会学院与大学治理委员会在1920年的第一份声明中就强调了在人事决定、管理层选择、预算编制以及教育政策的确定等方面教师参与的重要性。在随后的多年里不断改进，并最终发表了1966年的学院与大学治理的声明。"[②] 《声明》明确规定了教师参与治理的权力范围，"教师对诸如课程设置、教学内容、教学方法、科学研究、教师职称以及有关教育过程的学生生活等基本方面负有首要责任"[③]。

1966年《声明》的发表被视为高校教师参与大学共享治理制度确立的标志性事件，之后，共享治理逐渐成为美国公立大学治理结构的主导模式。

---

① AAUP, "Statement on Government of Colleges and Universities", http://www.aaup.org/report/statement-government-colleges-and-universities.

② AAUP, "Shared Governance", http://www.aaup.org/our-programs/shared-governance.

③ AAUP, "Statement on Government of Colleges and Universities", http://www.aaup.org/report/statement-government-colleges-and-universities.

第三章 美国公立大学治理社会参与的历史演进

第四节 美国公立大学治理社会参与历史发展阶段评析

美国公立大学自诞生以来的两百多年间,公立大学治理社会参与始终得以延续,并且参与治理的社会主体范围也不断扩大,尽管同时存在政府参与治理、大学自我治理、社会参与治理等不同参与主体之间的博弈,但是没有任何一方的力量强大到足以取代其他各方,而且随着治理中参与的社会主体不断增多,大学治理的社会参与由发生、发展不断走向成熟。

一 公立大学治理社会参与的发生类型

初创时期,美国公立大学模仿私立大学采用外行董事会治理模式,形成了公立大学治理社会参与的开端,社会成员获得以董事会成员的身份参与公立大学的治理中,虽然最初的董事会成员组成中以政府官员身份的成员为主,社会成员的比例较小——例如前文提到的北卡罗来纳大学1789年建校时组建的第一届董事会40名成员中,只包括1名著名律师、1名开明商人、1名著名教师(牧师)以及3位普通民众等6名社会成员,[①] 但是毕竟从公立大学创建之初就打开了社会成员参与大学治理的通道,而且这一通道始终没有被其他力量关闭,反而在公立大学的发展中得到认可并得以发展且逐步走向成熟。

发展阶段,随着公立大学数量的增加和规模的扩大,以及公立大学体系的逐渐形成,与之相伴的是从入学到毕业各个环节参差不齐的、缺乏统一规范的公立大学存在样式。在这一时期连续成立了一些协会,他们都努力积极促进大学的标准化,全国州立大学协会为"美国高等教育标准化"下了定义,美国大学联合会为研究生教育制订了标准,美国大

---

① Kemp P. Battle, *History of the University of North Carolina (1789–1868)*, Raleigh: Edwards & Broughton Printing Company, 1907, pp. 3–4.

学协会成为认可大学教育的机构。① 高等教育协会组织是社会组织的一种，作为重要的社会主体也参与到大学的治理中来，虽然其参与是间接性的，但是对大学科学决策、质量提升、咨询指导、结构优化、走向卓越发挥了不容置疑的作用。

成熟阶段，是公立大学治理社会参与制度走向成熟和稳定但又不断进行微调以达到最佳状态的阶段。马丁·特罗指出，进入高等教育大众化阶段后，高等教育除了继续受精英集团的影响外，"更多的受'民主'的政治程序决定，并受'关注者'的影响，这些'关注者'是社会一般公众的一部分"，"'关注者'中有一类人是大众高等教育'产品'的雇主"，"另一类关注者是'历届毕业生'"；"当高等教育转向普及时，其影响面更大了，不仅影响那些过去或现在受高等教育的人，而且波及其亲朋好友"，"大学和学院受到普遍关注，它们不仅出现在重要的报纸和杂志上，而且流行杂志和电视也对它们进行报道，并且引起大众的关注，这些人越来越把自己看成对高等教育的运行拥有合法的兴趣，即便仅因高等教育的巨额开支和对社会的深远影响"。② 这些"关注者"的参与得到"阳光法案"等现代社会治理制度的保障。社会公众作为又一重要的社会参与主体以个体或组织的形式普遍地参与到大学治理中，标志着公立大学治理的社会参与制度走向成熟，因为大学治理的社会参与制度是现代大学制度不可或缺的内容之一。

美国公立大学治理的社会参与，是随着国家和社会发展变迁而自发形成的，不是在政府"特定"干涉下形成的，也不是外界强加的，其社会参与大学治理结构和功能的形成是高等教育系统"自组织"的结果。

二 公立大学治理社会参与的发展类型

美国公立大学治理社会参与的发展道路契合了大学"认识论"发

---

① Hugh Hawkins, *Banding Together: The Rise of National Associations in American Higher Education (1887–1950)*, Baltimore: The Johns Hopkins University Press, 1992, pp. 107–110.

② ［美］马丁·特罗：《从精英向大众高等教育转变中的问题》，王香丽译，《外国高等教育资料》1999 年第 1 期。

第三章 美国公立大学治理社会参与的历史演进

展的逻辑，大学的发展以满足人的发展和社会发展的需要而产生与发展，起初并非以满足国家（政府）的需要而建立，所以公立大学最初能够以社会组织的性质诞生，并在政府、社会和大学自身的共同关注下成长，政府参与是公立大学得以产生的先决条件，协会组织参与是公立大学走向卓越的根本保障，社会公众参与是公立大学合法存在的必然要求，因此现代大学是在政府、社会和大学等多元主体的共同治理下不断发展并日臻完善的。

另外，从社会参与程度的阶梯来看，美国公立大学的社会参与是按社会参与阶梯的下延式发展，是"从有到优"的过程。"社会参与是社会成员对社会组织的有目的参与活动。"[1] 大学治理社会参与的深度可以从"知情""咨询"和"共同决定"三个层次加以衡量，三个层次中利益相关主体对决策过程的影响程度由低到高呈阶梯状分布。[2] 在美国公立大学治理的社会参与制度的发生阶段，董事会制度是随着公立大学的产生同时出现的，董事会作为大学治理结构中的最高决策者，发挥着"共同决定"的作用，因此发生阶段的社会参与即处于参与阶梯的顶端；在发展阶段，随着公立大学体系的逐渐形成，高等教育协会组织作为重要的社会主体参与到大学的治理中来，虽然其参与是间接的，但是对大学科学决策、质量提升、结构优化、走向卓越发挥了不容置疑的"咨询指导"作用，处于参与阶梯的中端；在成熟阶段，社会公众作为又一重要的社会参与主体以个体或组织的形式普遍地参与到大学治理中，公众参与的基本状态是"知情"，知情是实质参与的准备阶段，处于参与阶梯的低端。公众知情阶段的出现，使得社会参与阶梯趋向完整，从而标志着公立大学治理的社会参与制度走向成熟。因此，从参与深度阶梯来看，美国公立大学的社会参与是从知情到咨询再到共同决定，是按参与阶梯的、"从有到优"的下延式发展过程。

---

[1] Stuart Langton, *Citizen Participation in America*, Lexington, Massachusetts: D. C. Heath and Company, 1978, p.17.
[2] 朱玉山：《大学治理的社会参与：分析框架、概念界定与评测维度》，《现代教育管理》2017年第1期。

本章小结

本章是对美国公立大学治理社会参与的历史考察,将公立大学诞生以来的社会参与治理历史分为发生、发展和成熟三个阶段,这三个阶段对应于公立大学初创时期、公立大学体系形成时期和高等教育大众化以后三个时期,这三个时期又恰好对应三类社会参与主体的各自形成时期。研究发现每个时期的大学治理都是在政府、市场、社会和大学共同参与下的治理,每个主体分别承担不同的治理内容、实现不同的治理功能。特别能够发现各种类型的社会参与主体在不同时期的产生机制、参与内容和发挥作用的不同:公立大学初创时期,董事会的参与是伴随公立大学的诞生而产生的,全部由校外人士组成的董事会是公立大学的最高决策机构,全权负责大学的一切事务;公立大学体系形成时期,高等教育协会组织产生并发展壮大,在参与大学治理以维持大学这一组织机构的学术性上发挥重要影响,影响内容涉及一切学术事务;高等教育大众化以后,社会公众在"阳光法案"的保护下以各种形式普遍参与到大学事务中来。不同时期各参与主体的影响程度不尽相同,初创时期董事会占主导地位,形成时期大学(校长)一度发挥主导,大众化后政府、社会和大学参与力量基本走向均衡,共同参与,多元共治。整个美国大学治理社会参与的历史阶段,遵循大学认识论的发展逻辑,在社会参与程度的发生顺序上看是"从有到优"的下延式发展。

第四章

法国公立大学治理社会参与的历史演进

罗马传统高等教育体系的大学以法国大学为代表，法国的大学[①]在历史发展的进程中，形成了具有典型特点的欧洲大陆型大学治理模式。"大学治理是指大学内外部利益相关者就重大问题进行权威决策的结构和过程"[②]。本章将以参与大学治理的外部利益相关者决策权力的变化为关键视点，以法国大学发展过程的关键历史节点和有关大学改革法案为分析对象，来探讨法国大学外部治理权力发展变化，以揭示法国大学治理社会参与的发生机制和历史发展走向。

第一节 中世纪时期与教会和王权斗争下的大学自治

巴黎大学是中世纪法国最古老的大学。中世纪教会在社会生活和政

---

① 根据法国法律，大学（法语：Université）一词所指的是法国公立科学、文化和专业机构中的综合性大学和一所国立理工学院。在法国还有一些大学与院校共同体、技术大学（EPSCP，独立于大学的学院）、两所属于大型院校的机构（巴黎九大和洛林大学）以及一所实验性机构（巴黎大学）使用大学的这个名字。直到现在，私立教育机构依然被禁止使用大学一词作为校名，不过在教育部已经在事实上承认了私立天主教大学的存在。因此，法国的大学一般是指公立大学。

② Dennis John Gayle et al., "Governance in the Twenty‑First‑Century University: Approaches to Effective Leadership and Strategic Management", *ASHE‑ERIC Higher Education Report*, San Francisco California: Wiley Subscription Services, Inc., 2003, p. 1.

治生活中占据了重要地位，占据着包括知识教育在内的社会各个领域的控制地位。由巴黎圣母院的天主教学校基础上自然发展起来的巴黎大学自然免不了巴黎教区大主教的控制。法兰西王国国王作为巴黎领地的封建君主当然地享有巴黎大学属地控制权。因此，罗马教皇、巴黎主教和法国国王是中世纪控制大学的三股重要的外部力量，是中世纪巴黎大学最主要的外部利益相关者。中世纪时期的巴黎大学既是在教会和国王的控制下，又是在与他们的斗争中，不断获得特权而逐渐走向组织化和制度化的自治。

一 教皇庇护下的自治

1200年巴黎大学学生与城市当局发生了一次流血冲突，教师们以迁校威胁向法兰西国王提出抗议，国王腓力二世权衡后做出让步，答应了教师们的要求，同时还向巴黎大学颁发了特许，赋予巴黎大学包括世俗当局的司法豁免权在内的若干特权。[1] 1209年前后巴黎大学与巴黎教区主教围绕教师资格证发放权问题展开了斗争，罗马教皇英诺森三世"毫不犹豫地站在巴黎大学教师们这一边"，并于1212年向巴黎主教发布了严厉的禁令，取消了巴黎主教对教师资格证书发放权的垄断，[2] 表明这场斗争以巴黎大学的胜利而告终，教师行会获得了实质上的教师资格授予权。1215年教皇特使库尔松为巴黎大学制定了第一个章程，取消了圣母院主事对巴黎大学的控制权，[3] 标志着巴黎大学的合法地位正式确立。1229年巴黎大学学生与城市当局又发生了一起流血冲突，国王路易九世拒绝教师们的赔偿要求且态度非常强硬，教师们举校迁离巴黎（史称"大撤离"）。教皇格里高利九世为了解决撤离危机出面斡旋，这次教皇仍站在巴黎大学一边，1231年颁布了著名的"知识之父"特许状（史称"大宪章"），授予巴黎大学包括罢课权和自由制定大学规

---

[1] 张磊：《欧洲中世纪大学》，商务印书馆2010年版，第63页。
[2] 张磊：《欧洲中世纪大学》，商务印书馆2010年版，第67—68页。
[3] 李兴业编著：《巴黎大学》，湖南教育出版社1988年版，第20页。

章制度等多项特权，进一步限制了主教对巴黎大学的控制。① 到13世纪中后期，巴黎大学已经获得了司法豁免权、教师资格授予权、罢课权、迁校权、自主制定内部规章权等许多自治特权。

13世纪罗马教廷发展到了权力鼎盛时期，对大学的控制权超越国王，因此在巴黎大学与教会主教和世俗王权的斗争中，罗马教皇出于利用巴黎大学以加强自己教皇权利的考虑常常站在巴黎大学一边，大学在教皇的许可和庇护下逐渐摆脱了主教和王权的控制，实质上巴黎大学是把自己置于教皇的控制体系之中。"由罗马教皇赐予的特权只是表明，只有在大学与外部权力之间或在大学内部发生争执的某些事务上，才能得到教皇的支持。因此，教皇会撇开大学自己来制定有关教学大纲、课程、教师和执礼杖者的薪水、互助金、大学官员、学生纪律、服装和住宿方面的规定。"② 换句话说，因为"中世纪时期的人们的思维就是，无论做什么，甚至无论想什么，都需要得到上级管理者的授权"③，所以实际上大学获得的自治权力仍然是有限的，多数权力还是掌握在统治者教皇的手中，是在教皇庇护下的有限自治。

二 国王控制下的自治

随着民族国家观念的初步萌生，罗马教廷的霸权观念开始受到质疑并遭到挑战。13世纪末到14世纪初，法王腓力四世在与罗马教皇的权力对抗中取得了胜利，象征着"民族国家"开始形成。从此，罗马教权日渐式微，法国王权日渐强盛，巴黎大学逐渐走到法王控制之下，同时也获得了许多来自法王的特权。

1300年到1400年法国每一位国王继承王位后都再次确认巴黎大学已获得的所有特权，即13世纪教皇授予的和前任国王授予的特权。④ 同时，14世纪法国国王还借机不断地授予巴黎大学更多的特权。1301年，

---

① 杨燕：《中世纪时期巴黎大学的自治》，硕士学位论文，首都师范大学，2007年。
② [比] 希尔德·德·里德-西蒙斯主编：《欧洲大学史（第一卷·中世纪大学）》，张斌贤、程玉红、和震等译，河北大学出版社2007年版，第124页。
③ 转引自张磊《欧洲中世纪大学》，商务印书馆2010年版，第66页。
④ 杨燕：《中世纪时期巴黎大学的自治》，硕士学位论文，首都师范大学，2007年。

巴黎大学师生就房屋免税权问题与巴黎主事（Provost）发生冲突，后者派校警强行抓捕了一名拒绝交纳房屋占有税的教师，国王腓力四世在这起案件中坚决站在大学一边，于3月3日重申了以前所有关于师生的一切特权，还强制巴黎主事每两年必须当众宣读一次所有的特权条款，以提醒他们去不折不扣地执行。① 1346年2月13日国王腓力六世向巴黎主事、地方长官和整个法兰西王国宣布一条法令，授予师生在战争期间免于服兵役的特权。② 1364年巴黎大学与巴黎主事发生了一场直接冲突，后者指控一名大学教师为异教徒而将其拘押并拒绝释放，在国王查理五世的干预下，巴黎主事当着国王和四名当事人的面，向巴黎大学校长屈膝认错。③ 1365年12月15日至1366年3月24日，巴黎大学的教师们从国王查理五世那里获得了更多的豁免权和特许权，特别是在巴黎大学师生多次抗议的葡萄酒征税问题上，国王授予了巴黎大学师生葡萄酒免税权。④ 1369年至1371年，国王查理五世给予巴黎大学师生更多的免税特权，包括酿酒税、遗产税、薪俸税和生活必需品进入巴黎的关税等等。⑤ 14世纪，法国国王给巴黎大学增加了许多豁免条款，再加上13世纪罗马教皇授予的诸多特权，巴黎大学已经拥有了数量众多的特权，正是这些特权条款使得巴黎大学免于遭受外部力量的过多干预，有力地保障了巴黎大学自治能力的提升。

---

① Pearl Kibre, *Scholarly Privileges in the Middle Ages: The Right, Privileges, and Immunities of Scholars and Universities at Bologna, Padua, Paris and Oxford*, Cambridge, Massachusetts: Mediaeval Academy of America, 1962, p. 133.

② Pearl Kibre, *Scholarly Privileges in the Middle Ages: The Right, Privileges, and Immunities of Scholars and Universities at Bologna, Padua, Paris and Oxford*, Cambridge, Massachusetts: Mediaeval Academy of America, 1962, p. 149.

③ Pearl Kibre, *Scholarly Privileges in the Middle Ages: The Right, Privileges, and Immunities of Scholars and Universities at Bologna, Padua, Paris and Oxford*, Cambridge, Massachusetts: Mediaeval Academy of America, 1962, pp. 155–158.

④ Pearl Kibre, *Scholarly Privileges in the Middle Ages: The Right, Privileges, and Immunities of Scholars and Universities at Bologna, Padua, Paris and Oxford*, Cambridge, Massachusetts: Mediaeval Academy of America, 1962, pp. 158–159.

⑤ Pearl Kibre, *Scholarly Privileges in the Middle Ages: The Right, Privileges, and Immunities of Scholars and Universities at Bologna, Padua, Paris and Oxford*, Cambridge, Massachusetts: Mediaeval Academy of America, 1962, p. 162.

第四章　法国公立大学治理社会参与的历史演进

大约从 15 世纪中叶起,法国王权开始进入一个长达三个多世纪的所谓的"绝对主义"时期或"绝对君主制"时期。① 随着君主王权渐渐走向一权独大,法国国王开始逐渐削弱巴黎大学的自治权力,逐步取消了巴黎大学所享有的特权,例如,1437 年法王查理七世下令撤销了巴黎大学免税的特权,1446 年又废除了巴黎大学的司法特权,1499 年法王路易十二直接废除了巴黎大学教师的罢课权②等等。16 世纪以后,世俗王权对大学的影响进一步加深,对大学特权的剥夺也变本加厉,甚至企图全面控制大学,如 1598 年到 1600 年,法王亨利四世试图为巴黎大学制定新的章程,规定改革教育,推行世俗化教育,计划由国家管理学校,规定大学的任务是使培养的人要"适合公职需要,并能胜任其职责"等。③ 虽然亨利四世的这一改革未获成功,但是世俗王权竭力控制大学的意图十分明显。

第二节　近代以来中央集权统治下的大学治理

1789 年法国爆发了推翻长达千年封建专制的资产阶级大革命。1799 年,拿破仑通过"雾月政变"取得了统治地位,随即建立起了高度集权的中央集权制教育管理制度,这一制度也成为欧洲最具代表性的制度。在这种制度下,政府对大学实行强力的中央集权控制,大学的外部利益相关者只有中央政府。

一　中央集权对大学的强力控制

1802 年拿破仑颁布《国民教育计划》,规定高等教育由国家管理,且高等学校一律由国家开办,由此标志着中央集权教育制度的开始。

---

① 陈文海:《法国史(修订本)》,人民出版社 2014 年版,第 111 页。
② 刘敏:《法国大学治理模式与自治改革研究》,北京师范大学出版社 2015 年版,第 30 页。
③ 李兴业编著:《巴黎大学》,湖南教育出版社 1988 年版,第 32 页。

1806年颁布了《有关帝国大学的构成法》（亦称《帝国大学令》），依据该法规定，要建立一个名为"帝国大学"的机构，专门负责整个帝国的国民教育。1808年颁布了《帝国大学组织令》，该法令规定，"帝国大学"是帝国教育行政领导机关，教育大臣是帝国大学的最高行政领导；全国分为29个学区，每个学区内设文、理、法、神、医5个学部作为帝国大学的高等教育机构，学部之间相互独立，各自为政，不隶属于某一综合性高等院校，统一由教育大臣主持的大学委员会对其实施行政、教学和管理，学部的人员任命和晋升、授权颁布学位等也由教育大臣负责。

"帝国大学制"推行的政策是由国家垄断高等教育，按帝国的统一模式培养既效忠帝国又有教养的行政官员、军事人才及法官、医生和工程师等专门人才。[①] 因此，帝国大学实际上控制着学部的组织与管理、经费的分配与使用、人员的任命与晋升，以及课程的教学与管理和学位制度等大学的一切事务，实施强有力的中央集权式治理。

二 由中央集权向大学自治的反弹

中央集权体制建立起来后，法国虽经历了数次政权更迭，但这种中央集权模式一直没有多大改变而得以延续。但是，物极必反，过于集权的中央控制必然导致向相反方向的权力反弹。中央统得过死、学校缺乏活力等中央集权式大学治理体制暴露出来的种种弊端，也迫使大学向自治方向寻找平衡。

1815年，刚刚上位的路易十八颁布政令取消了"大总管"的职位，并且打破了学区管理的方式，在每所大学内部都设立了管理委员会。他认为"绝对的集权体制有悖于政府奉行的自由精神和怀柔政策，集权在某种程度上必然会忽略或无视一些细节问题，而如果能够将这种监管的权力放到地方，学校的要求将会更好地被了解，地方政府也会更好地关注辖区内教育机构的发展，……各地的人事任命都集中在一个人的手

[①] 贺国庆、王保星、朱文富等：《外国高等教育史》，人民教育出版社2006年版，第176页。

中，就很可能出现错误"①。虽然这一"分权与自治"改革很快就随着百日王朝的卷土重来而灰飞烟灭，复辟的王朝基本延续了过去中央集权的高等教育行政体制，但是毋庸置疑，这昙花一现的改变，体现的正是大学自治权力的反弹。

1870年，法国在普法战争中惨败，舆论大多将原因归结为德国先进的高等教育，一些著名的教育家及政府教育官员开始主张建立洪堡式的大学制度，提倡大学自治。1879年，共和制最终在法兰西确立，大学自治的改革继续向前。"从1880年开始，政府通过建立学部理事会和自治代表会给了学部一定的自治权，允许它们自己选举学部主任，并允许它们自己掌管自己的预算"②，"学部主任通常是一名教授，任职期为三年，一般都连任。许多学部主任都任职十年或十年以上，因此权力很大"③。通过从1880年开始的政府赋予学部自治权的改革，逐渐形成了以学部主任为学术权威的"一重集权"，以至于1896年颁布的《国立大学组织法》，将每个学区内的各学部合并，以重建"大学"这一机构时，由于学部的权力地盘已被牢固地树立起来，因而形成了中央政府集权和学部学术权威集权的"双重集权"大学治理模式。这种一直稳固地持续到20世纪60年代末的模式，反映了中央集权体制与大学自治传统重新获得了某种平衡，代表了中央集权向大学自治权力反弹的高度。

第三节　现代大学自治的回归和社会参与治理的出现

1968年的"五月风暴"，将大学推进了社会的中心，不仅拿破仑时

---

① 转引自刘敏《法国大学治理模式与自治改革研究》，北京师范大学出版社2015年版，第33—34页。
② [加] 约翰·范德格拉夫等编著：《学术权力——七国高等教育管理体制比较》，王承绪、张维平、徐辉等译，浙江教育出版社2001年版，第49页。
③ [加] 约翰·范德格拉夫等编著：《学术权力——七国高等教育管理体制比较》，王承绪、张维平、徐辉等译，浙江教育出版社2001年版，第56页。

代的中央集权体制开始动摇，而且学部集权制度也被强行拆除，虚化的"大学"开始真正向自主治理方向回归，包括校外人士在内的大学所有利益相关主体的参与治理也初见端倪。这种回归不再是由中央集权向大学自治的简单反弹，而是向大学本体特性的理性回归；参与治理也是照耀未来大学多元共治之路的理性光芒。1968年的《高等教育方向指导法》和1984年的《高等教育法》，集中体现了这一时期大学改革的思想路线。

一 大学自治的理性回归

1968年政府出台了《高等教育方向指导法》（亦称《富尔法》），该法是首次宣布大学实行"自治"原则，旨在改变近代以来建立起来的中央集权大学治理体制。《富尔法》第三条规定，"大学是有法人资格和财政自治权的公立科学文化机构"[1]，从法律上承认了大学的法人资格，"法人资格"是大学取得自治权的前提和基础，是大学具有明确法人自治地位的特征和标志。第十一条规定，"公立科学文化机构及其所属教学与科研单位，依照本法规定，确定自己的章程、内部结构及其与大学其他单位的关系"[2]。"自定章程"是大学自主掌握发展方向、自主决定内部组织结构模式等各项自主权的集中体现。第十二条规定，"大学及独立于它的公立科学文化性机构，由选举产生的理事会管理，由该理事会选出的校长领导"。"选举校长"是主人意识的体现和自主管理的彰显。第十九条规定，"公立科学文化机构和这些机构中的教学与科研单位，根据制度确定各自的教学活动、研究计划、教学方法、检查和考核知识与能力的方式"[3]。"自主教学"是大学基本权力的自然回归。第二十六条还规定了大学的"财政自治"——"公立科学文化性机构为完成其使命拥有国家提供的设备、人员和经费"。这些条款赋予大学行政自治、管理自治、教学自治和财政自治等方面更多的自治权力，内容详细而具体。很明显，《富尔法》改革了近代中央集权的大学

---

[1] 瞿葆奎主编：《法国教育改革》，人民教育出版社1994年版，第153页。
[2] 瞿葆奎主编：《法国教育改革》，人民教育出版社1994年版，第157页。
[3] 瞿葆奎主编：《法国教育改革》，人民教育出版社1994年版，第161页。

治理模式，从法律上体现了大学向自治方向的理性回归。

然而，1968年《富尔法》虽然表现出赋予"新大学"更多自治权的意图，却没有给予大学实现自治的手段和途径，1971—1982年间，法国政府陆续出台了8次修改法，牢牢控制了大学入学、教学大纲制定、国家文凭的颁发、预算的制定及教师管理（包括大学教师的岗位编制设置、教师的录用晋升、人员工资等）权力。[①] 因此，这一改革后的大学，其自治程度仍然是有限的。

1984年政府出台的《高等教育法》（亦称《萨瓦里法》），进一步强调了大学"自治"的原则。《萨瓦里法》第二十条规定，"公立科学、文化和职业机构是国立高等教育和科学研究机构，它具有法人资格，在教学、科研、行政、财政方面享有自主权"[②]，这里同《富尔法》一样，再次通过法律重申了国家赋予大学多方面的自主权。《萨瓦里法》还规定，"由校务委员会、科学审议会和教学与大学生活委员会全体成员组成的大会选举产生大学校长"[③]（第二十七条），"大学校长和公立科学、文化、职业机构的校长或院长的决定，以及校务委员会的决议，在通过后立即生效，不需先经上级批准"[④]（第四十六条），依据这一规定，校务委员会和大学校长享有实实在在的决策权，政府不再干预学校的具体事务，大学治理的自主权真正回归大学。但是，也能看到法案中依然存在"只有国家才有权授予大学的学位和职称"[⑤]（第十七条）这样的规定，同样显示了大学自治权限的不完整性。

二 社会参与大学治理的初见端倪

1968年的《高等教育方向指导法》还确立了"参与"的原则。该法规定，"大学由选举产生的理事会管理"，大学校长由理事会选举产

---

① 刘敏：《法国大学治理模式与自治改革研究》，北京师范大学出版社2015年版，第42页。
② 瞿葆奎主编：《法国教育改革》，人民教育出版社1994年版，第421页。
③ 瞿葆奎主编：《法国教育改革》，人民教育出版社1994年版，第424页。
④ 瞿葆奎主编：《法国教育改革》，人民教育出版社1994年版，第433—434页。
⑤ 瞿葆奎主编：《法国教育改革》，人民教育出版社1994年版，第420页。

生,"大学理事会成员的数量不得超过80名"①(第十二条);"理事会由教师、研究人员、学生和非教学人员组成","理事会应有由于其能力、特别是在地区活动中的作用而被选上的外界人士参加,其数量不得少于成员总数的1/6,不得多于1/3"②(第十三条)。从这些条款可以看出,大学理事会是大学最高权力和决策机构,这种权力和决策机构的成员不仅涵盖了大学内部所有的利益相关者——教师、学生、科研人员、行政人员及工作人员,而且还将成员的范围扩展到了校外人士。比较典型的大学理事会有80名成员,包括20名高级教学人员,12名初级教学人员,4名研究人员,25名学生,5名行政和技术人员,14名校外人员。③这种大学决策机构的人员构成不仅体现了大学治理全员参与的广泛性特点,更重要的是初步呈现了校外利益相关人士参与大学治理的社会参与性特征。

1984年的《高等教育法》进一步强调了"参与"原则。该法第三条规定"公立高等教育要吸收公共利益的代表以及经济、社会和文化界的代表参加管理"④,第二十条"公立科学、文化和职业机构实行有全体工作人员、学生和外界人士参与的民主管理"⑤,强调了大学必须实行社会参与的民主管理。对实施民主管理职能的三个校级委员会也都明确了社会各界代表的组成比例,分别是"校务委员会由30—60人组成,校外人士占20%—30%"⑥(第二十八条),"校科学审议会由20—40人组成,校外人士占10%—30%"⑦(第三十条),"教学与大学生活委员会由20—40人组成,校外人士占10%—15%"⑧(第三十一条)。第四十条规定"校外人士包括两部分人,一方面是学校所在地的各级行政部门的代表,各经济部门特别是雇主和雇员工会的代表,各社会经济组织

---

① 瞿葆奎主编:《法国教育改革》,人民教育出版社1994年版,第158页。
② 瞿葆奎主编:《法国教育改革》,人民教育出版社1994年版,第158页。
③ [加]约翰·范德格拉夫等编著:《学术权力——七国高等教育管理体制比较》,王承绪、张维平、徐辉等译,浙江教育出版社2001年版,第62页。
④ 瞿葆奎主编:《法国教育改革》,人民教育出版社1994年版,第414页。
⑤ 瞿葆奎主编:《法国教育改革》,人民教育出版社1994年版,第421页。
⑥ 瞿葆奎主编:《法国教育改革》,人民教育出版社1994年版,第424、425页。
⑦ 瞿葆奎主编:《法国教育改革》,人民教育出版社1994年版,第425、426页。
⑧ 瞿葆奎主编:《法国教育改革》,人民教育出版社1994年版,第426页。

的代表,各科学文化团体的代表,各主要公共服务部门的代表,另一方面是以个人身份出席的知名人士"①,则进一步地明确了参与大学治理的社会人员的具体构成及其所代表的利益相关方。

然而《富尔法》所规定的广泛民主参与大多流于形式,"学生和校外人士往往对理事会不感兴趣,他们大概认为理事会讨论的事情与他们所关心的事情毫无相干"②;此外,教育部和科学理事会分散了大学理事会决策权力,校外人士参与目标不确定,参与积极性受阻,因此,《富尔法》的"参与"目标的实际施行情况并不尽如人意。有鉴于此,《萨瓦里法》推进了大学治理的民主参与,明确规定了三个校级委员会中社会各界参与大学治理的代表来源、构成比例、选举办法和具体职能。《萨瓦里法》还通过合同制度来改变政府直接干预大学管理的模式,以进一步推动广泛参与的民主管理和大学自治。受长期的中央集权思想的影响,多方参与大学共治的推进并不十分顺利,以至于进入21世纪后的改革中"校外人士的参与问题"仍然是各方讨论的焦点问题之一。尽管如此,法国现代大学外部治理结构改革,使得拿破仑时代的传统一去不复返了,社会参与大学治理的思想已初见端倪。

三 多元共治下的社会参与大学治理

《富尔法》和《萨瓦里法》都是致力于改革大学的治理结构,除了改革"双重集权"结构外,校内全员参与、校外代表参与是重要的结构变革,政府、大学、社会多元主体共同参与的大学治理结构逐渐确立。进入到21世纪后,大学治理结构的改革依然在持续,但是多元共治的基本改革指向没有改变,社会参与大学治理的改革力度进一步增强。

2007年的《大学自由与责任法》(亦称《贝克莱斯法》)将校务委

---

① 瞿葆奎主编:《法国教育改革》,人民教育出版社1994年版,第431页。
② [加]约翰·范德格拉夫等编著:《学术权力——七国高等教育管理体制比较》,王承绪、张维平、徐辉等译,浙江教育出版社2001年版,第62页。

员会①转变成为大学的最高决策机构，而科学委员会和教学与大学生活委员会完全转型为咨询机构，校长和校务委员会成为大学权力的核心。该法赋予校务委员会更大的权力，并将其成员数量缩减为20—30人，其中教师及研究人员占8—14人，校外人士占7—8人，学生代表占2—3人，行政与服务人员占3—5人。增加了校外人士的比例，而且对于校外人士，该法特别注明至少有一位企业经理和一位地方政府负责人，目的是保证大学与社会的强有力联系。②《贝克莱斯法》还改革了大学校长的选举方式，改为只由校务委员会成员选举产生，而校务委员会中校外人士比例的增加，表明社会参与大学决策权力的增强。更为明显的是，"2013年的《高等教育与研究法》在大学校长的候选资格上似乎比上一届政府走得更远，前法律要求校外人士必须在校长选举之前被任命为行政委员会成员，新法律则允许校外人士直接竞选校长"③。

2013年的《高等教育与研究法》体现出的特点之一是社会开放性，允许经济社会有关各界代表参与大学管理事务。④《高等教育与研究法》还规定，大学校务委员会成员必须来自社会各界；《贝克莱斯法》取消了的社会人士在校务委员会的投票权予以恢复；社会人士有权参与大学的重大决策，包括大学校长的选举。正如法国总统高教与研究顾问让·伊夫·梅兰道尔指出的"高校治理不能仅靠师生员工参与，还须有社会参与"⑤。虽然社会参与大学治理也遭到质疑，如巴黎二大校长纪尧姆·莱伊特认为，"扩大高校治理的社会参与，将会使大学的自主和自由受到极大限制，许多高校的专业性较强，如巴黎二大的特色是法学教育与研究，如果来了一位不懂法学的自然科学家参与管理，只会把事情搞得更复杂"⑥，但是社会参与大学治理已经成为法国大学治理结构改

---

① 校务委员会有的译作校行政委员会。
② 参见中国大百科全书第三版网络版，https：//www.zgbk.com/ecph/words? SiteID = 1&ID = 150132&Type = bkzyb。
③ 王晓辉：《法国大学治理模式探析》，《比较教育研究》2014年第7期。
④ 张为宇：《法国〈高等教育与研究法案〉透视》，《世界教育信息》2013年第15期。
⑤ 方友忠：《法国政府高官和大学校长谈〈高教与研究法草案〉》，《世界教育信息》2013年第16期。
⑥ 方友忠：《法国政府高官和大学校长谈〈高教与研究法草案〉》，《世界教育信息》2013年第16期。

革坚定的方向,多元共治、民主管理成为法国大学走向善治的不变的价值追求。

第四节 法国公立大学治理社会参与历史发展阶段评析

克拉克把大学与社会联系的途径分为董事会和政府部门:"董事会制度是盎格鲁-撒克逊高等教育的共同形式",董事会代表着广泛的社会公众利益;"在不实行董事管理制度的高等教育系统中,各种不同的公众群体的利益是通过政府部门来实现的"①。他还发现"某些非董事制的欧洲大陆院校从20世纪70年代开始,寻求把外部人士与院校相结合的准董事管理方式,以便打破行会控制和官僚控制的旧模式,使高等教育与社会其他部分联系起来"②。法国在1968年以后大学治理逐步实行准董事管理制度的变革,就是为了打破中央集权的官僚控制,让更多的多元主体的利益能够较好地实现,社会参与型多元共治模式是法国现代大学治理结构的现实选择。③

一 大学外部治理权力历史变迁的过程就是找寻控制与自治平衡点的过程

外部控制和大学自治是一对永恒的矛盾,是世界高等教育历史发展的一个中心主题,法国大学发展的历史过程不仅完美诠释了这一矛盾,而且是这一主题的典型范例。

由中世纪行会组织发展起来的法国大学,天然带有行业组织自治的特性,教师行会传播知识的初衷天生具有自发性和自我管理的品性。在

---

① [美]伯顿·R·克拉克:《高等教育系统——学术组织的跨国研究》,王承绪、徐辉、殷企平等译,杭州大学出版社1994年版,第130页。
② [美]伯顿·R·克拉克:《高等教育系统——学术组织的跨国研究》,王承绪、徐辉、殷企平等译,杭州大学出版社1994年版,第131页。
③ 朱玉山等:《法国大学外部治理权力的历史嬗变与价值追求》,《高教探索》2016年第3期。

中世纪时期，由于知识本身的巨大力量，与教会皇权精神控制的诉求及封建王权权力控制的诉求相遇，教会、皇权和大学三股力量之间的复杂博弈不可避免，大学在与教会和王权斗争中实现自己为知识而知识的自治诉求。近代以来，当拿破仑的强权强大到足以打碎一切自由和其他权力时，大学与教会和王权之间的权力平衡就不复存在，大学沦为强权政治的婢女，自然其一切权力都无从谈起。然而，这种外部控制与大学自治严重向一侧倾斜的不平衡状态必然招致反弹。到了20世纪60年代末期，这种持续一个半世纪的严重倾斜的不平衡状态最终被打破，大学治理权力的天平开始在统治与自治间摆动，不断地探寻新的平衡点。1968年以来反复制订和修正的多部高等教育改革法案，就是这种为寻找平衡点而持续探索的明证。这一斗争、控制、反弹和再平衡的过程就是法国大学八百多年来在外部控制和大学自治之间矛盾斗争的历史演绎。

约翰·S·布鲁贝克认为："大学确立它的地位的途径有两种，即存在着两种不同的高等教育哲学，一种哲学主要是以认识论为基础，另一种哲学则以政治论为基础。"① 布鲁贝克认为，"认识论"哲学是学术权力的逻辑基础，以闲逸的好奇精神追求高深知识是其目的所在，平等和自由是其价值追求；"政治论"哲学则是行政权力的逻辑基础，探究知识以服务国家需要是其目的所在，效率和秩序是其价值追求。这两种价值追求的冲突，表现为控制与自治的冲突，找寻平衡点的过程反映在现代大学的成长历程中。与法国国家政治制度相伴相生的法国大学，已然不再是中世纪原初意义上纯粹的学者共同体，在神权、王权、集权制政府或民主制政府等外部权力的渗透和干预下，在平等和效率与自由和秩序的价值冲突中，渐变而成的"现代大学"早已是国家和社会的轴心机构。而且就是在当下，法国为挽回在全球大学竞争中的颓势，政府倾力打造的超级巨型现代大学——巴黎萨克雷大学②正在形成。针对这一多元巨型机构，为实现多种利益相关方的各自价值，实行多元主体共同参与治理，是现代大学的时代选择。

---

① ［美］约翰·S·布鲁贝克：《高等教育哲学》，王承绪、郑继伟、张维平等译，浙江教育出版社2002年版，第13页。
② 解淑暖：《法国组建"超级大学"》，《上海教育》2015年第11期。

二 社会参与大学治理的生成和发展是国际影响与自愿引进的结果

20世纪60年代爆发了世界范围的大学生运动,"20世纪40和50年代美国出现的'垮掉的一代'所代表的思潮,到60年代仍然影响着欧美各国青年学生"①,毋庸置疑,美国反叛的青年文化为法国学生运动提供了思想文化来源。"1964年美国加州伯克利大学的学生在'公民参与的民主'的口号下走出校园,拉开了学生运动的序幕"②,1965年美国政府介入的越南战争"激起了本国学生青年对美国政府反动政策的不满"③,形成了遍及全国的学生运动,由此引发的美国学生运动波及法国大学校园,使得法国的1968年"五月风暴"后期带有"明显的政治文化运动性质"④。法国的"五月风暴"正是促使法国大学治理结构向社会参与型转轨的标志性事件。

20世纪后半叶以来,高等教育全球化时代的法国大学在世界大学排行榜上逊色于美国大学的处境,导致法国高端人才流向美国,从而引发法国"以重组为核心的高等教育改革"⑤,其改革的实质是建立类似美国并能与之抗衡的综合性研究型大学,这种改革有研究者称之为"外欧内美"⑥式的改革,也有学者认为"美国大学模式如同黄金国般让全球精英们艳羡不已,法国的这场改革就是吸收了美国模式的逻辑"⑦。

在当今世界上,美国的大学整体上已经成为最有影响力、最具竞争力、最强大的高等教育机构生态群,实际上"二战"之后美国逐渐成为世界高等教育的中心。美国大学成功的治理模式成为世界各国大学效

---

① 沈汉:《20世纪60年代西方学生运动的若干特点》,《史学月刊》2004年第1期。
② 许平:《"60年代"解读——60年代西方学生运动的历史定位》,《历史教学》2003年第3期。
③ 沈汉:《20世纪60年代西方学生运动的若干特点》,《史学月刊》2004年第1期。
④ 沈汉:《20世纪60年代西方学生运动的若干特点》,《史学月刊》2004年第1期。
⑤ 汪少卿:《"外欧内美"——全球化时代的法国高等教育改革》,硕士学位论文,浙江大学,2012年。
⑥ 汪少卿:《"外欧内美"——全球化时代的法国高等教育改革》,硕士学位论文,浙江大学,2012年。
⑦ 陆华:《建立"新大学":法国高等教育改革的逻辑》,《复旦教育论坛》2009年第3期。

仿的样板，尤其是美国公立大学社会参与型治理模式更是深刻影响着罗马传统的高等教育体系的变革方向，可以说近半个世纪来罗马体系的改革实际上是向盎撒体系渐渐转型，如法国、德国、日本等高等教育国家控制型体制改革的总体路线呈现出向着市场化、社会化方向发展，社会参与型多元共治模式已经成为罗马体系国家现代大学治理结构的现实选择。有理由相信，法国大学治理社会参与的生成与发展受美国大学治理结构的深刻影响，是"点滴进行的自愿引进"和比较借鉴美国社会参与型大学治理结构改革的结果，是走向现代大学制度的必由之路。

三 社会参与型多元共治模式是现代大学治理结构的现实选择

1968年至今通过的四部重要的高等教育法案有一个共同的特点，就是旨在改革法国大学的治理结构，而"自治"和"参与"是这一改革目标始终坚持的原则，自治、参与、分权、开放、多元正是现代大学治理结构的共同特征。法国现代大学选择社会参与型多元共治模式，与当今世界大学的激烈竞争、内外利益相关者的强烈诉求和快速变化的复杂社会情势等因素是分不开的。

首先，在当今开放的世界里，以法德为代表的欧洲大陆模式大学和以美英为代表的盎格鲁-撒克逊模式大学，在以世界一流大学排行榜上的位置和数量为评价依据的竞争角逐中，后者取得了全面胜利，因此美国的社会参与型大学多元共治模式成了当今世界大学治理结构的典范并被其他国家所效仿。[①] 在这样的情势下，选择什么的大学治理改革方向，对于法国大学来说，成功典范的示范效用自然不能置若罔闻，理所当然地应当成为改革的参照。然而，法国近半个世纪以来以自治和参与为方向的大学治理结构改革的多年探索，实质性地共轨了这种现代大学治理的内在逻辑路线，社会参与型多元共治顺理成章地成为法国现代大学治理结构的现实选择，难怪有研究者认为法国大学的治理结构改革是"外欧内美"式的改革。

---

① 王洪才：《大学治理的内在逻辑与模式选择》，《高等教育研究》2012年第9期。

第四章　法国公立大学治理社会参与的历史演进

其次，走到社会中心的大学，与各方利益相关者的利益相关度愈来愈高，内外利益相关方的参与诉求越来越强烈，他们不满足于只是接受大学决策的结果，而且还要求主动参与大学决策的过程。面对来自内部和外部的治理要求，现代大学开放办学，建立利益相关方共同参与的治理结构，在各种利益关系中协调各种冲突与矛盾，最大化地实现各方的利益，是大学治理结构改革的必然选择。

最后，开放的大学在面对快速变化而又复杂多元的现代社会，必须对快速变化作出相应的反应，并且能够适应迅速变化的需要，因此任何非多方参与的决策都可能因信息的不完整而致使反应片面化。实质上，多元参与共治是通过扩大大学自治的主体范围，运用分权式干预模式调整大学治理结构，应对复杂多变的竞争环境，实现大学各相关方利益的适应性策略。正如美国哈佛大学前校长德里克·博克总结的那样，大学自治、竞争和反应能力是美国高等教育制度的显著特点，是美国高等教育能够超越于欧洲大陆高等教育系统的根本原因。[①]

"大学存在的时间超过任何形式的政府"，大学无论选择什么样的治理结构，其追求的价值都要回归大学本体价值，那就是传播知识、追求真理、服务社会，在这个永恒的价值标尺上，使多元主体的各自利益都能够得到彰显。

本章小结

法国大学在历史发展的进程中，形成了具有典型特点的欧洲大陆型大学治理模式。中世纪开始诞生了法国最古老的大学——巴黎大学，罗马教皇、巴黎主教和法国国王是中世纪控制大学的三股重要的外部力量，中世纪的巴黎大学既是在教会和国王的控制下，又是在与他们的斗争中，不断获得特权而逐渐走向组织化和制度化的自治。法国资产阶级

---

① ［美］德里克·博克：《美国高等教育》，乔佳义编译，北京师范学院出版社1991年版，第3—24页。

大革命后，建立了高度中央集权的高等教育管理制度，在这种制度下，政府对大学实行强力的中央集权控制，大学的外部利益相关者只有中央政府。20世纪中叶的"五月风暴"，将大学推进了社会的中心，不仅拿破仑时代的中央集权体制开始动摇，而且学部集权制度也被强行拆除，虚化的"大学"开始真正向自主治理方向回归，包括校外人士在内的大学所有利益相关主体的参与治理也初见端倪。进入21世纪后，大学治理结构的改革依然在持续，但是社会参与大学治理已经成为法国大学治理结构改革坚定的方向，多元共治、民主管理成为法国大学走向善治的不变的价值追求。以参与大学治理的外部利益相关者决策权力的变化为关键视点，以法国大学发展历史过程的关键节点和有关大学改革法案为分析对象，对法国大学外部治理权力发展变化的历史走向和发展趋势进行了探讨后，可以发现法国大学外部治理权力历史变迁的过程就是找寻控制与自治平衡点的过程，社会参与大学治理的生成和发展是国际影响与自愿引进的结果，社会参与型多元共治模式是法国现代大学治理结构的现实选择。

第五章

中国公立大学治理社会参与的历史演进

20世纪80年代中期以来，特别是1992年第四次全国高等教育工作会议之后，中国高等教育体制改革开始全面推进，经过30多年的改革、实践、探索，中国高等教育治理体系和大学治理体系都取得了明显进展。① 本章将通过考察中国改革开放40多年来高等教育体制改革的历史实践，以改革中形成的相关政策文本为观察视点，来分析中国大学治理结构的改革走向是否趋向于建立社会参与的大学治理模式。另外，通过考察经过教育部核准的38所"双一流"大学的章程，分析中国大学治理社会参与的现实状况。

第一节 中国公立大学治理结构的改革走向

一 基于政策文本的分析

（一）文本表述及其解读

1978年改革开放后，特别是1985年中共中央《关于教育体制改革的决定》颁布后，中国的高等教育领域颁布了较多的法律、政策文本，通过《中国教育年鉴》《中华人民共和国现行教育法规汇编》及教育部网站等渠道，搜集到了中国高等教育管理体制改革的一些相关的文本文

---

① 潘懋元主编：《中国高等教育百年》，广东高等教育出版社2003年版，第93页。

献（见表5-1），有全国人大发布的以法律形式呈现的文本，也有中共中央、国务院、教育部等发布的以政策形式呈现的文本。

表5-1　30多年来中国高等教育管理体制改革的相关政策文本

序号	发布时间	文件名称	发布机关
20	2019年2月	中国教育现代化2035	中共中央、国务院
19	2015年10月	统筹推进世界一流大学和一流学科建设总体方案	国务院
18	2015年5月	关于深入推进教育管办评分离促进政府职能转变的若干意见	教育部
17	2014年8月	关于进一步落实和扩大高校办学自主权完善高校内部治理结构的意见	国家教育体改办
16	2014年7月	普通高等学校理事会规程（试行）	教育部
15	2011年7月	高等学校章程制定暂行办法	教育部
14	2010年7月	国家中长期教育改革和发展规划纲要（2010—2020年）	教育部
13	2007年5月	国家教育事业发展"十一五"规划纲要	国务院
12	2005年3月	普通高等学校学生管理规定	教育部
11	2004年3月	2003—2007年教育振兴行动计划	国务院
10	1999年9月	关于当前深化高等学校人事分配制度改革的若干意见	教育部
9	1999年6月	关于深化教育改革全面推进素质教育的决定	中共中央、国务院
8	1999年1月	面向21世纪教育振兴行动计划	国务院批转
7	1998年8月	中华人民共和国高等教育法	全国人大
6	1995年7月	关于深化高等教育体制改革的若干意见	国务院办公厅转发
5	1994年7月	关于中国教育改革和发展纲要的实施意见	国务院
4	1993年2月	中国教育改革和发展纲要	中共中央、国务院
3	1993年1月	国家教委关于加快改革和积极发展普通高等教育的意见	国务院批转
2	1986年3月	高等教育管理职责暂行规定	国务院
1	1985年5月	关于教育体制改革的决定	中共中央

资料来源：根据《中国教育年鉴》《现行教育法规汇编》及教育部网站等整理。

第五章　中国公立大学治理社会参与的历史演进

由表 5-1 中可以看出，中国最早的关于教育管理体制的改革是从 20 世纪 80 年代中期开始的，对于表 5-1 中收集到的文本文献，从中央政府与地方政府的分权、政府到学校的放权和政府向社会的赋权三个方面进行解读。

1985 年中共中央颁布《关于教育体制改革的决定》（以下简称《1985 决定》），这一教育体制改革决定是与中国经济体制改革相伴随的。文件中指出"当前高等教育体制改革的关键，就是改变政府对高等学校统得过多的管理体制，在国家统一的教育方针和计划的指导下，扩大高等学校的办学自主权，加强高等学校同生产、科研和社会其他各方面的联系"。《1985 决定》指出了当前高等教育管理体制的突出问题，即"（中央）政府对高等学校统得过死，使高校缺乏应有的活力"，以及高等教育"脱离了经济和社会发展的需要"。为了落实这一决定，实现中央和省级政府的分权管理，以及高等学校的自主管理，1986 年国务院颁布了《高等教育管理职责暂行规定》（以下简称《1986 规定》），对中央政府和省级地方政府的管理职责进行了明确，规定了省级政府管理本地区高等学校的八项职责，将地方高校的发展规划、招生计划、毕业分配、高校设置、基建投资、事业经费、教学工作、科研工作、教育质量检查与评估和管理成人高等教育等多项管理权力下放给省级地方政府；将大学的办学自主权具体化为招生、财务、基建、人事、职称评定、教学、科研和国际交流八个方面的内容；还提出"促进学校与科学研究、生产、社会等部门的协作与联合""鼓励高等学校面向社会办学"，高等学校"按社会需要调整专业服务方向""面向社会开展科学技术服务和咨询"。

1993 年国务院批转的《国家教委关于加快改革和积极发展普通高等教育的意见》（以下简称《1993 意见》）指出："高等教育管理体制的改革方向是，逐步实行中央与省（自治区、直辖市）两级管理、两级负责为主的管理体制"，"高等教育办学体制的改革是要理顺政府、社会和学校三者之间的关系，按照政事分开的原则，使高等学校真正成为自主办学的法人实体"，"改革原有的由国家包办高等教育的单一体制和模式"，"积极鼓励和支持社会力量举办民办高等学校"。改革方向非常明确,就是实行中央和省两级管理、高校自主办学、增加社会力量办学。

1993年中共中央、国务院颁布的《中国教育改革和发展纲要》(以下简称《1993纲要》)中明确提出要"改变政府包揽办学的格局,逐步建立以政府办学为主体、社会各界共同办学的体制","高等教育要逐步形成以中央、省(自治区、直辖市)两级政府办学为主、社会各界参与办学的新格局","在中央与地方的关系上,进一步确立中央与省(自治区、直辖市)分级管理、分级负责的教育管理体制","在政府与学校的关系上,要按照政事分开的原则,通过立法,明确高等学校的权利和义务,使高等学校真正成为面向社会自主办学的法人实体"。《1993纲要》还提出"要重视和加强决策研究工作,建立有教育和社会各界专家参加的咨询、审议、评估等机构",就是要提高决策的民主化和科学化;"逐步建立以国家财政拨款为主","社会捐资集资和设立教育基金等多种渠道筹措教育经费的体制",就是要社会力量参与办学。《1993纲要》非常明确提出了中国高等教育管理体制改革的核心问题,就是处理好两级政府办学、政府与高校政事分开、落实高校的法人地位、社会参与办学等问题。

1994年国务院又发布《关于中国教育改革和发展纲要的实施意见》(以下简称《1994意见》),提出深化高等教育体制改革,建立政府宏观管理、学校面向社会自主办学的体制:一要切实明确政府的职能,主要是"制订教育的方针、政策和法规;制订各类高等学校设置标准和学位标准;制订教育事业发展规划和审批年度招生计划;提出教育经费预算并统筹安排和管理以及通过建立基金制等方式,发挥拨款机制的宏观调控作用;逐步建立支持教育改革和发展的服务体系;组织对各类学校教育质量的检查和评估等,对学校进行宏观管理"。同时"逐步实行中央和省、自治区、直辖市两级管理,以省级政府为主的体制。二要切实扩大学校的办学自主权,"属于学校的权限,坚决下放给学校",进一步明确了"学校在政府宏观管理下,自主组织实施教学、科研工作及相应的人、财、物配置,包括制定年度招生方案、自主调节系科招生比例、调整或扩大专业范围、确定学校内部机构设置、决定教职工聘任与奖惩、经费筹集和使用、津贴发放以及国际交流"等多项自主权。三要切实发挥社会各界参与教育决策和管理的作用，"要建立健全社会中介组织，包括教育决策咨询研究机构、高等学校设置和学位评议与咨询机构、教育评估机构、教育考试机构、资格证书机构等"。

1995年国家教委发布《关于深化高等教育体制改革的若干意见》（以下简称《1995意见》），指出"高等教育管理体制改革的目标是，争取到2000年或稍长一点时间，基本形成举办者、管理者和办学者职责分明，以财政拨款为主多渠道经费投入，中央和省、自治区、直辖市人民政府两级管理、分工负责，以省、自治区、直辖市人民政府统筹为主，条块有机结合的体制框架"；还指出"政府部门的教育行政管理要简政放权，转变职能，由直接行政管理转变为运用规划、法律、经济、评估、信息服务以及必要的行政手段实行宏观管理"，"学校作为独立办学的法人实体，要依法充分行使自主办学权力，在专业设置、招生、指导毕业生就业、教育教学、科学研究、技术开发、筹措和使用经费、机构设置、人事安排、职称评定、工资分配、对外交流和学校管理等方面拥有法律、法规规定的权限，真正实行面向社会依法自主办学"。《1995意见》承认"中央与地方的职责分工、政府与学校的关系等"是高等教育体制改革的重点和难点。

1998年全国人大常委会通过的《高等教育法》（2015年第一次修订、2018年第二次修订）以法律形式确立了大学的法人地位，规定"高等学校自批准设立之日起取得法人资格"；规定了"国务院统一领导和管理全国高等教育事业，省、自治区、直辖市人民政府统筹协调本行政区域内的高等教育事业"，并把设立专科教育的高等学校及其他高等教育机构的权限下放给省级地方政府；指出"国家鼓励企业事业组织、社会团体及其他社会组织和公民等社会力量依法举办高等学校，参与和支持高等教育事业的改革和发展"；还规定了自主制定招生方案、自主设置和调整学科专业、自主制订教学计划、自主开展科学研究、自主开展境外合作与交流、自主设置校内机构和人员配备、自主管理学校财产七项高等学校办学自主权的内容。

1999年国务院批转教育部《面向21世纪教育振兴行动计划》（以

下简称《1999计划》），提出"加快高等教育体制改革步伐，深化高等教育改革"，通过实行"共建、调整、合作、合并"，形成"中央和省级政府两级管理、分工负责"，"以省级政府统筹为主"的"新体制"；提出"深化办学体制改革"，形成"以政府办学为主体、社会各界共同参与、公办学校和民办学校共同发展的办学体制"；在"扩大高等学校的办学自主权"方面，没有再提出更多的具体改革措施，而是对社会力量举办的高等学校强调"要保证社会力量举办的教育机构自主办学的法人地位"，享有与公办学校"同等待遇"。1999年6月中共中央、国务院发布《关于深化教育改革全面推进素质教育的决定》（以下简称《1999决定》），继续提出"深化教育改革"，"进一步简政放权，加大省级人民政府发展和管理本地区教育的权力以及统筹力度"，"继续按照共建、调整、合作、合并的方式"，"形成中央和省级人民政府两级管理、以省级人民政府管理为主的新体制"；在"落实和扩大高等学校的办学自主权"方面，"进一步扩大高等学校招生、专业设置等自主权"。1999年9月教育部公布的《关于当前深化高等学校人事分配制度改革的若干意见》是对《关于深化教育改革全面推进素质教育的决定》和《面向21世纪教育振兴行动计划》的具体落实，强调"落实高校内部管理自主权"，"学校依法自主、有效地管理学校内部事务，并承担相应的义务和责任"，"政府部门不对学校办学自主权范围内的事务进行干预，使高等学校真正拥有办学、用人和分配等方面的内部管理权"，强调"学校可自主确定和调整学校的教学、科研组织机构及其管理体制"，以及"自主确定内部职能机构的设置"，"学校有权自主设置和调整专业技术岗位，自主确定工资津贴分配办法"。

2004年国务院批转了教育部《2003—2007年教育振兴行动计划》（以下简称《2004计划》），指出"推进教育管理体制改革"就是要"完善中央和省级人民政府两级管理、以省级人民政府管理为主的高等教育管理体制"，提出"深化学校内部管理体制改革，探索建立现代学校制度"；强调政府要贯彻《行政许可法》，"依法保障学校的办学自主权"；强调政府在教育管理上要"健全重大决策的规则和程序，加强预案研究、咨询论证、社会公示、公众听证及民主监督"，"建立科学民主决策机制"。2005 年教育部颁布新的《普通高等学校学生管理规定》，规定"学生在校最长年限由学校规定"，"学生转专业由所在学校批准"，"学生学期或者学年所修课程或者应修学分数以及升级、跳级、留级、降级、重修等要求由学校规定"，实际上是授权高校自主确定学生学习年限、自主确定学生学习标准、自主决定学生专业调整、自主管理学生学籍四项自主权。

2007 年国务院批转教育部《国家教育事业发展"十一五"规划纲要》（以下简称《2007 纲要》），再次强调"完善中央和省级人民政府两级管理、以省级人民政府为主的高等教育管理体制"；开始提出"建立和完善现代大学制度"的命题；强调"鼓励社会各界和广大人民群众""参与学校管理"。

2010 年教育部发布《国家中长期教育改革和发展规划纲要（2010—2020 年）》（以下简称《2010 纲要》），在管理体制改革方面，明确提出"以转变政府职能和简政放权为重点，深化教育管理体制改革，提高公共教育服务水平"，"明确各级政府责任，规范学校办学行为，促进管办评分离，形成政事分开、权责明确、统筹协调、规范有序的教育管理体制"。在大学办学自主权问题上，提出"落实和扩大学校办学自主权"，具体表现在"高等学校按照国家法律法规和宏观政策，自主开展教学活动、科学研究、技术开发和社会服务，自主设置和调整学科、专业，自主制定学校规划并组织实施，自主设置教学、科研、行政管理机构，自主确定内部收入分配，自主管理和使用人才，自主管理和使用学校财产和经费"。在建设现代大学制度方面，提出"推进政校分开、管办分离"，就是要"建设依法办学、自主管理、民主监督、社会参与的现代学校制度，构建政府、学校、社会之间新型关系"；"扩大社会合作"，就是要"探索建立高等学校理事会或董事会，健全社会支持和监督学校发展的长效机制"；"推进专业评价"，就是要"鼓励专门机构和社会中介机构对高等学校学科、专业、课程等水平和质量进行评估"，这些措施充分体现社会参与在现代大学制度建设方面的作用。

2011 年教育部发布《高等学校章程制定暂行办法》，提出为"完善中国特色现代大学制度"，高等学校在制定大学章程时，"章程应当明确学校开展社会服务、获得社会支持、接受社会监督的原则与办法，健全社会支持和监督学校发展的长效机制"，具体办法是"学校根据发展需要和办学特色，自主设置有政府、行业、企事业单位以及其他社会组织代表参加的学校理事会或者董事会的，应当在章程中明确理事会或者董事会的地位作用、组成和议事规则"。2014年7月教育部发布《普通高等学校理事会规程（试行）》（以下简称《2014规程》），明确要求"高等学校应当依据本规程及学校章程建立并完善理事会制度"，指出"理事会系指国家举办的普通高等学校根据面向社会依法自主办学的需要，设立的由办学相关方面代表参加，支持学校发展的咨询、协商、审议与监督机构，是高等学校实现科学决策、民主监督、社会参与的重要组织形式和制度平台"，还明确规定了"理事会组成人员一般不少于21人"，分别由"学校举办者、主管部门、共建单位的代表，学校及职能部门相关负责人，相关学术组织负责人，教师、学生代表，支持学校办学与发展的地方政府、行业组织、企业事业单位和其他社会组织等理事单位的代表，杰出校友、社会知名人士、国内外知名专家等"学校办学相关方面代表组成。

2014年3月国务院发布政府权力清单，《教育部权力清单》公布的行政审批事项只有24项，包括行政许可11项，非行政许可审批13项。

2014年8月国家教育体制改革领导小组办公室发布《关于进一步落实和扩大高校办学自主权完善高校内部治理结构的意见》（以下简称《2014意见》），提出简政放权、扩大高校办学自主权的七项具体措施，包括"扩大高校招生自主权""支持高校调整优化学科专业""支持高校自主开展教育教学活动""支持高校自主选聘教职工""支持高校自主开展科学研究、技术开发和社会服务""支持高校自主管理使用学校财产经费""支持高校扩大国际交流合作"等。还提出"健全社会参与监督机制"，"建立健全高校理事会，充分发挥其在加强社会合作、扩大决策民主、争取办学资源、接受社会监督等方面的作用"，"把公开透明作为高校的基本制度，完善各类信息公开制度"，"重点加大高校在招生考试、财务资产及收费、人事师资、教学质量、学生管理服务、学风建设、学位和学科、对外交流与合作等方面的信息公开力度，保障教职工、学生、社会公众对学校重大事项、重要制度的知情权,接受利益相关方的监督"。

2015年5月教育部发布《关于深入推进教育管办评分离促进政府职能转变的若干意见》(以下简称《2015意见》),为落实《2010纲要》,对加快推进中国"教育治理体系和治理能力现代化"提出了具体意见。文件提到"改革开放以来,我国教育体制改革不断深化,政府、学校、社会之间关系逐步理顺,但政府管理教育还存在越位、缺位、错位的现象,学校自主发展、自我约束机制尚不健全,社会参与教育治理和评价还不充分",针对这一现实情况,提出"以落实学校办学主体地位为核心任务","以进一步简政放权为前提","以推进科学、规范的教育评价为突破口",实现"到2020年,基本形成政府依法管理、学校依法自主办学、社会各界依法参与和监督的教育公共治理新格局"。在教育治理结构上,"坚持权责统一","依法明晰政府、学校、社会权责边界";在教育决策机制上,"健全依法、科学、民主决策","把公众参与、专家论证、风险评估、合法性审查、集体讨论决定作为重大教育决策法定程序"。

2015年10月国务院印发《统筹推进世界一流大学和一流学科建设总体方案》(以下简称《2015方案》),该方案把"构建社会参与机制"作为一项"改革任务",提出"建立健全理事会制度,制定理事会章程,着力增强理事会的代表性和权威性,健全与理事会成员之间的协商、合作机制,充分发挥理事会对学校改革发展的咨询、协商、审议、监督等功能"。"积极引入专门机构对学校的学科、专业、课程等水平和质量进行评估"。

2019年2月中共中央、国务院印发了《中国教育现代化2035》,提出了到2035年"形成全社会共同参与教育治理新格局"的发展目标。具体是通过"完善社会参与决策机制"和"建立社会参与学校管理机制",以推动社会参与教育治理常态化,实现"推进教育治理体系和治理能力现代化"的战略任务,从而实现"形成全社会共同参与的教育治理体系"的发展目标。

(二) 改革政策走向分析

由中国 40 多年来的教育管理体制改革的政策文本分析可以发现，改革的基本走向是分散权力和下放权力，中央政府向地方政府分权，政府向学校放权，政府向社会赋权。

1. 中央充分地向地方分权

《1985 决定》是为解决（中央）政府对高等学校"统得过多""统得过死"的弊端展开的，目标是"转变政府职能""扩大高等学校的办学自主权"。为改革这一中央高度集权的管理体制，《1986 规定》在划分中央政府和高等学校管理职责的同时，也明确了省级地方政府管理本地区高等学校的八项职责。从《1993 意见》开始，提出"高等教育管理体制的改革方向"是实现"中央和省两级管理、两级负责"的管理体制，是清晰地表达中央与省分权负责的开始，但是还没有表述为"两级管理以省为主"。《1993 纲要》对中央与地方两级管理关系的表述是"分级管理、分级负责"，也没有表述为"两级管理以省为主"。《1994 意见》对高等教育管理体制的表述则明确为实行中央和省、自治区、直辖市"两级管理，以省级政府为主"。《1995 意见》再次重申高等教育管理体制改革的目标是中央和省"两级管理、分工负责、以省统筹为主"。1998 年《高等教育法》把专科高等学校和其他教育机构的设置权也下放给了地方政府。《1999 计划》和《1999 决定》都反复强调要"深化高等教育体制改革"，通过"共建、调整、合作、合并"，形成"中央和省级政府两级管理、分工负责"，"以省级政府统筹为主"的"新体制"。直到《2004 计划》和《2007 纲要》仍然在强调"完善"这种"两级管理以省为主"的体制。然而，《2010 纲要》则在"两级管理以省为主"的高等教育管理体制的基础上更前进了一步，提出政府要"转变职能"，要"政事分开"，要"政校分开、管办分离"。《2015 意见》则是直接提出推进"管办评分离"，促进"政府职能转变"的改革要求。

可以看出，中国 20 世纪 80 年代中期启动的高等教育管理体制改革，是从转变政府职能、理顺政府与高校的关系开始的，但是到 20 世纪 90 年代中期后转向中央政府向省级地方政府分权的改革，在 21 世纪

10年代中央向省级政府充分分权的"两级管理以省为主"体制基本建立之后,改革又重新回到高等教育管理体制改革的实质轨道上来了,回到了解决政府与高校的关系问题上。2014年国务院发布的教育部权力清单显示,中央政府由30年前的"统得过多"到目前只保留24项行政审批事项,是中央政府充分分权的有力说明。

2. 政府适当地向学校放权

《1985决定》开启了"扩大高等学校办学自主权"的改革道路,把"政府对高等学校统得过多"的权力逐步下放(归还)给学校。《1986规定》在划分高等学校管理职责问题上,将大学的办学自主权具体化为招生、财务、基建、人事、职称评定、教学、科研和国际交流八个方面的内容。《1993意见》和《1993纲要》重申,要"使高等学校真正成为自主办学的法人实体"。《1994意见》坚定指出"属于学校的权限,坚决下放给学校",还指出这些自主权具体包括"自主组织实施教学、科研工作及相应的人、财、物配置,包括制定年度招生方案、自主调节系科招生比例、调整或扩大专业范围、确定学校内部机构设置、决定教职工聘任与奖惩、经费筹集和使用、津贴发放以及国际交流"等。《1995意见》把高等学校的办学自主权概括为"专业设置、招生、指导毕业生就业、教育教学、科学研究、技术开发、筹措和使用经费、机构设置、人事安排、职称评定、工资分配、对外交流和学校管理"等多个方面。1998年《高等教育法》以法律的形式逐条确立了高等学校办学自主权的七项具体内容,包括自主制订招生方案、自主设置和调整学科专业、自主制订教学计划、自主开展科学研究、自主开展境外合作与交流、自主设置校内机构和人员配备、自主管理学校财产等。之后,十余年时间里的改革重心在建立"两级管理"体制,直到《2010纲要》才重新关注并具体将"高等学校办学自主权"概括为"自主开展教学活动、科学研究、技术开发和社会服务,自主设置和调整学科、专业,自主制定学校规划并组织实施,自主设置教学、科研、行政管理机构,自主确定内部收入分配,自主管理和使用人才,自主管理和使用学校财产和经费"。

可以看出,中央政府在充分地将部分宏观管理权力分派给省级政府的基础上，适当地把属于高校自身教学、科研和社会服务方面的内部管理权力下放给了高等学校，政府下放给高校的这些权力是本该归属学校而且学校应该能够管理好的。"适当"是指，一方面政府把那些属于高校而且高校能够管理好的内部事务管理权力下放（归还）给了学校，高校的外部治理权力还需要政府予以协调；另一方面政府并没有把高校全部治理权力——如自主遴选大学校长等——下放给学校，没有让高校完全自治。

3. 政府谨慎地向社会赋权

《1985决定》指出政府办学存在的弊端是"脱离经济和社会发展的需要"，因此《1986规定》提出"鼓励高等学校面向社会办学"，"促进学校与科学研究、生产、社会等部门的协作与联合"。这一时期的改革是针对政府举办高等学校的封闭办学状态提出的，要求高校面向社会办学，实行产学研合作，服务社会发展需要。《1993意见》提到的政府赋予社会的权力不是赋权社会管理高校，而是赋权社会举办高校，目的是改革"国家包办高等教育的单一体制和模式"，允许"社会力量举办民办高等学校"，《1993纲要》也提到逐步建立"以政府办学为主体，社会各界共同办学的体制"，1998年《高等教育法》也指出国家鼓励"社会力量依法举办高等学校"，这一时期的改革实际上是重点强调社会参与的办学体制改革，而不是管理体制改革。虽然，《1993纲要》《1994意见》和《2004计划》都提到要建立"教育中介机构"，发挥"社会各界参与教育决策和管理的作用"，但是这一时期的社会参与是强调社会在政府的教育管理中发挥决策咨询参与和评估参与等作用，直到《2007纲要》才开始提出建立和完善"现代大学制度"要鼓励社会各界"参与学校管理"。《2010纲要》则直接提出建立高等学校"理事会"或"董事会"等机构来参与高校的治理。《2014规程》对高等学校建立"理事会"这一社会参与高校治理机构的成员组成、功能作用等做了详细规定，直截了当地把"理事会"作为社会参与高校决策咨询、民主监督的机构形式。《2014意见》《2015意见》和《2015方案》都反复强调发挥好"理事会"这一社会参与大学治理机构的咨询、协商、审议、监督等功能。

可以看出，政府向社会的赋权由政府允许社会"办学"开始，到政府的决策中要有社会中介机构的参与，再到现在的在政府的政策供给下，允许并要求社会参与高校的决策咨询，要求"管办评分离"下的社会参与高校的质量评估。另外，政府向社会的赋权始终是与政府向高校下放管理权相伴随的，政府下放给高校的办学自主权也有高校"不可承受之重"，一些与社会密切相关的事务，也需要由社会与高校共同承担。政府"谨慎"赋权，是指一方面中国社会制度和社会组织还不够成熟，还不能独立地权威地承接政府对高校的一些治理权力；另一方面社会参与大学治理的最重要权力——共同决定权力，还没有赋予社会，表现在到目前的所有政策文件中都还没有提及。

二 分析结论：走向社会参与的中国大学治理结构

中国高等教育管理体制改革的实质是改革管什么和如何管的问题，是转变政府职能、理顺政府与高校的关系问题。[①] 从《1985决定》发布前的政府对大学绝对控制，到2014年教育部权力清单公布时只有24项行政审批权，中国高等教育改革的三十年时间里，政府已将绝大部分管理权力下放到大学或转移到社会，政府垄断大学控制权直接管理学校的格局已得到彻底改变。实践也已经证明，赋予大学充分的办学自主权，是中国高等教育管理体制改革的关键，是中国大学办学成绩和办学水平不断提高的动力，是中国大学不断升华品质、走向卓越的不可逾越之路。然而，政府下放办学自主权并没有带来传统意义上的"大学自治"，而是形成了大学办学自主权被大学党委书记和校长垄断的新集权化治理模式；[②] 也没有发生政府和高校之外的其他利益相关主体参与共同决定的治理行为，多元主体"共治"局面没有真正形成。尽管如此，政府放开大学控制权的绝对垄断，改变了以往直接管理大学模式，由政府委派自己的代理人——党委书记和校长来间接管理大学，这是政府由大学的"单一治理主体"地位变革为"治理主体之一"地位的改革路径，是其他利益主体"有机会"参与大学共同治理的前提。

---

① 周川：《中国高等教育管理体制改革的政策分析》，《高等教育研究》2009年第8期。
② 郭卉：《我国公立大学治理变革的困境与破解——基于路径依赖理论的分析》，《湖南师范大学教育科学学报》2011年第5期。

改革政府与高校的关系，避免政府与高校之间的"一放就乱、一乱就收"的权力拉锯，这必然涉及政府和高校之外的社会的参与，以及三者之间的角色定位。改革中国高等教育管理体制关键是要"理顺政府、社会和学校三者之间的关系"这一提法，最早在《1993意见》中就有述及，之后虽多次在多个政策文本中有述及，但社会参与高校管理的路径和机制一直没有明确，直到《2010纲要》提出建立"理事会"作为社会参与高校治理的决策咨询机构，并在《2014规程》中详细而具体地表明"理事会"是"高等学校实现社会参与的重要组织形式和制度平台"，终于在中国开始出现大学治理的社会参与机制。

公司模式、官僚模式、政治模式、学院模式是高等教育管理的四种模式，"单一模式不能解释高等院校管理全部行为"，"多种模式行为在现代高等院校中均有不同程度的表现"，"所有的国际知名大学都采用了学院模式与分享管理（shared governance）模式"[1]。共享治理（shared governance）为解决高等院校与变化中的社会环境之间关系提供了新的策略。[2]

高等教育的形式和观念的国际性移植是变化的主要途径之一，许多高等教育系统的许多基本特点都是从国外搬来的，自愿引进很早以前就已经成为高等教育界变革的一个基本手段，而且"自愿引进一般都是点点滴滴地进行的"[3]。2010年教育部要求高校信息公开，又在2014年以清单的形式规定高校信息公开的内容，这一政策的出台为大学治理"知情"层次的社会参与提供了制度供给，这一供给主导型的制度变迁，促使参与阶梯的第一层次的发生；2014年7月教育部又以命令的形式，要求高校建立理事会，这一政策的出台为大学治理"咨询"层次的社会参与提供了制度供给，促使参与阶梯第二层次的发生。中国大学治理

---

[1] ［英］戴维·沃森：《高等院校公民与社区参与管理》，马忠虎译，江苏教育出版社2010年版，中文总序。

[2] Robert Berdahl, "Shared Governance and External Constraints", in Marvin Peterson ed. *Organization and Governance in Higher Education*, Needham Heights, MA: Simon & Schuster, 1991.

[3] ［美］伯顿·R·克拉克：《高等教育系统——学术组织的跨国研究》，王承绪、徐辉、殷企平等译，杭州大学出版社1994年版，第253—257页。

第五章 中国公立大学治理社会参与的历史演进

中逐渐形成的社会参与治理模式，正是对世界上社会参与型"共同治理"模式的渐进式地"自愿引进"。

第二节 中国公立大学治理社会参与的现实状况

一 基于大学章程的分析

2011 年 11 月教育部发布了《高等学校章程制定暂行办法》，于 2012 年 1 月 1 日正式实施，为高等学校章程制定提供了依据。2014 年 5 月教育部办公厅印发《关于加快推进高等学校章程制定、核准与实施工作的通知》，要求"985 工程"高校于 2014 年 6 月 15 日前完成章程制定，要求"211 工程"高校于 2014 年 11 月 30 日前完成章程制定，要求教育部和省级教育行政部门在 2014 年 12 月 31 日之前完成全部"985 工程"高校和"211 工程"高校章程核准工作，在 2015 年 12 月 31 日前完成所有高校章程的核准工作。截至 2015 年底，全国公立高校基本实现了一校一章程。2017 年起高校陆续启动了大学章程的修订工作，教育部及省级教育行政部门陆续批复了大学章程的部分修订案。大学章程建设是现代大学制度的基本要求，大学章程是大学的最根本制度，有"大学宪章"之称，"大学章程应穷尽大学治理的所有要素及其关系"，"大学不同利益相关主体的权力诉求都要在大学章程里体现"，因此从大学章程的视角可以考察和分析中国大学治理的所有要素。笔者选取"双一流"大学中的 38 所[①]（以下简称"双一流"大学）为研究对象，通过考察其章程来分析大学治理的社会参与要素，以探讨中国大学治理社会参与的现实规定性。

（一）大学章程的组织机构规定性

1. 大学决策机构

按照教育部《高等学校章程制定暂行办法》的规定，"大学章程应

---

① 这 38 所大学全部为原"985 工程"高校，不包括39 所原"985 工程"高校中的 1 所军事院校。

当按照高等教育法的规定，载明学校的领导体制、法定代表人，组织结构、决策机制、民主管理和监督机制，内设机构的组成、职责、管理体制"，因此考察各大学章程中"管理和机构""学校治理结构""管理体制"等相关章节，可以得知有关大学决策机构和决策机制的表述。就"双一流"大学的章程中关于大学最高决策机构的表述而言，大学的最高决策机构都是学校党委，有的表述为学校党委全委会，有的表述为学校党委常委会（见表5-1）。

表5-1　"双一流"大学最高决策机构及社会参与机构名称

序号	学校名称	学校最高决策机构名称	校内决策咨询机构名称	有社会人士参与的决策咨询机构名称	其他有社会人士参与的机构名称
1	北京大学	校党委常委会	无	校务委员会	教育基金会、校友会
2	中国人民大学	学校党委	校务委员会	董事会	教育基金会、校友会
3	清华大学	校党委	校务委员会	战略发展委员会	教育基金会、校友会
4	北京航空航天大学	学校党委	无	理事会	教育基金会、校友会
5	北京理工大学	校党委	无	无	教育基金会、校友会
6	中国农业大学	学校党委	校务委员会	理事会（暂无）	教育基金会、校友会
7	北京师范大学	学校党委	校务委员会	理事会	教育基金会、校友会
8	中央民族大学	学校党委	无	理事会（暂无）	教育基金会、校友会
9	南开大学	学校党委	校务委员会	理事会	教育基金会、校友会
10	天津大学	学校党委	无	理事会	教育发展基金会、校友会

第五章 中国公立大学治理社会参与的历史演进

续表

序号	学校名称	学校最高决策机构名称	校内决策咨询机构名称	有社会人士参与的决策咨询机构名称	其他有社会人士参与的机构名称
11	大连理工大学	学校党委	无	理事会	教育发展基金会、校友会
12	东北大学	学校党委	无	董事会	基金管理委员会、校友会
13	吉林大学	学校党委	校务委员会	理事会	教育基金会、校友会
14	哈尔滨工业大学	学校党委	无	无	教育发展基金会、校友会
15	复旦大学	学校党委	校务委员会	董事会	基金会、校友会
16	同济大学	学校党委	校务委员会	董事会	教育发展基金会、校友会
17	上海交通大学	党委全委会	无	校务委员会	教育发展基金会、校友会
18	华东师范大学	学校党委	无	理事会	教育发展基金会、校友会
19	南京大学	学校党委	校务委员会	董事会	教育发展基金会、校友会
20	东南大学	学校党委	校务委员会	董事会	教育基金会、校友会
21	浙江大学	学校党委	无	无	教育基金会、校友会
22	中国科学技术大学	校党委	无	理事会（暂无）	教育基金会、校友会
23	厦门大学	学校党委	校务委员会	无	教育发展基金会、校友会
24	山东大学	学校党委	校务委员会	董事会	教育基金会、校友会

续表

序号	学校名称	学校最高决策机构名称	校内决策咨询机构名称	有社会人士参与的决策咨询机构名称	其他有社会人士参与的机构名称
25	中国海洋大学	学校党委	无	理事会	教育基金会、校友会
26	武汉大学	学校党委	无	理事会	教育发展基金会、校友会
27	华中科技大学	学校党委	无	董事会	教育发展基金会、校友会
28	湖南大学	学校党委	无	理事会	教育基金会、校友会
29	中南大学	学校党委	无	董事会	教育基金会、校友会
30	中山大学	学校党委	校务委员会	顾问董事会	教育发展基金会、校友会
31	华南理工大学	学校党委	无	理事会	教育发展基金会、校友会
32	四川大学	学校党委	无	理事会	教育发展基金会、校友会
33	电子科技大学	学校党委	校务委员会	理事会	教育发展基金会、校友会
34	重庆大学	学校党委	校务委员会	理事会	教育基金会、校友会
35	西安交通大学	学校党委	校务委员会	理事会	教育基金会、校友会
36	西北工业大学	学校党委	无	无	教育基金会、校友会
37	西北农林科技大学	学校党委	无	理事会	教育发展基金会、校友会
38	兰州大学	学校党委	无	理事会	教育发展基金会、校友会

资料来源：根据经教育部核准的"双一流"大学的章程及其修正案统计整理。

第五章 中国公立大学治理社会参与的历史演进

(1) 学校党委

观察经教育部核准的"双一流"大学的章程不难发现,每校章程都有一条"学校实行中国共产党××大学委员会领导下的校长负责制"。1998年颁布的《高等教育法》第三十九条明确规定"国家举办的高等学校实行中国共产党高等学校基层委员会领导下的校长负责制,中国共产党高等学校基层委员会按照《中国共产党章程》和有关规定,统一领导学校工作"。毫无疑问,"党委领导下的校长负责制"是"法定"的大学领导体制,体现了党对大学的绝对领导权。"党委领导"与"校长负责"关系的实质是"决策"与"执行"的关系,[①] 因此对国家举办的大学来说,"学校党委"就是大学的最高决策机构。

学校党委委员由全校党员代表大会选举产生,由全体党委委员组成的委员会为党委全委会;学校党委常务委员会委员由党委全委会选举产生,由全体党委常务委员会委员组成的委员会为党委常委会。观察"双一流"大学的章程发现,大学章程明确载明学校党委是大学"最高决策机构"字样的有北京师范大学、山东大学和上海交通大学三所。《北京师范大学章程》第三十七条规定"学校党委对学校的整体工作具有最高决策权";《山东大学章程》第三十九条规定"学校党委是学校的最高决策机构";《上海交通大学章程》第十七条规定"党委全体会议(简称全委会)是学校的最高决策机构",强调了党委全委会而不是党委常委会是最高决策机构。北京大学虽然没有在其章程中明确表述学校的最高决策机构名称,但是在《北京大学关于党政领导班子落实"三重一大"制度的实施办法(党发〔2012〕48号)》中明确写道:"党委常委会讨论决定关系学校全局的重大问题和党务工作,对学校总体工作具有最高决策权",显然学校党委常委会是学校最高决策机构。其余34所大学虽未在章程文本上呈现"最高决策机构"的字样,但章程中都写明"学校党委是学校的领导核心,统一领导学校工作",显然"领导核心"可以理解为"最高决策机构"的意思。

---

① 陈章龙:《新时期高校党委领导下的校长负责制研究》,《国家教育行政学院学报》2015年第7期。

然而，绝大多数高校的章程中又都具体写明了"党委常委会"的权力范围。例如，《北京师范大学章程》第三十八条规定"学校重大决策、重要干部任免、重要项目安排和大额度资金的使用等重大事项，应经党委常委会集体决定"；《天津大学章程》第三十七条"学校党委常委会……对学校重大决策、重要人事任免、重大项目安排和大额度资金使用等事项进行决策"；《湖南大学章程》第五十三条同样规定"学校重大决策、重要人事任免、重大项目安排和大额度资金的使用等重大问题，由学校党委常委会集体研究决定"；《哈尔滨工业大学章程》第六条规定"学校重大决策、重要人事任免、重大项目安排和大额度资金运作事项，由党委常委会集体讨论决定"，该第六条在《哈尔滨工业大学章程修正案（2022年核准稿）》中修改为"中国共产党哈尔滨工业大学委员会对学校工作实行全面领导……"；《浙江大学章程》第二十二条"学校党委（常委）会决策贯彻民主集中制，凡属学校重大决策、重要人事任免、重大项目安排、大额度资金使用事项都要通过党委（常委）会集体讨论决定"。同时，每所学校的大学章程中都规定了党委常委会的工作期间，如《上海交通大学章程》第十七条还规定"党委常委会（简称常委会）在全委会闭会期间，行使其职权，履行其职责"。

很显然，享有最高决策权的"学校党委"实质上是指"学校党委常委会"，党委常委会是学校最高决策机构，享有最终决策权。

值得思考的是，一些大学章程中不仅没有明确呈现学校的"最高决策机构"字样，而且很难从章程中辨别学校的最高决策机构是什么。如《南开大学章程》第四十三条规定"涉及学校重大决策、重要干部任免、重大项目安排和大额度资金使用等事项，以学校党委全委会议、党委常委会议、校长办公会议等形式研究决定"；《厦门大学章程》第十八条规定"党委常委会、党委全委会、校长办公会根据议事范围和议事规则，按照民主集中制的原则，集体研究决定学校重大决策、重要人事任免、重大项目安排和大额度资金使用等重大事项"；《电子科技大学章程》第三十四条规定"学校通过学校党委全委会、党委常委会、校长办公会的形式，对重大决策、重要人事任免、重大项目安排和大额度资金使用等重大问题按照民主集中制的原则进行决策"；《西北农林科技大学章程》第十七条规定"学校的主要议事决策机构为党委常委会、校长办公会和专项工作领导小组",在《西北农林科技大学章程修正案(2020年核准稿)》中该第十七条修改为"学校的主要议事决策机构为党委常委会、校长办公会",删除掉"专项工作领导小组"作为学校主要议事决策机构。在每所学校的章程中都规定"校长办公会议是学校行政议事决策机构,是校长行使职权的基本形式",而且"党委领导下的校长负责制"这一根本制度也规定了校长及其领导下的校长办公会是执行性质的角色,因此校长办公会议应该算作学校的最高执行机构,而非决策机构,但是上述四所学校却将校长办公会与党委会、党委常委会并列作为"三重一大"①等重大事项的最高决策机构,值得思考。更有甚者,山东大学在其章程第三十九条明确写明"学校党委是学校的最高决策机构",却在紧接着第四十条写道"学校通过学校党委全委会、党委常委会、校长办公会的形式对相关事项进行决策。学校重大决策、重要人事任免、重大项目安排和大额资金使用等重大问题,应通过学校党委会、党委常委会或校长办公会,集体研究决定",将校长办公会与党委全委会、党委常委会并列作为"三重一大"等重大事项的最高决策机构,这与第三十九条的规定实质是冲突的,这在《山东大学章程修正案(2023年核准稿)》中对第四十条第二款进行了修改,修改后明确了学校党委是学校的最高决策机构。

大学章程是大学自主办学和外部对大学实施影响而协商的产物,反映了大学和社会特别是和政府间的关系,彰显着大学的使命要求。大学治理的结构应该是大学章程阐述的重点内容,各国大学章程均应明确而具体地规定了大学的决策机构和重大问题决策程序。② 从已经核准的"双一流"大学章程来看,有些大学章程中并没有做到明确而具体地规定大学的最高决策机构,有的大学反而将最高行政机构——校长办公会混同于最高决策机构,有的甚至还规定了更高形式的决策机构——学校党政联席会。

---

① "三重一大"指重大决策、重要人事任免、重大项目安排和大额度资金运作。
② 马陆亭:《大学章程地位与要素的国际比较》,《教育研究》2009年第6期。

(2) 学校党政联席会

既然规定了"学校党委"是"法定"的大学最高决策机构，而有的学校大学章程中同时又提出了"学校党政联席会"这一决策机制，就不能不说是在一定程度上反映了大学党委书记和校长两个一把手在进行内部人治理中决策主导权的冲突与调适形成的尴尬与无奈。

2008年《中共中央纪委、教育部、监察部关于加强高等学校反腐倡廉建设的意见》（教监〔2008〕15号）指出要"坚持和完善重大决策、重要干部任免、重要项目安排、大额度资金使用（以下简称'三重一大'）等重要问题应经党委（常委）会集体决定的制度"。据此，教育部于2011年4月发布了《关于进一步推进直属高校贯彻落实"三重一大"决策制度的意见》（教监〔2011〕7号），指出："学校应建立健全议事规则和决策程序，凡'三重一大'事项必须经学校领导班子集体研究决定。"教育部的这一指导意见也成了各大学制定章程的依据之一，但是"学校领导班子"的表述比较模糊，这一概念的经常使用也使"学校党政联席会"这一机构实质性地成为某些大学的最高决策机构，并体现在其大学章程中。

《南京大学章程》第二十一条规定："学校党政联席会议是讨论、研究和决定学校重要工作事项的会议。学校党政联席会议成员包括：党委书记、常务副书记、副书记、纪委书记、党委常委，校长、常务副校长、副校长、总会计师、校长助理等。""学校党政联席会议的主要职责是：审议学校及院系的发展规划和实施计划；审定学校重大规章制度；审定学校各项重点建设项目方案；审定学校各项重要改革方案；审定队伍建设和人才培养中的重要问题；审定学校年度经费的预算和决算报告以及不在预算内的大额度资金使用；讨论和审定学校党政联席会议成员认为有必要讨论和审定的其他行政事项；讨论决定对违法违纪教职员工的行政处分；通报学校有关重大事项。"在《南京大学章程修正案（2022年核准稿）》中，已经将此第二十一条进行了全面修改，删除了关于"学校党政联席会议"的相关内容。北京大学虽未在其章程中写明这一规定，但是其信息公开网上公布的《北京大学关于党政领导班子落实"三重一大"制度的实施办法》（党发〔2012〕48号）中却明确写道:"党委常委会讨论决定关系学校全局的重大问题和党务工作,对学校总体工作具有最高决策权,统一领导学校工作。根据工作需要,可以采用党政联席会的方式进行决策,联席会由党委常委会组成人员及校长办公会组成人员参加。"这里明确了学校党委常委会是最高决策机构,却又引入学校党政联席会的决策机制。《重庆大学章程》第二十八条规定:"学校建立和完善议事规则与决策程序,凡重大决策、重要人事任免、重大项目安排和大额度资金运作事项必须经校长办公会和党委常委会或党委会集体研究决定。"《中国人民大学章程》第二十九条"学校重大决策、重要干部任免、重大项目安排和大额度资金的使用等重大问题,由学校党、政领导班子集体研究决定"。《武汉大学章程》第二十七条"学校重大决策、重要人事任免、重大项目安排、大额度资金运作由党政领导班子按照常委会议事规则集体讨论决定",在《武汉大学章程修正案(2022年核准稿)》中,将此条修改为第二十八条,但仍然表述为"学校重要干部任免、重要人才使用、重要阵地建设、重大发展规划、重大项目安排、重大资金使用、重大评价评奖活动等重要事项由党政领导班子按照常委会会议议事规则集体讨论决定"。教监〔2011〕7号文中使用的"学校领导班子"应该对应教监〔2008〕15号文中使用的"党委(常委)会",因此中国人民大学和武汉大学的"三重一大"决策机构"党政领导班子"就应该指"学校党委"。而北京大学、南京大学和重庆大学的"三重一大"决策机构"党政联席会"则不能算作"学校党委",因为北京大学、南京大学对"学校党政联席会"成员的规定远超出党委常委的范围,这时的"党政联席会"具有了学校"最高决策机构"的性质。

2. 大学决策咨询机构

2014年教育部发布《普通高等学校理事会规程(试行)》,指出:"本规程所称理事会,系指国家举办的普通高等学校根据面向社会依法自主办学的需要,设立的由办学相关方面代表参加,支持学校发展的咨询、协商、审议与监督机构,是高等学校实现科学决策、民主监督、社会参与的重要组织形式和制度平台。高等学校使用董事会、校务委员会等名称建立的相关机构适用本规程。"依据这一规定,一些高校的章程中则呈现了有关大学决策咨询机构的条款,考察"双一流"大学章程发现这一机构的名称有校务委员会、校董事会、理事会和战略发展委员会四种(见表5-2)。就这些大学决策咨询机构的功能而言,在大学章程中都清楚定位为咨询、指导、监督、建议、审议、评议、协商、议事、筹款的其中一种或几种。

(1) 校务委员会

统计"双一流"大学发现,大学章程中使用"校务委员会"一词的有18所大学,这18所设置校务委员会的大学又分两种情况,一种是设置校务委员会作为校内决策咨询机构,有16所;另一种是设置校务委员会作为社会参与的校外决策咨询机构,有两所,分别是北京大学和上海交通大学。统计还发现,设有校外决策咨询机构的两所大学都不再设有其他性质的校内决策咨询机构;而设置校务委员会作为校内决策咨询机构的16所大学,一般都设置战略发展委员会、董事会或理事会作为校外决策咨询机构;另有4所大学既不设置校内决策咨询机构,也不设置校外决策咨询机构(见表5-2)。

《北京大学章程》明确提出"学校坚持学术自由、大学自主、师生治学、民主管理、社会参与、依法治校,实行现代大学制度"(第六条);并就"社会参与"提出了明确的内容,即"学校实行社会参与制度。实行信息公开;坚持校务委员会校外委员制度;设立名誉校董,聘请对学校发展做出重大贡献的社会杰出人士担任;设立国际咨询委员会,聘请热爱高等教育事业、关心学校改革与发展,并具有较高威望和重要社会影响力的国际知名人士担任委员"(第四十五条);也规定了实施"社会参与制度"的具体组织形式和功能,即"学校设校务委员会。校务委员会是学校的咨询议事和监督机构,是社会参与学校治理的组织形式"(第二十九条);还详细规定了机构的人员组成,"校务委员会委员的组成人员是国务院及国务院有关部门、北京市人民政府委派的代表;校党委书记、校长及相关校领导、学校学术委员会主任,教师代表、学生代表;认同学校使命、为学校发展做出重大贡献的社会组织代表和社会人士代表;杰出校友代表和校外资深专业人士代表"(第二十九条)。由这些组织的人员组成来看,代表了政府、学校和社会各个方面的利益相关人,是名副其实的社会参与组织机构。

《上海交通大学章程》第二十二条规定"学校设立校务委员会,负责学校教学、科研、社会服务、文化传承等方面的咨询和建议。校务委员会成员由本校有影响的现职和离退休教职工代表、知名校友和著名社会人士组成,校务委员会主任由学校党委书记担任"。这一规定表明,有知名校友和著名社会人士组成的校务委员会应当是社会参与大学事务的机构,发挥咨询和建议功能。

(2) 校董事会

统计"双一流"大学发现,在大学章程中明确写明"学校设立董事会"的有10所,分别是中国人民大学、东北大学、复旦大学、同济大学、南京大学、东南大学、山东大学、华中科技大学、中南大学、中山大学,名称为顾问董事会(见表5-2)。

就董事会的功能而言,主要是咨询、建议、筹款和联络等。如《南京大学章程》规定"董事会是对学校建设和发展提供咨询和建议的机构,是学校与社会各界建立合作关系的桥梁和纽带"(第二十九条);《中国人民大学章程》规定"学校董事会旨在促进学校与社会建立广泛联系与合作、筹措学校办学资金"(第三十七条);《中山大学章程》规定"顾问董事会是学校的社会咨议机构和非行政常设机构"。

就董事会成员组成而言,由包括社会各界人士在内的成员组成,没有具体的产生标准。如《同济大学章程》规定"学校董事会是由热心高等教育,关心、支持学校发展的社会各界人士组成的咨询机构"(第七十四条);《复旦大学章程》规定"学校董事会是由热心教育事业并且关心支持学校发展的社会各界人士、知名校友和学校代表组成的咨询、议事和监督机构"(第五十九条)。《山东大学章程》规定"董事会董事由关心支持学校发展的海内外知名人士、社会贤达及组织代表组成(第六十一条);《东北大学章程》规定"董事会成员由政府代表,知名人士,著名学者,支持学校办学的企业、科研机构和学校领导代表等共同组成"(第八十一条)。

(3) 理事会

"双一流"大学的章程中,写明"学校建立理事会"的有17所,写明"学校根据发展需要设立理事会"的有3所,这3所学校目前尚未设立学校理事会(见表5-2)。"理事会"是根据教育部《普通高等学校理事会规程(试行)》要求高校设立的"咨询、协商、审议与监督机构","是高等学校实现社会参与的重要组织形式和制度平台",功能定位非常明确;另外,对于理事会的人员组成,该规程也做出了详细而具体的规定,应在高校的大学章程中反映出来。

如,《北京师范大学章程》第六十八条"学校设立理事会。理事会是学校办学的咨询议事与监督机构。理事会由关心、支持学校发展的海内外各界人士组成,包括学校的举办者、政府主管部门和共建单位代表,学校相关负责人、学术组织负责人和师生代表,资助学校办学的理事单位代表,杰出校友、社会知名人士、专家或企业家代表等。理事会是学校扩大决策民主、加强社会合作、争取办学资源、接受社会监督的平台"。《北京航空航天大学章程》第四十条"学校建立理事会,健全社会支持和监督学校发展的长效机制";第四十二条"理事会由关心和支持学校建设和发展的政府、行业、企事业单位、其他社会组织代表、杰出校友代表及学校师生代表组成"。《中国海洋大学章程》第三十五条"学校设立理事会。理事会由校内外著名专家、知名校友、社会贤达、共建单位代表、捐助者代表等组成"。《中央民族大学章程》第九十五条"理事会是由学校、政府、企业、校友、专家学者等各方面代表组成的高层次咨询机构",等等。

(4)战略发展委员会

与上述校务委员会(校外)、董事会、理事会同样具有决策咨询功能且包括由校外人士组成的机构,清华大学名之"战略发展委员会"。《清华大学章程》第三十六条规定"学校设战略发展委员会作为战略决策的咨询机构和社会参与本校事务的主要途径,依照有关规章产生和开展活动,定期就学校发展战略和重大决策提出咨询建议。战略发展委员会的成员为国务院教育行政部门的代表,北京市人民政府的代表,学校校长、党委书记、校友代表,关心和支持本校发展的海内外知名人士及有关方面代表"。《清华大学章程修正案(2023年核准稿)》将此第三十六条修改为"学校设立战略发展委员会作为战略决策的咨询机构和社会参与学校事务的主要途径。战略发展委员会依照有关规定产生和开展活动，定期就学校发展战略和重大决策提出咨询建议"。在该修正案中删去了关于战略发展委员会成员的规定，但是从该机构的性质和功能仍然可以看出，清华大学的"战略发展委员会"与北京大学的"校务委员会"和其他大学的董事会、理事会相比，名虽不同，实则无异。而且以"战略发展委员会"之名作为社会参与大学决策咨询制度平台的，只有清华大学1所高校。

3. 学校其他社会参与机构

大学章程中规定有社会人士可以参加的、可对大学建设与管理发挥作用的机构还有教育发展基金会（教育基金会）和校友会。

(1) 教育发展基金会

教育发展基金会是由各学校发起的，广泛吸纳社会资源和联系社会各界，参与大学建设和支持学校发展的平台。教育发展基金会与社会各界的联系主要任务是接收社会的捐赠，捐赠的形式包括现金、支票、汇票、股票、证券、债券、图书、资料、设备、房产、遗产、财产等形式，或者直接设立永久性基金。社会人士通过教育基金方式的参与治理属捐赠参与。

(2) 校友会

校友会是由校友发起的，旨在加强与母校联系的，并通过一定的方式支持母校发展的平台，提供捐赠支持、维护学校声誉、献计学校发展的社会参与组织。

(二) 大学治理社会参与的现状分析

通过对大学章程的考察，发现了一些社会参与大学治理的组织机构，结合这些组织机构在大学办学中的具体实践，从知情、咨询、共同决定三个层次来分析目前中国大学治理社会参与的程度。

1. "知情"层次的社会参与

如前文所述，知情层次的社会参与程度的衡量以透明度指数为标准。2015年3月中国社会科学院法学研究所法治指数创新工程项目组发布《中国高等教育透明度指数报告（2014）》，[1] 项目组对教育部直属

---

[1] 中国社会科学院法学研究所法治指数创新工程项目组：《中国高等教育透明度指数报告（2014）》，中国社会科学出版社2015年版。

高校、"985 工程"高校和"211 工程"高校共 115 所高校的信息公开情况进行了测评。依据教育部《高等学校信息公开办法》（教育部令第 29 号）和教育部《高等学校信息公开事项清单》（教办函〔2014〕23 号），设置一级指标 5 项并各设一定权重，分别是学校基本情况（权重 15%）、招考信息（权重 25%）、学生管理信息（权重 20%）、财务信息（权重 20%）、信息公开专栏（权重 20%），设置二级指标 38 项。详细的高等学校信息透明度指数指标体系见附录一。

测评方法主要是观察各高等学校门户网站并进行实际验证。根据《高等学校信息公开办法》《教育部关于公布高等学校信息公开事项清单的通知》等文件的要求，高等学校应在学校门户网站开设信息公开专栏，统一公布清单所要求的各项内容。也就是说，门户网站应是高等学校信息公开的第一平台，且清单所列的信息均应通过高等学校自身门户网站向社会公众公开。测评还对依申请公开的申请渠道进行了实际验证，采取在线申请、挂号信或传真等书面申请等方式验证。

测评结果显示，高等学校透明度指数均值为 66.73 分，最高分值为 88.87 分，最低分值为 15.39 分；报告指出，高等学校信息公开主要存在三大问题：一是高等学校对信息公开工作重视不够；二是信息公开不规范、不及时、不全面；三是信息公开网站建设水平低，信息易索性差，界面友好性差，公开效果不佳。

每所高校都有对校内开放的网站，很多信息只对本校师生员工开放，社会很难获得，表明目前的高校还没有把社会这一重要的利益相关者放在重要的位置上，教育部发文要求大学设立"信息公开专栏"，而不是要求学校网站信息做到面向社会全部可访问，这一做法本身就表明学校的开放办学程度还不够，更不用说到"公开会议"和"公共记录"的开放程度了。

公开透明是提升高等学校实现治理体系和治理能力现代化的重要路径，是高等学校治理由传统、封闭转向现代、开放的必经之路。高等学校透明度指数不高，学校面向社会的公开程度低，社会对学校办学过程相关信息的可获得性差，表明大学还处在相对保守和封闭的办学状态。

2. "咨询"层次的社会参与

由前述分析可知,在"双一流"大学的章程中,大学决策咨询机构的名称有校务委员会、战略发展委员会、校董事会和理事会四种。笔者通过考察这四类机构的实际运行状况,来分析目前咨询层次的社会参与现状。

北京大学新闻中心 2016 年 1 月 15 日在其网站发布消息"北京大学召开校务委员会第四次全体会议":"1 月 13 日上午,北京大学在办公楼 103 会议室召开校务委员会第四次全体会议,通报学校综合改革推进情况,并讨论《北京大学校务委员会章程》。北京大学党委书记、校务委员会主任朱善璐主持会议,党委副书记、校务委员会副主任敖英芳,学校秘书长、校务委员会副主任杨开忠和校务委员会其他委员参加了会议。"① 由这则消息可以得知,北京大学的校务委员会章程还在制定过程中,并且至今未有关于北京大学召开校务委员会第五次全体会议的报道,未见北京大学校务委员会章程出台,表明北京大学章程中规定的作为社会参与形式的决策咨询机构的校务委员会还未正式建立,现行的校务委员会仍然是校内决策咨询机构,这从仍在发挥作用的《北京大学校务委员会规章》可以获知。该规章是 2000 年通过、2013 年修订的,其中规定:"校务委员会设主任一人,依惯例和工作需要,由校党委书记兼任;设副主任若干人,由学校部分现任、前任党政负责人,知名专家学者担任。""校务委员会委员主要由下列人员担任:部分院系的主要负责人;部分知名专家学者及优秀中青年学术骨干;工会、共青团的主要负责人及民主党派代表;学生会、研究生会负责人。"② 很明显这一 2013 年修订的规章规定的校务委员会成员组成,与 2014 年教育部核准通过的北京大学章程中规定的校务委员会成员组成完全不同,表明这一组织在历史的发展过程中组织形式和职能也在不断发生变迁。北京大学曾于 1962 年 2 月明确学校领导体制为"党委领导下的以校长为首的校务委员会负责制"③,目前北大的校务委员会是这种制度的改革和延续,

---

① 参见北京大学新闻中心网站,https://news.pku.edu.cn/xwzh/129-292666.htm。
② 参见北京大学信息公开网,https://xxgk.pku.edu.cn/gksx/jbxx/gzzd/35635.htm。
③ 参见北大史苑,https://www.pku.edu.cn/detail/910.html。

真正如北京大学章程所规定的作为社会参与机构的校务委员会还在建设过程中，北京大学咨询层次的社会参与还在制度化的形成过程中。

与北京大学不同，清华大学并非在校务委员会基础上改组，而是成立全新的"战略发展委员会"，清华大学新闻网消息："（2016年）1月10日上午，清华大学战略发展委员会成立暨第一次会议在主楼接待厅举行。第十一届全国人大常委会副委员长华建敏，第十二届全国政协副主席陈元，第十届全国政协副主席李蒙，清华大学校长邱勇等近30位战略发展委员会委员出席会议。……《清华大学章程》规定，战略发展委员会成员为国务院教育行政部门代表，北京市人民政府代表，学校校长、党委书记，校友代表，关心和支持本校发展的海内外知名人士及有关方面代表。经过筹备，共有36位各界代表应邀担任委员，他们都有着开阔的视野、丰富的各行各业管理经验和专业造诣。"① 清华大学战略发展委员会是2014年10月经教育部核准发布实施的《清华大学章程》中正式提出的，作为战略决策的咨询机构和社会参与该校事务的主要途径，第一届委员会成员有36名。该委员会于2016年1月10召开第一次会议，审议并通过了《清华大学战略委员会章程》，还讨论了学校发展目标定位以及制度建设、招生选拔、创新型人才培养、地方合作、国际化办学等议题。2021年4月10日清华大学战略发展委员会换届暨第二届委员会第一次全体会议举行，"通报了校党委常委会审议通过的第二届战略发展委员会成员名单（共37名）"。② 从该战略发展委员会的常规运行状况可以获知，清华大学咨询层次的社会参与基本处于制度化的运行状态。

"董事会"是同样适应教育部《普通高等学校理事会规程》的"学校科学决策、民主监督、社会参与的重要组织形式和制度平台"，东北大学校董会就是这样的平台。《东北大学校董会章程（2018年9月15日修订）》第二条规定："本会是董事单位与学校建立和发展长期、稳定、全面、紧密的合作关系的桥梁和纽带；是筹措学校教育发展基金，

---

① 参见清华大学新闻网，https://www.tsinghua.edu.cn/info/1181/46635.htm。
② 参见清华大学110周年校庆新闻，https://2021.tsinghua.edu.cn/info/1011/2535.htm。

第五章　中国公立大学治理社会参与的历史演进

支持东北大学改革与发展的一种组织形式；是对学校教学、科研、校办产业等重要事务进行咨询、评议的机构。"第七条规定："本会由支持东北大学办学的企业、科研院（所）负责同志以及海外著名学者、知名人士和学校领导代表组成。"2013年9月组建的东北大学第三届校董会，有成员87人，其中来自政府1人，大学4人，科研院所13人，协会2人，基金会1人，企业66人。2018年9月组建的第四届校董会组织成员共101人，在101位董事成员中有院士14人，占校董总数的14%；海外著名人士、学者5人，占5%；科研院所7人，占7%；企业界75人，占74%。校董事会的作用是"就学校发展目标、战略规划、学科建设、专业设置、改革举措等重大问题进行决策咨询或参与审议；积极开展社会合作、校企合作、协同创新等社会服务；为学校发展筹措资金、整合社会资源，支持东北大学改善办学条件、提高办学水平"①。从校董会的实际运行情况可以获知，东北大学咨询层次的社会参与也处于良好的运行状态。

中山大学顾问董事会是学校根据教育部《普通高等学校理事会规程》的要求，依据《中山大学章程》规定建立的，由具有较高学术地位和社会声望的各界专家、校友、社会贤达组成的高层决策咨询、参谋机构，是学校与社会各界全面、紧密合作的桥梁和纽带。2014年11月11日，中山大学顾问董事会召开成立大会暨第一次全体会议，表决通过了《中山大学顾问董事会章程》。② 2015年11月19日，中山大学召开第一届顾问董事会第二次会议，③ 2016年11月11日，中山大学召开第一届顾问董事会第三次会议。④ 此后，中山大学顾问董事会的运行未见有报道，表明中山大学咨询层次的社会参与并未处于制度化的良性运行状态。

"理事会"是2014年教育部发布的《普通高等学校理事会规程》

---

① 参见东北大学校董会简介，http://xdh.neu.edu.cn/2019/0115/c2289a32024/page.htm。
② 参见中山大学报，http://xiaobao.sysu.edu.cn/phone/content.aspx?id=1069。
③ 参见中山大学新闻网，https://www.sysu.edu.cn/news/info/2161/604081.htm。
④ 参见中山大学新闻网，https://www.sysu.edu.cn/news/info/2161/583641.htm。

要求建立的"社会参与的重要组织形式和制度平台"。华东师范大学积极深化综合改革，深入推进现代大学制度建设，"在全国率先制定了理事会章程，成立了理事会"①。2016年1月16日，华东师范大学理事会成立大会暨首届理事会第一次会议召开，会议选举了校党委书记为首届理事会理事长，审议并通过了《华东师范大学理事会章程》，首届理事会由学校举办方、主管部门代表，学校党政领导，学术组织负责人，教职工代表，学生代表，支持学校办学与发展的地方政府代表、企事业单位代表、校友代表、校董代表等组成。② 此后，华东师范大学理事会的常态化运行也未见有相关新闻报道。2016年11月18日，华南理工大学理事会成立并召开了第一届理事会第一次会议，会议通过了《华南理工大学理事会章程（草案）》，③ 2018年7月30日，《华南理工大学理事会章程》正式印发。④

校务委员会、战略发展委员会、校董事会和理事会是社会参与大学决策咨询存在形式的机构，2014年7月教育部出台的《普通高等学校理事会规程（试行）》为这些机构的建立和运行提供了政策依据，但是通过网络爬梳"双一流"大学这四类机构的活动信息可以发现，只有清华大学战略发展委员会处于常态化运行中，有的大学至今尚无类似的组织机构建立，表明中国大学咨询层次的社会参与总体上尚未进入常态化、制度化的运行状态。

3. "共同决定"层次的社会参与

如前文所述，中国大学最高决策机构是学校党委或学校党政联席会，不管是学校党委还是学校党政联席会，都是由学校内部人员组成，就是说决策机构中没有社会成员参与。党委常委一般都是由政府任命的，代表政府的利益，内部人组成的决策组织代表大学自身利益，所以

---

① 参见华东师大深化综合改革系列报道，https://www.ecnu.edu.cn/info/1094/15998.htm。
② 参见华东师范大学新闻中心网，https://www.ecnu.edu.cn/info/1094/16258.htm。
③ 孙大文院士当选华南理工大学理事会第一届理事，https://www2.scut.edu.cn/acfe/2016/1118/c7568a131725/page.psp。
④ 参见华南理工大学信息公开网，https://xxgk.scut.edu.cn/2018/0731/c132a2291/page.htm。

从大学事务的利益相关者共同决定的角度来说，还没有除政府和大学之外的其他利益相关群体参与共同决定，总体上体现的是大学治理的内部人决策的特征，没有体现出大学作为公共机构应实施公共决策的特点。

二 分析结论：共同决定层次的社会参与尚未发生

总体来看，以参与阶梯理论来衡量中国大学治理社会参与的深度，中国目前还处于初级阶段，处于社会参与阶梯的最底端：最低层次——"知情"层次的社会参与还不够完善；"咨询"层次的社会参与尚处于起步阶段；而最高层次——"共同决定"层次的社会参与则还没有发生。

第三节 中国公立大学治理社会参与发生机制的基本特征

在国际大学治理体制走向的影响下，中国大学治理中出现了社会参与。研究中国大学治理中逐渐出现的社会参与大学治理的制度安排与实践探索——如《国家中长期教育改革和发展规划纲要（2010—2020年）》和《中国教育现代化2035》以及大学章程中的有关制度安排，又如清华大学战略发展委员会、华东师范大学理事会、中山大学顾问董事会的实践探索，可以发现中国大学治理社会参与发生机制的一些基本特征。

一 大学治理社会参与的发生是供给主导型制度变迁的结果

制度变迁分为"自下而上"的制度变迁和"自上而下"的制度变迁。所谓"自下而上"的制度变迁，是指由个人或一群人，受新制度获利机会的引诱，自发倡导、组织和实现的制度变迁，又称为诱致性制度变迁。所谓"自上而下"的制度变迁，是指由政府充当第一行动集团，以政府命令和法律形式引入和实行的制度变迁，又称为强制性制度变迁。强制性制度变迁实际上是一种供给主导型制度变迁，即在一定的宪法秩序和行为的伦理道德规范下，权力中心提供新的制度安排的能力和意愿是决定制度变迁的主导因素，而这种能力和意愿（制度创新的供给）主要决定于一个社会的各既得利益集团的权力结构或力量对比。①

制度变迁的需求决定论模式假定，追求利益最大化的单个行为主体总是力图在给定的约束条件下，谋求确立预期对自己最为有利的制度安排和权利界定。一旦行为人发现创立和利用新的制度安排所得到的净收益为正时，就会产生制度变迁的需求。这种需求能否诱导出新的制度安排，取决于赞同、支持和推动这种制度变迁的行为主体集合在与其他利益主体的力量对比中是否处于优势地位。如果力量优势明显，则原有的制度安排和权利界定将被淘汰，国家通过法律等形式确立有利于占支配地位的行为主体的产权规则，从而导致制度变迁。②

与西方社会制度变迁的需求决定论模式不同的是，中国大学治理中逐渐融入更多的社会参与元素，这一新模式发生的制度变迁过程是政府主导下的强制性制度变迁的结果：由政府下放大学的办学自主权，为其他利益主体参与大学治理提供了可能性；高校教师人事制度改革，能够激发教师参与大学治理的动力需求；政府直接提供社会参与的制度供给，则是中国大学治理社会参与的发生机制。这一制度变迁是渐进式的。

（一）政府下放办学自主权

作为大学利益相关者的"社会"有机会参与大学治理的前提条件就是，政府放弃对大学控制权的垄断，就是政府下放办学自主权。

1985年《中共中央关于教育体制改革的决定》中提出"要扩大高等学校的办学自主权"，为了落实这一决定，1986年国务院颁布了《高等教育管理职责暂行规定》，将大学的办学自主权具体化为教学、科研、招生、人事、财务、基建、职称评定和国际交流八项内容；1993年《中国教育改革和发展纲要》中明确提出要"使高等学校真正成为面向社会自主办学的法人实体"；1996年《关于国家教委直属高校深化改革

---

① 杨瑞龙：《论制度供给》，《经济研究》1993年第8期。
② 杨瑞龙：《论制度供给》，《经济研究》1993年第8期。

扩大办学自主权的若干意见》规定了自主设置专业、自主招生、自主评聘职称、成立有社会成员构成的决策咨询机构、招收留学生、自主决定学生毕业条件六项内容；1998年《高等教育法》以法律形式确立了大学的法人地位以及规定了七项办学自主权的内容；1999年《教育部关于当前深化高等学校人事分配制度改革的若干意见》进一步强调"高校依法自主管理学校内部事务，并承担相应的义务和责任"，强调"学校可自主确定和调整学校组织机构及其管理体制""学校有权自主设置和调整专业技术岗位，自主确定工资津贴分配办法"；2005年教育部颁布新的《普通高等学校学生管理规定》和《高等学校学生行为准则》，授权高校自主确定学生学习年限、自主确定学生学习标准、自主决定学生专业调整、自主管理学生学籍四项自主权；2010年《国家中长期教育改革和发展规划纲要（2010—2020年）》中提出"落实和扩大学校办学自主权，完善大学法人制度，逐步建立科学的现代大学治理结构"；2014年国务院发布政府"权力清单"，教育部"权力清单"公布的行政审批事项只有24项。

可见，从1985年《中共中央关于教育体制改革的决定》发布前的政府对大学绝对控制，到2014年教育部"权力清单"公布时只有24项行政审批权，中国高等教育改革的30年时间里，政府已将绝大部分管理权力下放到大学或转移到社会，政府垄断大学控制权直接管理学校的格局已得到彻底改变。实践也已经证明，赋予大学充分的办学自主权，是中国高等教育改革的关键，是中国大学办学成绩和办学水平不断提高的动力，是中国大学不断升华品质、走向卓越的必由之路。

然而，政府下放办学自主权并没有带来传统意义上的"大学自治"，而是形成了大学办学自主权被大学党委书记和校长垄断的新集权化治理模式；[1]也没有发生其他利益相关主体参与治理的行为，多元主体"共同治理"模式没有出现。尽管如此，政府放开大学控制权的绝对垄断，改变了以往直接管理大学的模式，由政府委派自己的代理

---

[1] 郭卉：《我国公立大学治理变革的困境与破解——基于路径依赖理论的分析》，《湖南师范大学教育科学学报》2011年第5期。

人——党委书记和校长来间接管理大学,这是政府由大学的单一治理主体地位变革为治理主体之一的改革路径,是其他利益主体有机会参与大学共同治理的第一步。

(二) 政府改革大学人事制度

作为大学利益相关主体的"教师"主动要求参与大学治理的前提条件之一就是,政府给予大学充分的用人自主权以及完善的大学教师市场流动机制。

从20世纪80年代中期开始,渐进式的高校人事制度改革走过了30多年的历程,大体可以分为三个阶段:第一阶段在20世纪80年代中期到90年代前期,改革的主要成效是开始落实高校人事分配自主权,推动从政府直接管理、高度集中的计划管理向政府间接管理、学校自主管理的转变;第二阶段是20世纪90年代中期之后10年左右时间,改革重点是高校用人机制改革,全面推进人力资源配置方式改革,逐步实现从身份管理向岗位管理的转变;第三阶段改革是自2006年至今,在事业单位岗位管理改革的背景下,这一阶段高校人事制度改革强调完善机制制度,强调高校岗位管理与聘用制改革结合,与转换用人机制结合,与高校收入分配制度改革结合。高校人事管理开始实现从封闭的人事管理到开放的人力资源国际化配置的深刻转变。①

2000年中组部、人事部、教育部联合下发《关于深化高等学校人事制度改革的意见》(人发〔2000〕59号),提出高校"全面推行聘任制","破除人才单位所有制",提出了高校教师社会化的市场改革方向。2014年国务院发布《事业单位人事管理条例》(国务院令第652号),以法律的形式规定了事业单位工作人员实行合同制管理,并且规定了事业单位工作人员医疗保险和养老保险并轨的要求,进一步为高校人员社会化管理提供了法律依据,为高校人员的市场化扫除了障碍。单位体制破除后,工作单位仅仅是教师工作的场所,而不再是满足教师各种需求的场所;教师社会化后,形成独立于政府之外的教师群体的"利益团体"就有了"需求的动力"。

---

① 管培俊:《关于新时期高校人事制度改革的思考》,《教育研究》2014年第12期。

第五章 中国公立大学治理社会参与的历史演进

美国大学共同治理中"教师治理"(faculty governance)的发生是需求诱导型,是由斯坦福大学教授被开除事件引发,是自下而上的需求诱导发生的。1900年斯坦福大学教授爱德华·罗斯因为发表了引起争论的政治观点,结果被大学行政当局开除。罗斯是一名社会学及优生学家,也是早期犯罪学的重要人物,他对中国劳工及亚洲移民有强烈的戒心,也对铁路公司私有化很不以为然,他曾在课堂中称私有铁路公司的行为是"偷盗",而斯坦福大学的创始人及主要捐赠者利兰德·斯坦福夫妇则正是通过西太平洋铁路的建设积累财富的,1891年斯坦福大学成立,1893年利兰德·斯坦福去世,此后就由他的夫人简·斯坦福(Jane Stanford)负责家族财务以及继续支持斯坦福大学的建设发展。在斯坦福大学早期发展史上,简·斯坦福可谓独撑大梁,丈夫去世不久,简·斯坦福不但要经营家族的庞大企业,还要花精力在新大学的建设上,因此她对大学有着异乎寻常的关心,她早已不满爱德华·罗斯的种族言论,当得知罗斯教授公开称私有铁路公司的行为是偷盗公众财富时,便再也不能忍受,要求董事会开除罗斯。经过几番争论,最后罗斯被开除,其间不少教授在校园内公开抗议,随后也被开除。

斯坦福大学这起因为教授个人政治观点而非学术素养被开除的个案,在全美大学校园中引起很大震动,也引发了保障教师学术自由的讨论,不少学者认为,这是对学术自由的侵犯,包括约翰·霍普金斯大学教授阿瑟·洛夫乔伊。经过一段时间的酝酿,1915年洛夫乔伊与著名哲学家杜威发起在哥伦比亚大学召开了一个会议,在这次会议上成立了美国大学教授协会,由杜威担任第一任会长,一个捍卫大学学术自由的组织就此诞生了。1920年AAUP的学院与大学治理委员会起草的第一份关于共同治理的声明,则推动了教师参与大学治理的需求最终上升为"教师治理"制度的建立。

从发达国家的经验可以看出,首先,大学拥有聘任和解聘教师的用人自主权,大学教师完全是独立的社会主体;其次,单一的社会主体要通过结成"利益团体"并通过他们的代理人来表达团体的利益诉求,只有这样教师参与大学治理才能够真正实现。因此,只有当中国高校的教师和工作人员由单位人转变为社会人,由政府所有转变为与社会共有，由政府直接供养转变为与社会共同供养的时候，才能突显大学教师和工作人员的大学利益相关者主体的角色，高校教师主动参与大学治理的需求才能够激发出来。

(三) 政府直接提供社会参与大学治理的制度供给

政府下放大学办学自主权，大学人事制度改革，是其他利益相关主体参与大学共同治理的铺垫和准备，真正使中国大学治理中出现社会参与，还是政府直接提供这一制度供给的结果。

2010年《国家中长期教育改革和发展规划纲要（2010—2020年）》中明确提出了建立现代大学制度的要求，就是要"建设依法办学、自主管理、民主监督、社会参与的现代学校制度"，指明了大学治理制度改革的方向。为落实规则纲要的要求，2015年教育部发布《关于深入推进教育管办评分离促进政府职能转变的若干意见》（教政法〔2015〕5号），提出"到2020年，基本形成政府依法管理、学校依法自主办学、社会各界依法参与和监督的教育公共治理新格局"的目标，指出了22条改革的具体指导意见。

2010年4月教育部发布第29号令——《高等学校信息公开办法》，要求高等学校公开"在开展办学活动和提供社会服务过程中产生、制作、获取的以一定形式记录、保存的信息"；2014年7月教育部发布《关于公开〈高等学校信息公开事项清单〉的通知》（教办函〔2014〕23号），以清单的形式提出高校信息公开的具体内容和公开的具体形式。2014年7月教育部发布第37号令——《普通高等学校理事会规程（试行）》，要求高等学校"建立并完善理事会制度"，"理事会系指国家举办的普通高等学校根据面向社会依法自主办学的需要，设立的由办学相关方面代表参加，支持学校发展的咨询、协商、审议与监督机构，是高等学校实现科学决策、民主监督、社会参与的重要组织形式和制度平台"，并且具体规定了理事会组成人员的来源、比例和人数。

2010年教育部以命令的形式，要求高校信息公开，又在2014年以清单的形式规定高校信息公开的内容，这一政策的出台为大学治理"知情"层次的社会参与提供了制度供给，这一供给主导型的制度变迁，促使参与阶梯的第一层次的发生；2014年7月教育部又以命令的形式，要求高校建立理事会，这一政策的出台为大学治理"咨询"层次的社会参与提供了制度供给，促使参与阶梯第二层次的发生。由此可以推断，第三层次——"共同决定"层次的发生仍需要政府提供制度供给。

中国大学治理社会参与的这一发生机制，与法国大学治理社会参与的发生机制非常相似，都是由政府提供制度供给而发生的大学治理模式的强制性制度变迁，如前文所述，法国1968年的《富尔法》提出了"参与"原则，以"法"的形式规定了由校外人士参与的大学理事会是大学的最高决策机构，由此形成了大学治理"共同决定"层次的社会参与——参与阶梯的最高端，结束了中央集权制的大学治理模式，发生了大学治理制度的历史性变迁。但不同的是，法国1968年《富尔法》的出台背景是被称为"五月风暴"的大学生运动，是学生、教师和社会等其他非政府大学利益主体的新的"制度变迁的需求"在与政府的力量对比中取得了优势，才导致了新的制度变迁的发生。

二 大学治理社会参与模式的变革带有明显路径依赖的特征

路径依赖是指，受到外部偶然性事件的影响，某种具有正反馈机制的体系如果在系统内部确立，便会在以后的发展中沿着一个特定的路径演进，其他潜在的（更优的）体系很难对它进行替代。① 将布莱恩·阿瑟（W. Brian Arthur）的路径依赖方法从技术变迁领域引入研究"制度"的第一人，是新制度经济学创始人之一的道格拉斯·诺思（Douglass C. North），诺思等人指出，技术变迁的路径依赖方法同样可以用来分析制度变迁。② 诺思在对制度的研究中日益强调他与路径依赖技术观的差别，逐渐发展出了更具有原创性的"制度变迁的路径依赖"理论。

路径依赖理论的基本内涵包括三个方面③：首先，路径依赖既是一种状态，又是一种过程。前者是指路径依赖是一种"锁定"（lock-in）

---

① 赵祥：《新制度主义路径依赖理论的发展》，《人文杂志》2004年第6期。
② [美]道格拉斯·C.诺思：《制度、制度变迁与经济绩效》，杭行译，上海三联书店2008年版，第111页。
③ 尹贻梅、刘志高、刘卫东：《路径依赖理论研究进展评析》，《外国经济与管理》2011年第8期。

状态，这种锁定既可能是有效率的，也可能是低效率甚至无效率的；而后者是指路径依赖是一种非遍历性随机动态过程，同时也是非线性的。其次，早期的偶然历史事件对系统的发展轨迹产生一定的影响。路径依赖理论常用于因果过程研究，并认为社会经济系统的发展对初始条件非常敏感，并且为随机过程所影响，发展轨迹往往由小事件触发，最初不起眼的差异发展到最后会呈现截然不同的结果。也就是说，路径依赖应该被理解为一种由一个个事件序列构成的自增强过程，早期细微的差别很容易导致后期发展路径和绩效的巨大差异。最后，路径依赖强调系统变迁中的时间因素和历史的"滞后"作用。一旦达到某个临界点，系统便陷入锁定状态，即出现报酬递增、正反馈、自增强现象。历史的"滞后"作用既可能是历史事件的结果造成的，也可能是历史本身内在的性质（内在的规则和秩序）造成的。但一旦临界值达到一定的水平，在累积和自增强过程的作用下，系统就会被锁定在某些状态而很难脱离现有的发展轨迹，进入更有效的可替代轨迹。

诺思在1994年诺贝尔经济学奖颁奖礼的演讲中指出，经济史中的路径依赖与发展差距有关，即由于各国初始条件不同，发展速度各异，一般来说，欠发达国家难以赶上发达国家，因此，历史是路径依赖的。路径依赖还意味着一旦一个国家或地区沿一种轨迹开始发展，改变发展道路的成本非常高，尽管存在着其他的道路选择，但已经建立的制度会阻碍对初始选择的改变。常常是某种制度的轨迹形成以后，初始制度的效率降低，甚至开始阻碍生产活动，那些与这种制度共荣的组织为了自己的既得利益为尽力维护它而使社会陷入无效制度安排，进入锁定状态，[1] 因此，"制度的非效率是历史的常态（而非例外）"[2]。

中国现行的大学治理模式存在历史路径依赖。新中国成立初期的"全面学苏"，诞生了中央集权的制度安排，最初这种制度安排给国家的经济建设和发展带来了利益，并在此后的十几年中持续受益，形成了"制度安排的报酬递增"，国家从这种制度安排中得益后，便积极地学

---

[1] 杨龙：《路径依赖理论的政治学意义》，《中共宁波市委党校学报》2003年第1期。
[2] 刘和旺：《诺思制度变迁的路径依赖理论新发展》，《经济评论》2006年第2期。

习它,主动地适应它,结果是又创造了一些与这个制度安排相配套的制度安排,其中既有正式规划,也有非正式规则,制度安排之间的协调增加了"自我强化机制",使得改变这种制度安排的成本非常高,从而落入到制度锁定和路径依赖的闭锁循环中。改革开放四十多年来,国家一直在采用渐进的方式改革现有制度,但是制度变迁的路径依赖使得这种改革步履维艰,改革愿望与改革动力之间的逻辑悖论也使得制度变迁迟滞。

(一)"政府"变革制度的愿望和动力

中国现行的大学治理制度并不是偶然形成的,最初也是政府的理性选择,其目前显现出来的低效率只能表明政府的理性也是有限理性。尼尔森(Nelson)指出,制度变迁是在人们有限理性的假设前提下进行的,人们并不知道哪种制度是最优的,即使知道哪种制度最优,也不知道该采取什么措施来实施最优的制度。① "路径依赖理论把路径突破的动力归结为外来冲击",因此,政府增强变革大学治理制度的愿望和动力,形成制度创新的内生路径非常重要。

然而,"经济人"利益最大化的假设,与政府内生制度创新之间存在逻辑悖论。任何制度创新的目标都是使改革者收益最大化,改革者本身也是理性经济人,改革开放四十余年来中国大学治理制度改革的主要推动者是政府本身,政府是大学治理制度变革的制度供给人,但是由政府发动的这种"供给主导型制度变迁"最终的改革目标是让社会和大学从政府手中分离出更多的权力,直接造成政府利益减少而不是最大化,这种"制度创新—利益降低"的非自增强机制,会使政府制度改革的愿望和动力减弱。

政府制度创新的动力应该是来源于外部世界竞争的压力,国际竞争是政府创新大学治理制度的动力之一;政府让大学和社会获得利益最大化的政治考量,也是政府制度创新的动力所在。

(二)"大学"变革制度的愿望和动力

大学变革制度的愿望和动力不应仅来源于政府,而应来源于大学自

---

① 转引自赵晓男、刘震《制度路径依赖理论的发展、逻辑基础和分析框架》,《当代财经》2007年第7期。

身,但前提条件应该是大学获得自立、自治,只有大学成为独立的"经济人",才会有追求利益最大化的诉求。

目前大学对政府有明显的资源依赖和制度依赖。大学在发展过程中遇到的困难和问题,如资源不足、资金缺乏等,习惯于去寻求政府的解决,而不是面向社会或者市场,而且总能从政府那里得到正反馈和报酬递增,这种自增强机制的结果是大学的治理制度锁定在当前的路径依赖状态。

打破路径依赖的大学治理制度只能是强制性制度变迁,强制性制度变迁存在两方面的风险:其一,国家作为制度提供者可能具有私利,不能确保制度的公正;其二,由国家自上而下推动的制度变迁,难以调动基层利益主体的积极性,致使制度运行成本高昂。针对第一风险,国家所要实施的大学治理制度强制性变迁的目的就在于重塑大学治理的利益格局,让多方利益主体参与,打破政府及其委托人控制大学的局面,第一风险问题就会自动解决。针对第二风险,则要注重大学治理制度的内部建设,使基层利益主体积极行动起来,促进大学治理制度强制性变迁"软着陆"[①]。

(三)"社会"需求诱导的制度创新动力

制度变迁的实现是制度供给和制度需求共同作用的结果。社会参与大学治理的实现应是"社会"的需求诱导型制度变迁,但是中国大学治理制度中"社会"要求参与治理的制度创新动力需求不足,一方面作为有制度变迁需求的"社会"在与"政府"这一强大利益主体的力量对比中不可能取得优势地位;另一方面在现行的大学治理制度所形成的路径依赖的锁定状态中,"社会"自己很难找到打破锁定状态的"历史否定点"。另外,中国"社会"的形成本身也是政府供给主导型制度变迁的结果,社会组织的生成也带有政府引导的色彩,甚至还带有半官方的性质,因此"社会"本身也不是一个独立的利益主体,更不是一个理性经济人,不会在制度变迁的需求博弈中寻求自身利益的最大化。

---

① 郭卉:《我国公立大学治理变革的困境与破解——基于路径依赖理论的分析》,《湖南师范大学教育科学学报》2011年第5期。

第五章 中国公立大学治理社会参与的历史演进

本章小结

产生于分权体制、民主制度、市场经济等社会环境下的美国公立大学治理社会参与制度,强烈影响着世界各国大学治理制度的改革走向。法国和中国等罗马传统体系国家大学治理制度改革过程中对美国制度的比较借鉴和点滴引进,是主动进行的,或许也是不露声色的。中国自20世纪70年代末改革开放以来,高等教育管理体制在世界他国的影响下发生了重大的变革。从40多年来的改革政策文本的分析可以看出,高等教育体制改革的基本走向是分散权力和下放权力——中央充分地向地方分权、政府适当地向学校放权、政府谨慎地向社会赋权,整体上是走向社会参与的高等教育治理结构。通过考察38所"双一流"大学的章程来分析大学治理社会参与的现实状况可以发现,中国目前还处于初级阶段,处于社会参与阶梯的"知情"层次,社会参与还不够完善,"咨询"层次的社会参与尚处于起步阶段,而"共同决定"层次的社会参与则尚未发生。这能够反映中国公立大学治理社会参与发生机制的基本特征,一是大学治理社会参与的发生是供给主导型制度变迁的结果,二是大学治理社会参与模式的变革带有明显的路径依赖的特征。

第六章

美国公立大学治理社会参与的现实案例

此前三章分别分析了美国、法国、中国公立大学治理社会参与的发生和发展的历史过程，不难发现美国公立大学自诞生之日起始终是多元主体共同治理的格局，美国公立大学治理的社会参与制度已经成为当今世界上最为成熟的制度，美国公立大学治理的社会参与体系最为完善。本章将选取美国一所公立大学作为典型案例进行解析，从参与的广度、深度和效度，具体考察其治理社会参与的现实状况，并通过大学校长遴选事件综合分析其治理社会参与的水平和质量。

第一节 研究案例的选取

一 选取案例的依据

本章选取美国北卡罗来纳大学教堂山分校（The University of North Carolina at Chapel Hill）为个案，来考察美国公立大学治理社会参与的现实状况，主要基于以下原因。

（一）案例大学是美国第一所公立大学

北卡罗来纳大学（University of North Carolina）是美国第一所公立大学①。

---

① 虽然佐治亚大学（University of Georgia）于 1785 年被特许建立，但是直到 1801 年才开始上课；虽然威廉玛丽学院（College of William & Mary）于 1693 年被特许建立，是现有公立大学中最早建立的大学，但其早先是私立大学，到 1906 年才成为公立大学；北卡大学（University of North Carolina）是美国最早（1795 年）开始收生的公立大学。这三所大学各自在不同的意义上声称自己是美国第一所公立大学。

第六章　美国公立大学治理社会参与的现实案例

1776年美国脱离英联邦控制而独立后，一些独立的州随即便分别制定了本州的宪法，北卡罗来纳州制定的州宪法中即体现了举办公立教育包括公立高等教育的思想。1789年12月11日，州议会授予北卡罗来纳大学办学特许状（Charter），1793年10月12日学校奠基，1795年2月12日迎来了第一位学生，作为由州政府举办的公立高等教育机构开始开门办学。北卡罗来纳大学是在18世纪中颁发学位的唯一一所美国公立大学机构。

（二）案例大学是美国有代表性的公立大学

美国公立大学最典型的代表是公立常春藤。公立常春藤是指一些"以公立学校的价格提供常春藤盟校的教育"的公立大学。公立常春藤（Public Ivies）这个词最早是理查德·莫尔（Richard Moll）在他的书《公立常春藤：美国最好的公众本科大学指南》（1985）中创造的。莫尔是圣克鲁兹加利福尼亚大学的招生委员会主任，他走遍美国考察高等教育质量，指出了8所①（和常春藤盟校的数量一致）被他认为是从外到内都和常春藤盟校一致的公立学校。② 2001年马修·格林（Matthew Greene）与霍华德（Howard）出版的《公立常春藤：美国公立大学旗舰》一书，开始将这8所学校扩展为30所，这一概念逐渐为世人所接受，现在所指的公立常春藤大学大多指由格林提出的这30所学校，这30所公立常春藤大学是美国公立大学的旗舰，大部分都是美国大学联合会认证的美国一流大学。北卡罗来纳大学是最初的美国8所公立常春藤盟校之一，是世界上有影响力的一流研究型大学，一直位列美国公立大学前茅，在《美国新闻与世界报道》的美国公立大学排名中已连续23年跻身前5位，表6-1显示的是最近三年部分公立常春藤大学排名。

---

① 最初的8所公立常春藤大学分别是北卡罗来纳大学教堂山分校、得克萨斯大学奥斯汀分校、弗吉尼亚大学、威廉玛丽学院、迈阿密大学、加利福尼亚大学、密歇根大学、佛蒙特大学。

② Richard Moll, *The Public Ivies: A Guide to America's Best Public Undergraduate Colleges and Universities*, New York: Penguin, 1985.

表6-1　　　　美国部分公立常春藤最近三年大学排名

序号	学校名称	U.S. News 公立大学排名			
		2024年	2023年	2022年	平均
1	加州大学洛杉矶分校	1	1	1	1
2	加州大学伯克利分校	1	1	2	2
3	密歇根大学安娜堡分校	3	3	3	3
4	弗吉尼亚大学	5	3	4	4
5	北卡罗来纳大学教堂山分校	4	5	5	5
6	佛罗里达大学	6	5	5	6
7	加州大学圣地亚哥分校	6	8	8	7
8	加州大学圣塔芭芭拉分校	12	7	5	8
9	加州大学尔湾分校	10	8	9	9
10	加州大学戴维斯分校	6	10	11	10

资料来源：www.usnews.com.

（三）案例大学是社会参与治理有特色的公立大学

北卡罗来纳大学教堂山分校是美国1600余所公立高等教育机构之一，正如著名学者马丁·特罗所言，"普及型高等教育机构的特点更加多样化，它们之间没有共同的标准"[①]，每所公立大学都有自己的特色，很难找到治理结构完全相同的两所大学。比如有的州设立州教育委员会管理州立大学，有的州不设；有的州立大学系统内的分校设立独立的董事会，有的不设；有的公立大学校长是董事会成员，有的不是；有的公立大学董事会有学生董事并有投票权，有的没有投票权等等。北卡大学教堂山分校是设有独立分校董事会的大学，分校董事会是分校最高决策机构，对总校理事会负责，在总校理事会指导下全权负责分校一切事务，分校校长不是董事会成员，设学生董事1名且有表决权。其大学治理结构见图6-1。

笔者于2015年3月—2016年3月在北卡大学教堂山分校进行了为

---

① ［美］马丁·特罗：《从精英向大众高等教育转变中的问题》，王香丽译，《外国高等教育资料》1999年第1期。

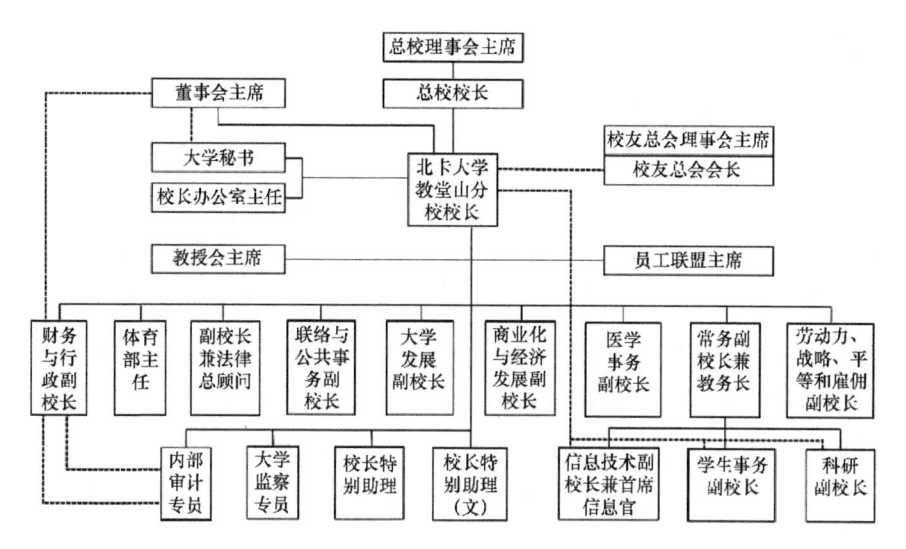

第六章 美国公立大学治理社会参与的现实案例

图 6-1 UNC-Chapel Hill 大学治理结构

资料来源：参见网站，https：//chancellor.unc.edu/files/2017/01/Org-Chart-Office-of-the-Chancellor_Jan-2017.pdf。

期一年的研究工作，得以近距离地接触这所大学。其间旁听过该校董事会会议过程，在威尔逊特别馆藏图书馆（Wilson Special Collections Library）①里调阅了董事会的会议记录，回看过董事会会议过程录像，还查阅了大学校长遴选过程的会议记录等相关资料，与教授及行政人员有过访谈交流，参加过学校的本科生毕业典礼和博士生毕业典礼等活动。通过较长时间的近距离接触与了解以及相关资料的收集、整理与分析，笔者感觉到该校在社会参与治理方面确有特色，不管是参与治理社会主体的广泛性程度，还是知情、咨询和共同决定等参与治理层次的深度，都呈现出较高的社会参与治理的水平，是一所有特色且值得研究和

---

① 威尔逊特别馆藏图书馆是大学图书馆五个标志性原始研究资料馆藏的所在地，大学档案馆是其一部分，是北卡大学教堂山分校和总部位于教堂山的北卡大学系统主要行政办公室的具有历史价值的未出版记录的官方存储库。持有的记录可追溯至1789年大学成立至今，其中包括董事会会议记录；总校长、分校长、教务长和院长的信件；教师会会议记录；学术和行政部门的档案；教师委员会的报告；教师和学生组织的记录。免费向所有学生、学者和公众开放以供研究。

借鉴的公立大学。

二 研究案例简介

（一）北卡大学教堂山分校简介①

北卡罗来纳大学是美国第一所公立大学。1789年12月11日，北卡罗来纳州立法会特许成立（chartered），1793年10月12日奠基，1795年2月12日新生开始入校上课。1972年以后，北卡罗来纳大学系统（UNC System）建立，原北卡罗来纳大学成为北卡罗来纳大学教堂山分校（The University of North Carolina at Chapel Hill，缩写为UNC–Chapel Hill），UNC–Chapel Hill是UNC System的旗舰分校，是世界领先的公立研究型大学，位列《美国新闻与世界报道》2015年的世界大学排名的第27位。

UNC–Chapel Hill拥有文理学院（College of Arts and Science）和14个专业学院（Schools），78个本科主修专业和60个辅修专业、113个硕士学位授权点和68个博士学位授权点以及7个专业学位授权点，本科生18421人，研究生和专业学位学生10669人，教师（Faculty）3667人、员工（Staff）8297人。教师中有两名诺贝尔奖获得者，分别是2007年生理学或医学奖共同获得者和2015年化学奖共同获得者。30余万名校友遍及美国50个州和世界150个国家。

北卡大学教堂山分校享有世界级教育声誉：2016年第15次被《吉普林个人理财》（Kiplinger's Personal Finance）杂志评选为美国低收费高质量的百所公立学院和大学第1名；被《普林斯顿评论》（The Princeton Review）杂志评为2014年顶尖的10所性价比最高的公立大学第1名；被《美国新闻与世界报道》的"最好学院指南"栏目连续第15年评为最好公立大学第5名；位列英国路透社（Reuters）2015年的调查"世界顶尖100所最具创新力大学"的第15名；有14名教师是享有盛誉的美国国家科学院院士。

---

① 数据资料来源于北卡大学教堂山分校网站，http：//www.unc.edu，数据收集时间为2016年1月，学校简介也反映的是当年的数据，目前在大学档案馆可查。

第六章 美国公立大学治理社会参与的现实案例

北卡大学教堂山分校学生成绩骄人：将近三分之一的本科生毕业前有在其他国家学习的经历，这些本科生在世界70个国家325个项目中学习，是全国公立大学海外就学比例最高的学校之一；生师比13∶1，87%的班级学生人数不超过50人；1904年以来有49名罗德学者计划（Rhodes Scholar）获得者，2015年有37名卢斯学者计划（Luce Scholar）获得者在亚洲实习，2000年秋季以来有44名戈德华特学者计划（Goldwater Scholar）获得者，1973年以来有超过250名富尔布莱特计划项目（Fulbright Student Program Awards）学生在全世界范围内研究和学习；超过3000名本科学生在人文学科、自然科学和社会科学领域以及专业学院的140门课程上有原创性的研究成果。

科研与创新方面：2014财政年度，UNC-Chapel Hill教师和研究人员从美国国家卫生研究院共获得4.173亿美元研究资助，位列全国公私立大学第8名；被赛拉俱乐部评为美国最环保的学院和大学第17名；每年北卡罗来纳基地创业公司为北卡州产生70亿美元的财政收入，北卡大学教堂山分校的创业学生和教师一道已经开发了150种商机，为北卡州创造了将近8000个就业岗位，在世界范围内创造了将近38000个就业岗位；2014财年研究经费和合同经费共计7.927亿美元，支撑了北卡州超过1万个职位。

学生资助方面：按卡罗来纳盟约，UNC-Chapel Hill第11年兑现承诺，为低收入家庭和可能因教致贫家庭提供资助，这两个阶层13%的学生获得了资助，被《纽约时报》评为2015年最经济多元化的大学之一。每年由奖学金和助学贷款办公室通过1200个奖学金项目发放资助1.23亿美元，受资助学生占到43%。

社会服务方面：2014年因社会服务的杰出贡献荣登总统颁发的高等教育社会服务荣誉榜，2015年因促进教学被卡耐基基金会授予社区参与奖。2014—2015年有42名咨询专家参加北卡大学咨询团，为北卡全州22个县的59个高中提供咨询服务；2015年是北卡大学义务献血活动的第28年，已经义务献血24705品脱，帮助挽救了74115个生命。

（二）UNC – Chapel Hill 董事会（Board of Trustees，BOT）简介①

北卡大学教堂山分校是北卡大学系统（UNC）的成员之一。根据北卡大学宪章（The UNC Code）的规定，UNC – Chapel Hill 的董事会由13人组成，其中8人由北卡大学理事会（Board of Governors）选举产生，4人由州长任命，还有1名是作为当然成员的学生会主席（Student Body President）。

董事会的职责是，在规定的职责范围内促进其所在分校的健康发展，帮助它以一种与其他社会机构互相合作的方式服务于全州人民，并协助它为实现在各个领域的出色表现而努力。每个董事会应当作为大学系统理事会的咨询顾问，就分校有关事务发表意见，并作为分校校长的顾问，关心分校的管理与发展。

董事会章程（Bylaws of the Board of Trustees，BOT）规定，董事会被赋予的责任和权力包括：①学术人员和行政人员的人事管理；②学校事业发展符合总校长远规划；③学位的安排与评定；④名誉学位、奖励和荣誉的评定；⑤预算管理；⑥校产及建筑；⑦捐赠及信托基金；⑧招生；⑨学杂费用；⑩学生资助；⑪学生服务（医疗保健、体育项目和咨询等）；⑫学生活动与管理；⑬校际体育；⑭交通与停车规范；⑮校园安全；⑯校办企业、公用设施及其他设施。

UNC – Chapel Hill 董事会下设5个委员会，分别是商业与经济发展委员会（Commercialization & Economic Development Committee），对外关系委员会（External Relations Committee），财务、基础设施和审计委员会（Finance, Infrastructure & Audit Committee），人事委员会（Personnel Committee）和大学事务委员会（University Affairs Committee）。董事会主席是每个委员会的当然成员。

商业与经济发展委员会由7人组成，设主席1人、副主席1人，另设行政联络员3人，分别是分管商业与经济发展副校长、分管科研副校长和常务副校长兼教务长。该委员会主要负责科学研究、创新创业、技

---

① 资料来源于北卡大学教堂山分校董事会网站，http://bot.unc.edu，数据收集于2016年1月，简介介绍的是2015—2016学年度的情况。

术转让、许可授权、改革规划、经济发展、早期资助、行业关系等。对外关系委员会由7人组成,设主席1人、副主席1人,另设行政联络员7名,分别是分管大学发展副校长、分管对外联系与公共事务副校长、校友总会会长、负责社区关系的主任、临时公共事务主任、联邦事务主任和大学咨询委员会主席。该委员会主要负责公共关系、行政事务、大学发展、奖励和荣誉学位及命名审批、校友工作、管理大学咨询委员会、联络大学系统理事会、联系同行机构、WUNC广播电台、北卡研究三角区工作、校际体育活动(包括媒体、许可、教育基金会、球迷)、市镇与大学师生关系等。财务、基础设施和审计委员会由7人组成,设主席1人、副主席1人,另设行政联络员8人,分别是分管财务与行政副校长、分管财务和学术规划的副教务长、分管科研副校长、分管大学发展副校长、分管信息技术副校长、内部审计师、分管基础设施助理副校长和分管财务与行政的高级助理副校长。该委员会主要负责财务预算、财务收支、学杂费、财务规划、审计、财政、捐赠和基金会、支付养老基金、发展、信息技术、建筑物和地面及校园总体规划、建筑物选址及建筑师和设计师选择、产权收购、出售和租赁、校园安全和停车与交通等。人事委员会由5人组成,设主席1人、副主席1人,主要负责工资和组织发展。大学事务委员会由7人组成,设主席1人、副主席1人,设行政联络员8人,分别是常务副校长兼教务长、教师会主席、分管学生事务副校长、体育委员会主任、分管人力资源副校长、研究生院院长、常务副教务长和工会主席。该委员会主要负责的工作范围包括专业与课程计划和学位、继续教育/在线教育/慕课、学科建设、招生、学生资助、教师事务、工会工作、学生事务、学生奖惩、学生保健服务、学生住房、人力资源和校际体育活动等。

(三)UNC – Chapel Hill 咨询委员会(Board of Visitors,BOV)简介①

北卡大学教堂山分校大学咨询委员会是一个非法人社团性质的志愿

---

① 资料来源于北卡大学教堂山分校咨询委员会的网站,http://bov.web.unc.edu,数据收集于2016年1月,简介介绍的是2015—2016学年度的情况。

者组织，其使命是效力董事会，它的职责是在一定事务范围内协助董事会和校长的工作以促进大学的发展，这些事务包括协调公共关系、协调大学与政府关系及增加大学发展基金等。最为重要的是，作为亲善大使的 BOV 成员们，会向他们所在社区通报大学所发生的事情，并反过来让大学管理人员了解他们所在社区里听到的关于大学事务议论的声音，做大学与社区之间友好沟通的使者。

BOV 是北卡大学教堂山分校的服务机构，其目标是协助董事会及校长提高大学质量和维持大学卓越品质。为了当好这一角色，该组织具有以下功能：协助董事会和校长做好可能经常会委托给该组织去做的一些具体工作；培养成员关注大学的使命、计划、成就、需要、愿望，并协助做好可能会由董事会和校长提出的面向公众和其他特殊利益群体的沟通工作；帮助董事会和校长了解社会关于大学的态度、意见、关切和期望；建议和协助董事会与校长做好有关大学的发展活动；激励和发展其他社会成员对大学支持与参与。

BOV 由董事会（BOT）选举出来的 160 位成员组成，再加上 1 位当然成员——校友总会会长。作为成员的资格条件只有一条，那就是愿意帮助北卡大学教堂山分校完成教学、科研和社会服务这三重使命。BOV 的成员四年为一个任期且不能再次当选，每年都要到期并更替 40 位成员，每年一届成员到期后，董事会都会选出一届新的成员补充进来。到期成员的补充工作每年 1 月份开始，先由董事、BOV 成员、校友和大学职员提名，在 5 月份的会议上董事们最后选出一届新的 BOV 成员，6 月 30 日是四年任期的到期日。名誉校董是 BOV 的当然成员，分校校长和总校校长离职以后也是 BOV 的当然成员。

BOV 设主席 1 名和副主席若干，秘书一职由大学秘书兼任。所有职务由校长提名，并于每年 5 月份由董事会选举产生。BOV 下设 5 个委员会（committee），分别是新生招募委员会、学生就业服务委员会、成员招募委员会、市场联络委员会、政府关系委员会。新生招募委员会的任务是协助大学成功招收顶尖级的学生，学生人数的不断增长以及通过奖学金计划来吸引优质生源，是本委员会的首要目标。学生就业服务委员会致力于为学生们在考虑进入职场的时候提供帮助。该委员会的成员会与学生们进行交流，结合自己的专业背景指导学生就业选择。他们一般都会安排时间在学生就业指导服务中心值班，与学生进行面对面的交谈。成员招募委员会的目标是确保来自董事会和校长所分派任务的完成，该委员会重点关注的是如何提高 BOV 成员工作的满意度和提升 BOV 参与大学治理的质量。市场联络委员会成员们的任务是在涉及大学与其外部关系以及有关公共事务的一系列问题上进行讨论并提出建议，此外，该委员会成员还依靠他们所在领域的专业背景为大学发展提出参考建议。政府关系委员会的使命是负责搞好大学与地方政府、州政府以及联邦政府的关系。该委员会要对地方、州及联邦领导人的需求做出回应，许多成员已经与地方、州和联邦的决策者建立了坚强的关系，但是还需要发展新的关系。在涉及大学重要的立法问题需要帮助的时候，首要的是联系该委员会成员，最重要的是成员们可以提醒决策者在立法者仔细考虑大学实际情况。委员会与大学所在社区的居民和支持者们一道工作，来推动大学事业的发展，地方委员可以和镇政府与居民一起为实现大学服务社区的目标而努力工作。

第二节　大学治理社会参与的广度分析

大学治理社会参与的广度是指社会范畴的大学利益相关者实际参与大学事务的个体或组织的数量、分布以及参与渠道的种类和数量，反映参与主体的广泛性和参与渠道的多样性。本节通过考察 BOT 来分析共同决定层次社会参与的广度，通过考察 BOV 来分析咨询层次社会参与的广度。

一　参与主体的广泛性

以北卡大学教堂山分校董事会（BOT of UNC – Chapel Hill）和咨询委员会（BOV of UNC – Chapel Hill）为例，通过分析这两个组织中成员的职业类别分布情况，来说明参与主体的广泛性特征。

（一）董事会（Board of Trustees, BOT）

1972年北卡大学系统建立，教堂山分校是北卡大学系统的17个成员之一。《北卡罗来纳州总法》（North Carolina General Status，以下简称《总法》）第116章第31条"董事会成员"条款对董事会成员的组成和任期都做了具体的规定。①《总法》规定，从1973年7月1日起每个北卡大学系统的成员学校，都需要建立一个由13名董事组成的独立董事会，其中8名由北卡大学理事会选举产生，4名由州长任命，学生会主席是当然成员。《总法》还规定，除了学生董事外，从1973年7月1日起每位董事的任期一般为四年，每逢单数年份的7月1日大学系统理事会应选举4名、州长应任命2名董事以替换到期的董事。因为1973年为起始年，所以理事会指定了4人任期四年4人任期两年，州长任命了2人任期四年2人任期两年，并且规定从1973年起连续任满两个四年任期的董事，不得继续连任，这样可以保证每个单数年都将有一半的董事会成员要重新任命或重新选举。

根据北卡大学总章程（The UNC Code）的规定，每年6月30日之后的第一次董事会常规会议要进行董事会主席、副主席和秘书的选举，秘书助理从校长办公室工作人员中选举产生，负责董事会的具体事务性工作。②

表6-2统计了从2011年7月1日到2016年7月1日担任过UNC-Chapel Hill董事会董事的人员情况。五年期间共有22名成员担任过UNC-Chapel Hill的董事，其中不包括学生董事。学生董事任期一年，每年7月更换一名新的学生董事，其他董事一般任期四年，逢单数年半数换新。因为主席可以连任董事，所以实际上只有5人换新。

表6-2 2011—2016年UNC-Chapel Hill董事会成员情况一览

序号	姓名	性别	职业	所在地	校友	任期
1	Barbara	女	海德家族基金会总裁兼董事	田纳西孟菲斯市	是	2005—2013年

---

① NCGA, "North Carolina General Statutes", http://www.ncleg.net/gascripts/Statutes/StatutesTOC.pl?Chapter=0116.

② UNC, "The Code", http://www.northcarolina.edu/apps/policy/index.php.

第六章 美国公立大学治理社会参与的现实案例

续表

序号	姓名	性别	职业	所在地	校友	任期
2	Alston	男	支点股权投资公司投资合伙人	北卡教堂山	是	2007—2015 年
3	Phil	男	MIT 前校长、城市规划学教授	麻省剑桥	是	2007—2015 年
4	Sallie	女	贝莱德投资管理公司董事总经理	北卡教堂山市	是	2007—2015 年
5	Felicia	女	律师、高盖茨律师事务所合伙人	北卡夏洛特市	是	2009—2013 年
6	John	男	老虎基金管理公司首席运营官	纽约市	是	2009—2013 年
7	Wade	男	BPMHL 律师事务所合伙人	北卡罗利市	是	2009—2013 年
8	Don	男	柯蒂斯传媒集团主席兼首席执行官	北卡罗利市	是	2009—2017 年
9	Peter	男	彭博资讯社董事长	纽约市	是	2011—2015 年
10	Steve	男	蓝山风险咨询集团公司创始人	北卡教堂山市	是	2011—2015 年
11	Lowry	男	麦哲伦实验室股份公司共同创始人	北卡达勒姆县	是	2011—2019 年
12	Kel	男	投资公司合伙人	北卡罗利市	是	2012—2013 年
13	Chuck	男	B&A 营销服务公司合伙人	北卡温斯顿—塞勒姆县	是	2013—2017 年
14	Dwight	男	D. Stone 建筑公司总裁兼董事长	北卡州邓恩县	是	2013—2017 年
15	Haywood	男	DARA 生物科技公司董事局前主席	北卡州韦尔登县	是	2013—2017 年
16	Jeff	男	摩尔和范艾伦律师事务所合伙人	北卡夏洛特市	是	2013—2017 年
17	Kelly	女	生活与发展教练、志愿者	北卡夏洛特市	是	2013—2017 年
18	Allie Ray	男	桑普森县农村居民、麦卡伦房地产集团公司所有人	北卡克林顿	是	2015—2019 年

续表

序号	姓名	性别	职业	所在地	校友	任期
19	Bill	男	曾任国会山和白宫的高级政策顾问	弗吉尼亚州麦克莱恩	是	2015—2019 年
20	Ed	男	建筑开发公司前总裁兼董事长	北卡夏洛特市	是	2015—2019 年
21	Hari	男	曾任 IT 管理咨询公司创始人和总裁	北卡凯瑞市	是	2015—2019 年
22	Julia	女	曾任特纳广播系统公司前副总裁	北卡教堂山	是	2015—2019 年

资料来源：北卡大学教堂山分校董事会网站，http：//bot.unc.edu.cn，访问时间为 2016 年 1 月 22 日，和数字化档案网站，http：//web.archive.org/web/20131122191807/http：//bot.unc.edu/，数字化档案网站的网址由 Wilson 图书馆工作人员提供。

根据北卡大学教堂山分校董事会网站公布的个人简历资料，列出了这 22 名董事曾经的工作经历和社会兼职情况，见表 6-3。

表 6-3 2011—2016 年 UNC-Chaple Hill 董事会成员社会兼职情况

序号	姓名	社会兼职	社会兼职数
1	Barbara	任艺术与人文研究院外部咨询委员会委员，KIPP 学院董事，孟菲斯市妇女基金会董事，谢尔比农场公园保护协会董事长，1987—1992 年曾任大学发展办公室艺术与科学基金会执行董事	5
2	Alston	校长创新圈成员，凯南-弗拉格勒商学院咨询委员会会员，凯南-弗拉格勒基金会董事，商学院兼职讲师，曾是一家销售培训和咨询公司的创始人兼首席执行官，曾任大学咨询委员会主席，曾帮助建立联邦快递全球教育中心	7
3	Phil	2011—2012 年福特基金会高级研究员，UNC 人文研究所学术领导计划国家咨询委员会成员	2
4	Sallie	大学咨询委员会成员，吉林斯全球公共卫生学院咨询委员会成员，UNC 保健系统董事，UNC 基金会董事，UNC 捐赠基金董事，UNC 基金投资公司董事，北卡生物技术中心公共基金的董事以及创业发展委员会理事	7

第六章 美国公立大学治理社会参与的现实案例

续表

序号	姓名	社会兼职	社会兼职数
5	Felicia	美国律师协会委员会成员,北卡州医学委员会成员,艺术与科学委员会成员,梅克伦堡县律师协会董事,北卡州律师协会人事委员会成员,夏洛特莱文博物馆董事,高盖茨多样性委员会委员	7
6	John	贝尔克公司董事,国际纸业公司董事会成员,瑞通集团成员,史密斯理查德森基金会投资委员会成员,UNC投资基金执行委员会成员,商学院咨询委员会成员,阿克兰艺术博物馆国家咨询委员会成员,格林尼治医院董事,美国滑雪基金会理事,大提顿国家公园基金会理事	10
7	Wade	曾任UNC法学院校友协会主席,大学咨询委员会成员,UNC新闻与大众传媒学院咨询委员会成员,UNC校友总会理事会成员,州长的国家目标与政策委员会成员,州公共电讯机构主席,公共政策研究中心主任	7
8	Don	曾任北卡广播协会主席,大学咨询委员会成员,国家发展委员会成员,曾任UNC校友总会会长,UNC保健系统理事会成员,新闻与大众传媒咨询委员会成员,公羊教育基金会执行委员会成员	7
9	Peter	曾任CSFB私募股权投资公司董事总经理,DLJ投资公司创始人,达维塔医疗保健公司董事,商业委员会执委会成员,世界经济论坛国际商业理事会成员,UNC本科荣誉专业外部咨询委员会主席,UNC基金会董事,UNC全球研究协会理事,UNC国家发展委员会成员,纽约城市奖学金基金会董事会主席,纽约城市教育委员会成员,洛克菲勒大学董事,庞弗雷特学院董事会主席,大苹果马戏团董事会名誉主席,美国循环发展基金会董事会成员,前列腺癌基金会成员	16
10	Steve	FGI公司创始人兼董事长,战略营销传播公司董事长,SC公司副董事长,数字医疗服务公司董事会成员,扬科洛维奇公司董事会主席,总统的社区解决方案理事会成员	6
11	Lowry	校长创新圈成员,化学系兼职教授,化学系外部咨询委员会成员,教育基金会执委会主席,文理学院创业教育咨询工作组成员	5

续表

序号	姓名	社会兼职	社会兼职数
12	Kel	曾任 RBC 银行首席执行官，曾任北卡州美联银行和第一联合银行职员，大学咨询委员会前主席，UNC 基金会理事会成员，商学院咨询委员会成员，商学院兼职教授，凯南私企研究所董事，伊丽莎白市州立大学董事，北卡银行家协会主席	9
13	Chuck	UNC 国家发展委员会成员，大学咨询委员会成员，大学咨询委员会的大学事务委员会主席，兼任对外关系委员会和人事委员会成员，WUNC 公共电台理事会成员，服务于数家社区董事会	6
14	Dwight	格林斯巴勒体育委员会总经理兼主席，2011UNC 体委主任遴选委员会成员，2012UNC 校长遴选委员会成员，教育基金会董事会前主席，格林斯巴勒建筑商协会执行委员会成员，格林斯巴勒体育委员会董事，格县 BB&T 董事	7
15	Haywood	DARA 生物科技公司董事局前主席，曾担任数家公司高级管理人员和行政职位	2
16	Jeff	UNC 夏洛特分校基金会董事，皮德蒙特社区学院董事会成员，夏洛特商会执委会成员，夏洛特市民委员会成员	4
17	Kelly	亨利墨里森弗拉格勒博物馆董事，Relgalf 慈善基金会董事，弗拉格勒博物馆白厅协会的会员，夏洛特明特博物馆董事，在夏洛特梅克伦堡学校当过六年小学教师	5
18	Allie Ray	曾是州和联邦多个委员会成员，州银行委员会成员，美国农业部 ASCS 委员会成员，桑普森社区学院的董事会成员和主席，桑普森区域医疗中心董事会成员和主席	5
19	Bill	大学咨询委员会成员，新闻与大众传媒学院咨询委员会成员，新闻与大众传媒基金会理事，UNC 分管学生事务副校长工作小组成员	4
20	Ed	北卡州众议院六任议员担任过数个委员会主席，2001 年国会选区重划委员会主席，北卡非营利研究委员会主席，北卡法律审查委员会主席，2004 年高等教育资金需求研究委员会成员	5
21	Hari	北卡大学系统理事会成员，UNC 国际交流中心成员，凯瑞市和北卡社区多家非营利组织成员，现任一家为低收入居民提供过渡性住房的非营利组织咨询委员会主席	4

第六章　美国公立大学治理社会参与的现实案例

续表

序号	姓名	社会兼职	社会兼职数
22	Julia	佐治亚国际妇女论坛前主席，亚特兰大女子学校董事会执委会成员，公共用地信托咨询委员会成员，亚特兰大植物园理事会成员，佐治亚预防青少年怀孕运动委员会成员，北卡州拓展训练委员会成员，高地市生物学基金会董事会主席，UNC人文与艺术研究所董事会主席，亚特兰大地标公司董事，UNC卫生保健系统董事会成员，UNC的妇女领导委员会成员，曾任UNC-Chapel Hill分管大学发展的代理副校长	12
总计			142

资料来源：北卡大学教堂山分校董事会网站，http：//bot.unc.edu.cn，访问时间2016年1月22日，和数字化档案网站，http：//web.archive.org/web/20131122191807/http：//bot.unc.edu/，数字化档案网站的网址由Wilson图书馆工作人员提供。

从表6-2和表6-3可以看出，北卡大学教堂山分校董事会的人员构成具有如下一些特征。

第一，董事会成员全部由校外人士构成。作为最高权力机构的大学董事会全部由校外人士构成的特点是由州法律规定的。《总法》规定，"州议会议员、州政府官员和雇员、北卡大学系统及其成员机构的职员无权担任董事会董事，甚至这些机构成员的配偶也无权担任"。"如果有董事或董事的配偶被选举或被任命为上述机构的成员，则要辞去董事职务"[①]。

第二，董事会成员的职业分布比较广泛。从对22名董事会成员的职业统计情况来看，有来自工商企业界、金融投资界、传媒界、法律界、教育界、政界以及社区，他们或是著名企业家、法律专家、政治家、媒体专家、大学校长，或者是社区志愿者，甚至是农村居民。22名董事会成员分布在5—7个大的专业领域，其中来自工商企业的董事会成员最多，占32%；其次是来自金融投资公司，占18%；再次是来

---

① NCGA, "North Carolina General Statutes", http：//www.ncleg.net/gascripts/Statutes/StatutesTOC.pl? Chapter =0116.

自传媒公司和律师行业，各占14%（见表6-4）。这些董事会成员从事的职业领域涉及多个经常与大学发生联系的社会部门，这样有利于他们在各自所处的领域内协调大学与社会行业领域的关系，也有利于大学在面对与社会有关事务进行高级决策时有专业人员的参与。

表6-4　2011—2016年UNC-Chapel Hill董事会成员不同职业分布比例及排序

职业	数据分布	比例（%）	排序
工商企业董事（长）	7	31.82	1
金融投资公司合伙人/董事	4	18.18	2
（原）传媒公司董事（长）	3	13.64	3
律师	3	13.64	3
基金会董事	1	4.55	5
原大学校长	1	4.55	5
原政府官员	1	4.55	5
志愿者	1	4.55	5
农民	1	4.55	5
总计	22	100.00	

注：根据表6-2统计。

第三，董事会成员一般都是UNC校友。尽管有5位董事现在并不生活在北卡州，如海德家族基金会总裁Barbara董事现居住在田纳西州，曾任麻省理工学院校长的Phil居住在马萨诸塞州，彭博资讯社董事长Peter董事和老虎基金管理公司首席运营官John董事居住在纽约州，曾任国会山和白宫高级政策顾问的Bill现居住在弗吉尼亚州等等，但是因为他们都是校友，都曾经在UNC学习和生活过，所以他们目前愿意参与到大学的治理中去。

第四，董事会成员一般具有比较丰富的经历。他们一般都有多个职业或岗位的工作经历，具有丰富的社会经验，一般都有很多的社会兼职，尤其热心公益事业和公共事务，愿意承担不计酬劳的社会事务。22

名董事的社会兼职（职业）数多达142个，平均每人至少有6项社会兼职或经历过的职业（见表6-3）。董事会成员中有一位社区志愿者（Kelly），她在北卡大学教堂山分校教育学院获学士学位，在北卡夏洛特皇后大学商学院组织发展专业获硕士学位，在夏洛特市梅克伦堡学校当过六年小学教师，现在夏洛特市当一名生活与发展教练，是一名非常活跃的志愿者。她现在担任位于佛罗里达南部亨利墨里森弗拉格勒博物馆董事和Relgalf慈善基金会董事，还是弗拉格勒博物馆白厅协会的会员，夏洛特明特博物馆董事。董事会成员中还有一位农村居民（Allie Rey），他是北卡州桑普森县农村地区的终生居民，长期居住在基纳镇的家族农场，拥有一家位于北卡克林顿的房地产销售和评估集团公司。他1968年毕业于北卡大学教堂山分校历史系。多年来，他曾在许多州和联邦多个委员会包括州银行委员会、美国农业部ASCS委员会等任职。他还是桑普森社区学院的董事会成员和主席，桑普森区域医疗中心董事会成员和主席。

（二）咨询委员会（Board of Visitors，BOV）

1974年9月13日，北卡大学教堂山分校董事会表决通过了《大学咨询委员会章程》（以下简称《章程》）。《章程》第三条规定"大学咨询委员会由161名成员组成，其中校友总会会长是当然成员，其余160名成员由董事会选举产生"。"作为BOV的成员有且仅有一个资格条件，那就是愿意帮助北卡罗来纳大学教堂山分校实现在全球范围内的教育、科研和公共服务的三重使命。"[①]

《章程》还规定，名誉校董、离任分校校长和总校校长也是BOV的当然成员。每位成员任期四年，期满后不得连任，每年7月1日起有40名成员到期并更新。

根据北卡大学教堂山分校大学咨询委员会网站2016年1月公布的BOV成员简况（见附录二），对他们的职业分布情况进行了统计，统计结果见表6-5。

---

① UNCCH, "Charter", http://bov.web.unc.edu/charter/.

表 6-5　　BOV of UNC – Chapel Hill 成员职业类别分析

职业类别	人数（人）	职业类别	人数（人）	职业类别	人数（人）
法律	27	企业	107	政府	17
合伙人	14	董事	2	国防部干事	1
律师	10	董事长	7	众议院议员	1
总裁	2	副总裁	8	交通厅主任	1
法律顾问	1	合伙人	16	州长办公室主任	1
基金会	8	律师	2	参议院议员	1
总经理	4	职员	1	美国参议院副议长	1
基金会主任	2	总裁	28	环保厅法律总顾问	1
基金会职员	2	总经理	27	法院大法官	1
教育	14	投资顾问	5	州议员	1
大学校长	4	公司顾问	1	县长	1
幼教老师	1	家装设计师	1	美国司法部检察长	1
教授	5	经济分析师	1	政府事务顾问	1
法律顾问	1	经理	4	副市长	1
大学院长	1	经纪人	1	议长办公室主任	1
大学教务长	1	首席财务官	1	州参议院议员	1
大学副校长	1	研究员	1	州法院大法官	1
媒体	2	营销主任	1	市长	1
副总裁	2	社区	6	医院	12
协会	7	图书管理员	1	医生	2
总裁	1	私人教练	1	牙医	3
协会会长	1	社区志愿者	4	内科医生	2
妇产科医生	1	银行	6	妇产科医生	2
麻醉师	1	副总裁	2	眼科医生	1
行政总监	1	合伙人	1	麻醉师	2
商会副会长	1	律师	1		
校友总会会长	1	总经理	1		
		经理	1		

总计：206 人*

*网站数据访问日期为 2016 年 3 月 3 日，网站上公布的 224 名成员中，有 18 人未写明其单位和职业，故统计总数只有 206 人。

第六章 美国公立大学治理社会参与的现实案例

从表6-5可以看出,大学咨询委员会的成员构成具有如下一些特点。

第一,全部由校外人士组成。UNC-Chapel Hill 的咨询委员会全部是由校外人士组成,虽然成员中有大学校长、大学教务长、大学院长和大学教授等,但是他们或是已经退休,或是在其他大学在职,因此该咨询委员会可以称之为校外咨询委员会。另外,各个学院也都设有同样性质的校外咨询委员会。

第二,职业分布非常广泛。统计发现,206名成员来自10个职业大类,分别是企业界、法律界、政府部门、教育部门、医院、基金会、协会、银行、社区、媒体等;具体职业小类或职位层次超过70种,既有政府高官、企业高管,又有退休人员、社区志愿者。

第三,企业界人士比例最高。206名成员中,来自企业界的人员有107人,占总数的52%,超过其他9类职业人数的总和,这与董事会成员的分布特点是一致的。其次是来自法律界的人员,有27人,占总数的13%。政府部门工作人员也有较大比重,有17人,占总数的8%(见表6-6)。

表6-6 **BOV of UNC-Chapel Hill 职业来源分类统计**

职业类别	人数(人)	比例(%)	排序
企业	107	51.94	1
法律	27	13.11	2
政府	17	8.25	3
教育	14	6.80	4
医院	12	5.83	5
基金会	8	3.88	6
协会	7	3.40	7
社区	6	2.91	8
银行	6	2.91	9
媒体	2	0.97	10
总计	206	100.00	

注:根据表6-5数据计算。

第四，非教育界人士占主导地位。虽然是大学咨询委员会，但从其成员结构来看，来自教育界的人士比例很小，非教育界人士所占的比例远远大于教育界。206名成员中从事非学术职业和学术职业的比例分别为93.2%和6.8%。

二 参与渠道的多样性

社会参与大学事务的渠道，除了上面分析的大学董事会共同决定层次的参与、大学咨询委员会咨询层次的参与外，还包括社会成员的捐赠参与，媒体组织的评价参与，认证协会的评估参与等等。

（一）捐赠参与

一流的大学需要一流的办学经费支撑，充足的办学经费是大学发展的重要保障。美国著名教育经济学家布鲁斯·约翰斯通（Bruce Johnstone）提出的高等教育成本分担理论认为，高等教育的成本分担主体包括政府或纳税人、家长、学生以及捐赠个人或团体，通过政府提供公共资金、家长付学费或承担学生部分生活费或有时让学生住在家里、学生勤工助学或暑期打工、捐赠者给大学捐赠等形式来共同实现高等教育成本分担。[①] 如今，社会捐赠已经成为大学筹集资金的重要渠道之一。北卡大学教堂山分校大学发展办公室2016年公布的年度报告显示，2015财年是学校筹款数额最高的年份，共收到合同承诺捐款4.47亿美元，已经到款3.047亿美元，双双创历史最高纪录，捐赠与投资收益占本财年学校全部收入的17%（见表6-7）。

表6-7　　UNC-Chapel Hill 2015财年全部收入来源及比例

序号	收入来源	占总收入比例（%）
1	销售与服务	26.6
2	政府补助与合同	24.5
3	捐赠与投资收益	17.0

---

① [美] D.B.约翰斯通：《高等教育财政：问题与出路》，沈红等译，人民教育出版社2003年版，第172—173页。

第六章 美国公立大学治理社会参与的现实案例

续表

序号	收入来源	占总收入比例（%）
4	州政府拨款	16.2
5	学杂费	13.8
6	其他	1.9

资料来源：Carolina Development Annual Report, https://giving.unc.edu/see-your-impact/annual-reports/，访问时间为 2016-03-01。

社会捐赠将大学和社会各群体包括校友、家长、企业和个人紧密地联系了起来，当社会捐赠成为大学办学经费的主要来源之一时，各捐赠主体和利益相关者会对大学捐赠资金的使用起到监督作用，同时也会对大学的发展提出建设性意见，对提高组织运作效率，增强公众信任，实现大学治理结构优化起到积极作用。北卡大学教堂山分校2015财年（2014年7月1日—2015年6月30日）的年度报告显示，捐赠参与者主要包括校友、企业、社会团体和个人等，数量多达6.9万人（个），其中校友39493人，占57%，学生560人，占1%，教师/职工1189人，占2%，朋友22871人，占33%，父母1750人，占3%，公司1606个，占2%，基金会和信托基金654家，占1%，其他组织643家，占1%（见图6-2）。[①] 社会捐赠与政府拨款不同的是，社会成员的捐赠行为是捐赠者的自愿行为，因此大学的办学质量、排名情况、社会声望、社会服务能力等是捐赠者做出捐赠行为判断的重要依据，捐赠者的捐赠参与是对大学的一次重要评判，是一次重要的参与行为，一年6.9万个捐赠者，就是6.9万次参与行为。

（二）评价参与

社会媒体组织不仅对大学各个方面的事务进行监督，也对大学进行评价和排名，不仅有单项评价，也有综合评价。有的媒体就单个方面对大学进行评价和排名，如《吉普林个人理财》杂志就大学收费情况进

---

① UNCCH, "Carolina Development Annual Report", https://giving.unc.edu/wp-content/uploads/sites/1350/2023/06/Carolina_Development_Annual_Report_2015.pdf.

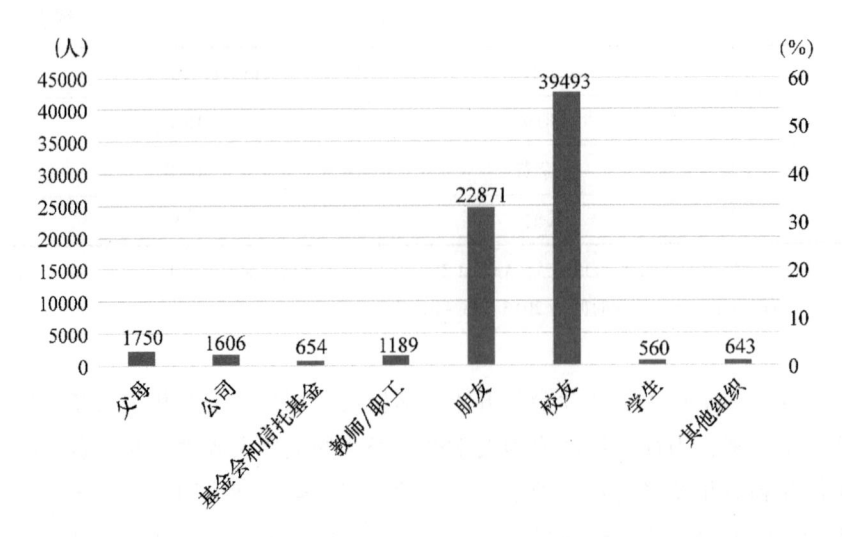

```
(人)                                    39493              (%)
45000                                                      60
40000                                                      
35000                                                      50
30000                                                      40
25000                    22871                             
20000                                                      30
15000                                                      20
10000                                                      
 5000  1750  1606   654  1189              560   643       10
    0                                                      0
       父    公    基    教    朋    校    学    其
       母    司    金    师    友    友    生    他
                  会    /                          组
                  和    职                         织
                  信    工
                  托
                  基
                  金
```

图 6-2 UNC – Chapel Hill 2015 财年捐赠者分布及比例

行统计排名，评出学生最能支付得起学费的大学，UNC – Chapel Hill 已经连续第十五次被评为最能支付得起的高质量的百所公立大学第一名；再如《普林斯顿评论》杂志单就根据学生的反馈意见对大学进行排名，UNC – Chapel Hill 在"2014 年最好的十所公立大学排名"中排在第 1 位。有的媒体对大学进行综合评价并排名，如《美国新闻与世界报道》每年都对美国的大学和专业学院进行综合排名，UNC – Chapel Hill 在 2015 年已连续第十五次被评为最好的公立大学第五名。

（三）评估参与

在美国，大学的评估和认证是由社会组织（评估协会、认证协会等）完成的。北卡大学教堂山分校所授予的学士学位、硕士学位、博士学位、专业学位以及专业证书都是由"美国南部院校协会的高等院校委员会"（SACSCOC）评估和认证的。SACSCOC 对 UNC – CH 教学质量的整体性评估认证每 10 年进行一次，并且每 5 年需提交中期报告。

美国南部院校协会的高等院校委员会是美国教育部承认的地区性认证机构，是对美国南部 11 个州的授予副学士学位以上院校进行机构认证的组织。SACSCOC 的使命是保证教育质量，提高成员单位的效力；

其核心价值包括正直诚信、质量提升、同行评审/自我调节、问责、透明。

UNC – Chapel Hill 的评估参与除了 SACSCOC 的整体性评估外，其他各种各样的外部社会机构也会对其进行专业评估和特殊领域的单项评估。

第三节 大学治理社会参与的深度分析

大学治理社会参与的深度是指社会范畴的大学利益相关者实际参与大学事务的程度和层次。运用大学治理社会参与深度的评测维度，从"知情""咨询"和"共同决定"三个层次分析社会参与大学治理的纵深程度。

一 "知情"层次

"知情"是社会参与阶梯的最低阶段，虽然不是实质性的参与阶段，但是知情是参与的前提和基础，是实质性参与的准备阶段，没有对大学事务的了解，不可能有参与的开始。因此，对于"大学"一方来说，充分、详细地公开大学全部信息，做到大学事务的完全透明，是"社会"一方知情的前提条件，是社会参与大学治理的先决条件。

（一）北卡州法律的相关规定是"知情"的保障

美国于 1966 年即颁布了联邦《信息自由法》（Freedom of Information Act, FOIA），北卡州议会根据联邦 FOIA 制定了本州的信息自由法案，其中包括《北卡州会议公开法》（North Carolina Open Meetings Law, G. S. §143 – 318.9）和《北卡州公共记录法》（North Carolina Public Records Law, G. S. §132 – 1）。

《北卡州会议公开法》规定"公共机构的所有正式会议对公众开放，任何人有权参加"，同时在条款中界定了"公共机构"的概念，"公共机构是指所有经过选举或任命赋予权力的州级机构，包括各种董事会、理事会、委员会、政务会及其他相关机构，以及县、市、学校行政单位、北卡大学组织机构,或者其他行使或授权行使立法、决策、司法、行政或咨询功能的行政机构或公共企业",也界定了"正式会议"的概念,"正式会议是指由公共机构成员在任何时间、任何地点参加的,旨在为他们责任范围内的公共事务进行听证、审议或投票而举办的集会,包括电视电话会议和其他电子手段进行的会议"。《北卡州会议公开法》还对"会议通知"做了明文规定,"一旦公共机构形成了定期会议,就必须及时地向社会公众发布定期会期的日程安排表,包括具体的时间和地点","有网站的,要把会议日程表公布于网站上";"如果公共机构在事先安排的定期会议日程之外的任何时间和任何地点举行会议,必须拟写书面会议通知陈述会议目的,张贴于公共机构的主要电子公告栏或者经常开会的会议室大门上,并且邮寄、电邮或者亲自发送到每家报纸、有线电台、无线电台、电视台";"会议通知必须在会议开始前48小时发出去","对于紧急会议,公共机构应当通知到当地报纸、当地有线电视台、广播电台,并且应当在通知参会人员后立即通知到以上媒体"。《北卡州会议公开法》还规定,"每个公共机构应当保留准确完整的会议记录"。[①]

《北卡州公共记录法》界定了"公共记录"的内容,"公共记录包括记录、文件、信函、地图、书籍、照片、胶片、磁带、电子数据处理记录、文物,或者其他文献资料等",并且规定"公共记录是人民的财产,任何人可以免费或以最低成本获取公共记录的副本"。[②]

如果有任何公共机构的会议违反上述规定,法院将宣布会议讨论的内容和形成的决定无效。这样,事前有公开发布会议通知,事中媒体和利害相关的任何人允许旁听会议,事后可以自由查阅会议记录,社会参与公共事务治理的法律保障充分而且完备。

(二) 北卡大学教堂山分校的信息公开情况

北卡州政府法律规定了北卡大学教堂山分校属于应当实行信息公开

---

① NCGA, "North Carolina General Statutes", http://www.ncleg.net/gascripts/Statutes/StatutesTOC.pl?Chapter=0116.

② NCGA, "North Carolina General Statutes", http://www.ncleg.net/gascripts/Statutes/StatutesTOC.pl?Chapter=0116.

的"公共机构"范围,因此 UNC‑Chapel Hill 通过各种渠道向新闻记者、研究人员以及其他社会人员主动公开学校在办学过程中产生的公共信息,主要包括网站、广播、电视等媒体渠道,公开会议渠道,档案渠道和社会成员直接参与的组织渠道等,公开的形式包括数字化信息、音频信息、视频信息、实物资料、交互信息(见表6‑8)。

表6‑8　　　　　UNC‑Chapel Hill 信息公开的渠道

渠道	名称	说明	形式
网站	*.unc.edu	一站式域名	数字化信息
广播	WUNC‑FM,频率91.5MHz	公共广播电台,由 UNC‑Chapel Hill 运行,覆盖全州	音频信息
电视台	WUNC‑TV, Channel‑4	由 UNC‑Chapel Hill 运行,是 UNC‑TV 的十二个电视台之一,覆盖北卡研究三角区	影像信息
档案	Wilson 图书馆	提供大学档案和记录管理服务	实物资料
BOT 成员	校董事会	每届12名社会成员	交互信息
BOV 成员	校外咨询委员会	每届161名社会成员	交互信息
会议	公开会议	uncnews.unc.edu 网站的 open meetings 栏目会张贴出校内各个组织对外公开的会议日程,公众可以旁听	交互信息

网站:UNC‑Chapel Hill 的每个重要的组织一般都建有自己向社会公开的网站,按规定,组织的定期会议日程安排都要发布于其网站上。一站式的域名网站为社会了解和参与相关大学事务提供了便捷的通道,网站无内部网站和外部网站之分,凡对内公开的信息,也都对外公开。

广播:WUNC‑FM 是由 UNC‑Chapel Hill 负责运营的北卡公共广播电台,发射信号覆盖北卡全州,开播时间是1976年4月3日。WUNC 的使命是"提供高品质的新闻、文化和娱乐内容,创造一个更加知情和参与的社区"[①]。由学校负责运营的州公共电台可以方便地向全州人民

---

① WUNC,"About WUNC", http://wunc.org/about.

公开大学有关信息。

电视台：UNC-TV 是一个由北卡大学系统运营的、服务于北卡全州 100 个县的公共电视网，开播于 1955 年 1 月 8 日，目前拥有 12 家电视台。教堂山分校运营 12 家电视台其中之一，这也是面向全州人民公开校内信息的主要途径之一。

档案：威尔逊特别馆藏图书馆是 UNC-Chapel Hill 的 13 个图书馆之一，专事北卡州藏品、珍藏本书集、南方民间艺术藏品和南方历史藏品的收藏，以及大学档案和记录的管理服务。学生、学者和访客可以很方便地根据他们的兴趣或研究的需要在这里免费查阅大学档案。①

公开会议：北卡大学教堂山分校新闻网列出了学校 75 个组织机构的定期会议日程安排②，媒体记者及其他社会成员可以通过该网站查找有关组织近期和未来一段时间的会议日程，方便媒体等社会各界参与旁听会议内容。

社会公众还可以通过学校的公共信息索取网站（publicrecords.unc.edu）依法获取学校未主动公开的信息。大学的办学透明度指数非常高。充分的信息公开，为教育科研人员研究大学、为媒体监督大学、为社会评价大学、为公众问责大学，提供了充足的数据资料，进而能够更好地参与大学的治理。

二 "咨询"层次

"咨询"是校方从社会获取信息以及社会成员建议表达的方式，是参与的基础阶段。UNC-Chapel Hill 的大学咨询委员会（BOV）就是这样一种校方与社会互动交流的正式组织，从其分委员会设置和职责及其工作内容可以分析其参与学校事务的深度。

表 6-9 列出了大学咨询委员会下属的五个分委员会名称及其职责，从表中可以看出，大学咨询委会对学校事务的参与深度主要涉及新生的招生、毕业生就业和大学与市场及政府的关系方面。

---

① Wilson Library, "About Wilson Library", http://library.unc.edu/wilson/about/.
② 参见北卡大学教堂山分校新闻网，http://uncnews.unc.edu/all-meetings/.

表6-9　　BOV of UNC-Chapel Hill 下属分委员会及其职责

序号	下属委员会名称	职责
1	学生招募委员会	负责在全国范围内物色最优秀的学生报考本校
2	学生就业服务委员会	负责接受毕业生进入职场前的就业咨询
3	成员招募委员会	负责提高成员的工作满意度和工作质量
4	市场联络委员会	负责给大学联络与公共事务机构提供建设性意见
5	政府关系委员会	负责与地方政府、州政府和联邦政府的联络

资料来源：http://bov.web.unc.edu/committees/。

BOV每年春季学期和秋季学期各举办一次全体委员会议，表6-10列出了2015年BOV春秋两次会议的日程安排。从2015年春季会议的日程来看，两天的会议主要包括五项内容：一是为期半天的"与成功人士面对面"活动，由BOV的就业服务委员会举办，BOV成员坐在就业指导中心办公室里一对一地为即将走入职场的毕业生面对面地提供就业指导咨询服务；二是"走进课堂"活动，BOV成员有机会走进大学课堂，聆听大学教授的智慧讲学，重新体验大学时代的学生时光，感受和了解如今的教授教学情况和学生学习状态；三是各委员会分会场工作研讨和大会报告；四是工作报告，包括学生事务副校长和学生会主席关于学生工作的报告，公共事务副校长关于大学事务的报告；五是"对话校长"活动，BOV成员有机会就大学发展事务与校长对话，加强了解，促进交流，共商校事。

表6-10　　BOV of UNC-Chapel Hill 2015年春秋会议日程安排

时间		主题	内容
2015.4.23—24	9am—5pm	参观课堂	BOV成员走进大学课堂，重温大学经历
	Noon—5pm	面对面	BOV成员与学生面对面地进行一对一的就业咨询
	8—9：00am	分委会会议	五个分委员会分别召开小组会议
	9：00am	开幕式	BOV和BOT主席分别致辞
	10：00am	报告	艺术与援助—全球文化行动主义的新方法
	10：30am	报告	声音创造—超越现实音效

续表

时间		主题	内容
2015.4.23—24	11:00am	研讨	今天学生面临的问题
	11:30am	信息分享	大学发展情况分享,研讨发展难题
	12:15pm	对话校长	午餐会期间与校长对话交流
2015.10.22—23	Noon—5pm	面对面	BOV 成员与学生面对面地进行一对一的就业咨询
	4:00—6:00pm	新成员见面	BOV 新成员见面会
	9:30am	分委会会议	五个分委员会分别召开小组会议
	10:45am	分委会报告	五个分委员会分别工作报告
	11:15am	报告	教师职业的生命周期
	11:45am	学生报告	被招募的学生谈 BOV 招生宣传的影响
	12:15pm	工作报告	新一届本科生情况简介及招生问题研讨
	1:00pm	访谈	对体育部主任的现场专访

资料来源:http://bov.web.unc.edu/archives/,访问时间为 2015-12-10。

2015 年秋季会议日程显示,此次会议的主要内容包括五项:一是为期半天的"职场面对面",就业咨询指导;二是各分委员会分会场工作研讨和大会报告;三是 3 名新生分享其被 BOV 招生委员会招生影响的感受;四是分管本科招生的副教务长介绍新生班级情况并研讨本科招生问题,回答有关新生招生问题的提问;五是有关大学体育问题研讨。

从 BOV 的工作职责和其工作内容可以看出,BOV 的工作主要涉及毕业生就业、新生招收、大学与外界公共关系、大学体育活动等方面,一方面,通过 BOV 的工作,能够宣传学校,加强学校与社会各方面的沟通与了解;另一方面,通过 BOV 与校方的交流与研讨,使校方能够充分获得信息和智力及资金的支持与帮助,从而促进学校更好地发展。

三 "共同决定"层次

"共同决定"是大学与社会范畴的利益相关者就有关事项进行真正的协商合作、共同决策,是参与的高级阶段。UNC-Chapel Hill 董事会(BOT)是实现社会参与共同决定的制度平台,通过分析 BOT 的委员会构成及其责任分工，以及 BOT 定期会议的内容，可以发现董事会参与学校事务的范围和深度。

（一）UNC - Chapel Hill 董事会职责范围的分析

表 6-11 列出了董事会下属各委员会的成员组成及其分工，从表中可以看出以下信息。

第一，董事会的 13 名成员按责任分工分别组成 5 个委员会，分别是商业化与经济发展委员会、对外关系委员会、财务与基础设施和审计委员会、人事委员会、大学事务委员会，每个委员会最多由 7 位董事组成，每位董事至少担任两个委员会的委员，每个委员会负责一部分具体事务。

表 6-11　2015—2016 UNC - Chapel Hill 董事会各委员会责任分工

序号	姓名	委员会职务	委员会名称	委员会职责	行政联系人
1	W. Lowry Caudill	主席	商业化与经济发展委员会	科学研究、创新创业、技术转让、许可授权、改革规划、经济发展、早期资助、行业关系	分管商业与经济发展副校长，分管科研副校长和常务副校长兼教务长
2	Julia Sprunt Grumbles	副主席			
3	Jefferson W. Brown	委员			
4	Donald Williams Curtis	委员			
5	Haywood D. Cochrane, Jr.	委员			
6	Hari H. Nath	委员			
7	Dwight D. Stone	委员			
1	Kelly Matthews Hopkins	主席	对外关系委员会	公共关系、行政事务、大学发展、奖励和荣誉学位及命名审批、校友工作、管理大学咨询委员会、联络大学系统理事会、联系同行机构、WUNC 广播电台、北卡研究三角区工作、校际体育活动（包括媒体、许可、教育基金会、球迷）、市镇与大学师生关系	分管大学发展副校长，分管对外联系与公共事务副校长，校友总会会长，负责社区关系的主任，临时公共事务主任，联邦事务主任，大学咨询委员会主席
2	Allie Ray McCullen	副主席			
3	Charles G. Duckett	委员			
4	William (Bill) Keyes	委员			
5	William (Ed) McMahan	委员			
6	Houston L. Summers	委员			
7	Dwight D. Stone	委员			

续表

序号	姓名	委员会职务	委员会名称	委员会职责	行政联系人
1	Haywood D. Cochrane, Jr.	主席	财务、基础设施和审计委员会	财务预算、财务收支、学杂费、财务规划、审计、财政、捐赠和基金会、支付养老基金、发展、信息技术、建筑物和地面及校园总体规划、建筑物选址及建筑师和设计师选择、产权收购、出售和租赁、校园安全、停车与交通	分管财务与行政副校长,分管财务和学术规划的副教务长,分管科研副校长,分管大学发展副校长,分管信息技术副校长,内部审计师,分管基础设施助理副校长和分管财务与行政的高级助理副校长
2	William (Ed) McMahan	副主席			
3	Jefferson W. Brown	委员			
4	Kelly Matthews Hopkins	委员			
5	W. Lowry Caudill	委员			
6	Hari H. Nath	委员			
7	Dwight D. Stone	委员			
1	Jefferson W. Brown	主席	人事委员会	工资、组织发展	无
2	W. Lowry Caudill	副主席			
3	Allie Ray McCullen	委员			
4	Charles G. Duckett	委员			
5	Dwight D. Stone	委员			
1	Charles G. Duckett	主席	大学事务委员会	专业与课程计划和学位、继续教育/在线教育/慕课、学科建设、招生、学生资助、教师事务、工会工作、学生事务、学生奖惩、学生保健服务、学生住房、人力资源、校际体育活动	常务副校长兼教务长,教师会主席,分管学生事务副校长,体育委员会主任,分管人力资源副校长,研究生院院长,常务副教务长,工会主席
2	William (Bill) Keyes	副主席			
3	Allie Ray McCullen	委员			
4	Julia Sprunt Grumbles	委员			
5	Donald Williams Curtis	委员			
6	Houston L. Summers	委员			
7	Dwight D. Stone	委员			

资料来源：http://bot.unc.edu/committees，访问时间是 2015-12-10。

第二，董事会下设的 5 个委员会工作任务总体上涵盖了大学工作的全部内容，包括学术事务也包括非学术事务，包括大学专属事务也包括非大学专属事务，实际上大学专属事务的数量只占全部大学治理事务总量的29%，其余71%的治理事务属于社会事务（见表6-12），UNC-Chapel Hill 由校外人士组成的大学董事会掌握着大学一切事务的最终决定权。实际上，与社会密切相关的非大学专属事务占到七成，也从侧面表明大学治理社会参与的合理性。

表6-12　UNC-Chapel Hill 董事会治理的事务类别及其比例

类别	事务名称	数量/占比
大学专属事务	专业与课程计划和学位、继续教育/在线教育/慕课、学科建设、招生、学生资助、教师事务、工会工作、学生事务、学生奖惩、学生保健服务、学生住房、人力资源、校际体育活动、人员工资、组织发展	15件/29%
非大学专属事务	科学研究、创新创业、技术转让、许可授权、改革规划、经济发展、早期资助、行业关系、公共关系、行政事务、大学发展、奖励和荣誉学位及命名审批、校友工作、管理大学咨询委员会、联络大学系统理事会、联系同行机构、WUNC 广播电台、北卡研究三角区工作、校际体育活动（包括媒体、许可、教育基金会、球迷）、市镇与大学师生关系、财务预算、财务收支、学杂费、财务规划、审计、财政、捐赠和基金会、支付养老基金、发展、信息技术、建筑物和地面及校园总体规划、建筑物选址及建筑师和设计师选择、产权收购、出售和租赁、校园安全、停车与交通	36件/71%

资料来源：根据董事会各分委员会责任事务范围整理，参见http://bot.unc.edu/committees。

第三，除了分管医学事务的副校长外，所有校级领导分别作为董事会各委员会的行政联系人参与到各委员会的相关工作中去（UNC-Chapel Hill 大学治理结构参见图6-1），与各委员会一起就具体事务进行交流讨论，为董事会全体会议提供充分的决策信息以及备选方案，充分体现社会参与共同决定的特点。

（二）UNC-Chapel Hill 董事会会议内容的分析

通过对 UNC-Chapel Hill 董事会2015年全年共5次全体会议的会议记录所做的分析（见附录三），可以发现董事会会议具有以下一些特点。

第一，会议议程程式化。董事会每两个月举行一次为期两天的定期会议，第一天为五个委员会的分组会议，第二天为董事会全体成员会议。全体会议议程一般都比较固定和程式化，主要包括：新任董事宣誓新职①，点名②，批准议程③，董事会主席、学生会主席、大学校长分别通报近期工作情况，相关单位情况介绍，董事会各委员会分别报告分管工作且在必要时进行现场表决，等等。

第二，会议内容具体化。会议内容全面而具体，涉及学校事务的方方面面，形式上包括情况通报、信息交流和工作研讨等，在会议上董事们和大学高级行政管理人员可以就相关问题进行充分的信息沟通和讨论决定，大学方方面面的事务都需要最后在董事会全体会议上表决通过才能生效。

第三，会议讨论公开化。全体会议一般分为三段：首先是开放会议阶段，开放式的公开会议，任何相关人员都可以参加；然后是闭门会议阶段，按照《北卡州公开会议法》的规定，一些事务可以闭门讨论，只有董事会成员参加；然后会议重新进入开放阶段。采用开放式会议和闭门会议相结合的方式，除了按照北卡州有关法律条款规定的涉及特殊信息不予公开外，所有会议内容都允许包括教师、学生、记者、市民等参加，任何人都有权旁听或发表意见，因此会议的绝大部分时间是开放式的。

第四，会议决策集体化。从各委员会到全体会议的各项决议都体现出集体决策的特征，任何人对任何关乎他人的具体事项不享有单独决定的权力，各委员会在举行小组会议时，都是与学校相关行政团体一起讨论并形成初步意见，提交董事会全体会议最终表决。会议表决的形式采

---

① 每年5月新任学生董事由当地县法院法官主持宣誓就职，每单数年7月新任董事由州高级法院法官主持宣誓就职。

② 秘书点名之后紧接着董事会主席都要宣读一段涉及《州政府道德法案》的内容："作为董事会主席，提醒各位成员遵照州政府道德法案有关规定以避免产生利益冲突是我的职责，每位董事都已经收到本次董事会会议议程安排表和相关信息，如果有董事知道自己与本次会议议程的任何方面将产生利益冲突或者有潜在的利益冲突，请现在就提出来"。查阅董事会会议记录，这段话是每次董事会开会之前主席必须宣读的。

③ 批准通过上一次董事会会议记录，集体通过在董事会闭会期间通过信件由每个董事单独表决的信件投票项目，这些内容一般都是事前先分发到各位董事手上的，一般都是加薪、晋升和人事任命等事项。

用现场举手即时表决和会后邮件投票表决相结合,现场表决需由一名董事提议,有其他董事正式附议,再举手表决通过;以会后邮件方式分别独立投票表决的事项也需由现场集体表决同意,会后以邮件方式分别投票表决的,都要在下次全体会议上确认通过。

第五,表决结果一致化。从会议表决的结果来看,全年5次会议共有39项事项需全体会议表决,尽管有反对票(2项出现反对票,占5%),但所有事项的表决结果全都是"通过"(一致通过的10项,占26%;20项并未写明是一致通过还是有反对通过,占51%;获得批准的7项,占18%)(见表6-13)。虽然这样的表决结果体现出些许的形式主义特征,但从反面看则反映出各委员会工作的充分、细致,相关制度的健全、规范,高级管理团队的可信、可靠。

表6-13　2015年UNC-Chapel Hill董事会全体会议需要通过事项的表决结果

序号	表决结果	表决数量(件)	数量占比(%)
1	批准	7	18
2	通过	20	51
3	一致通过	10	26
4	有反对票通过	2	5
	合计	39	100

注:基于附录三进行的统计。

总之,开放的董事会会议形式,不仅校级领导必须参加以表达建议,而且其他相关人士都可以参加以表达意见;全面化的会议内容,实质上表明非全职工作的校外董事们是无法通过自身的力量完成所有事务的决策,必须依靠大学的高级行政管理团队协商、讨论、决定;集体化的决策方式,实际上是董事会与大学的高级行政管理人员实质性地分享决策权。因此,由校外人士组成的董事会参与的大学治理,真正体现了大学治理社会参与阶梯的最高阶段——共同决定。

第四节 大学治理社会参与的综合分析

以上两节分别讨论了北卡大学教堂山分校治理中社会参与的广度和深度，本节通过大学的一例具体事件——校长遴选事件——来综合分析其社会参与的广度、深度和效度，并结合前两节的讨论来分析北卡大学教堂山分校治理的社会参与特性。

一 校长遴选事件中社会参与的三维度分析

校长遴选是牵涉到多方利益的重要事件，是学校的一件大事，遴选过程和结果可以反映社会参与的水平和质量，基于事件过程的详细描述可以综合分析评价社会参与的广度、深度和效度。

（一）校长遴选事件发生的背景

卡罗尔·福尔特（Carol Folt）于2013年7月1日至2019年1月31日任北卡大学教堂山分校第11任校长，是该校建立以来的第29任首席执行官，也是该校第一位女校长。其前任校长霍尔顿·索普（Holden Thorp）于2012年9月16日向北卡大学总校校长提出请求，申请于本财年结束时（2013年6月30日）辞去校长职务（索普校长将于2013年7月1日起任圣路易斯华盛顿大学教务长、医学与化学讲座教授）。遴选大学校长是董事会的重要使命之一，董事会随即于2012年9月19日临时召开全体成员紧急会议，4名董事到现场，7名董事（包括董事长、副董事长和秘书）通过视频参加会议，两名董事缺席，会议通过了"挽留索普校长的决定"："鉴于索普校长将于2013年6月30日本财年结束时辞去校长职务，董事会请求索普校长重新考虑他的决定，董事会完全同意学生会、教师会、文理学院主席团和员工联盟的挽留决定，强烈要求索普校长为了学校的利益慎重考虑辞职问题。"① 挽留校长的决

---

① BOT, "Board of Trustees Emergency Meeting Minutes", http://bot.unc.edu/files/archives/MIN%20912%20Emergency.pdf.

定只是出于对师生员工请求的礼节性回应，随后便紧锣密鼓地启动了校长遴选程序（见图6-3），整个遴选历时7个月。

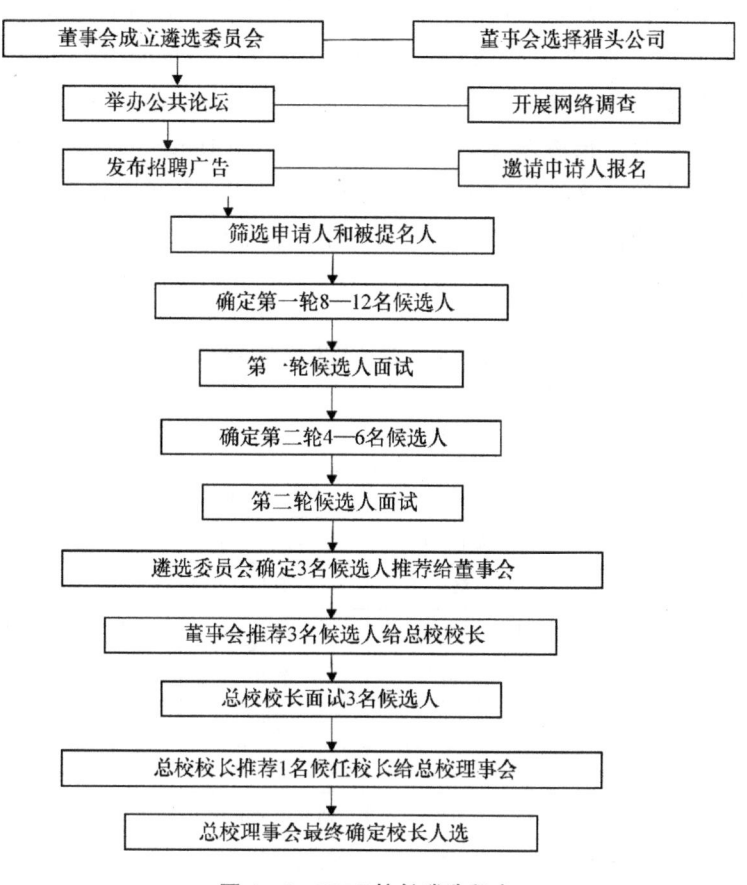

```
董事会成立遴选委员会 ────── 董事会选择猎头公司
         │
    举办公共论坛 ────────── 开展网络调查
         │
    发布招聘广告 ────────── 邀请申请人报名
         │
   筛选申请人和被提名人
         │
   确定第一轮8—12名候选人
         │
     第一轮候选人面试
         │
   确定第二轮4—6名候选人
         │
     第二轮候选人面试
         │
  遴选委员会确定3名候选人推荐给董事会
         │
   董事会推荐3名候选人给总校校长
         │
     总校校长面试3名候选人
         │
  总校校长推荐1名候任校长给总校理事会
         │
   总校理事会最终确定校长人选
```

图6-3　UNC校长遴选程序

（二）新校长遴选过程

按照《北卡州总法令》的授权以及《北卡大学总章程》的规定，"在校长职位空缺时，董事会应当在与总校校长的协商下，组建一个由董事会成员、教师、学生、员工、校友和社区代表组成的遴选委员会"①。于是，在2012年9月27日召开的董事会该年度第5次例会上，

---

① UNC, "The Code", http://www.northcarolina.edu/apps/policy/index.php.

董事会主席宣布建立一个由各方代表共21人组成的大学校长遴选委员会（人员组成见表6-14），在全国范围内遴选出最优秀的候选人，提交给总校校长和总校大学理事会以供最终定夺。在该次例会上，董事会还决定建立大学校长遴选的专题网站（网址为chancellorsearch.unc.edu），向大学和社会及时发布选拔的过程信息。① 2012年9月28日，董事会主席兼校长遴选委员会主席哈格罗夫（Hargrove）即发表公开信，向师生员工及校友、朋友们表达了遴选索普校长的继任者是董事会当下最紧迫的任务，并希望所有利益相关者能够积极参与到这一事件中来。②

表6-14　　UNC-Chapel Hill大学校长遴选委员会成员构成

序号	姓名	来源地	职务	遴选委员会职务	代表方
1	Wade Hargrove	罗利市	董事会主席	主席	董事会
2	Barbara Hyde	孟菲斯市	董事会副主席	副主席	董事会
3	Felicia Washington	夏洛特市	董事	副主席	董事会
4	John Townsend Ⅲ	康州格林威治市	董事	委员	董事会
5	Donald Curtis	罗利市	董事	委员	董事会
6	Roger Perry	教堂山市	董事	委员	董事会
7	Will Leimenstoll	格林斯博罗市	董事、学生会主席	委员	学生
8	Michael Bertucci	本校	研究生会主席	委员	学生
9	Jan Boxill	本校	教师会主席、高讲	委员	教师
10	Valerie Ashby	本校	化学系主任、教授	委员	教师
11	Kevin M. Guskiewicz	本校	体育系主任、教授	委员	教师
12	John McGowan	本校	英语系教授	委员	教师
13	Cam Patterson	本校	医学院教授	委员	教师

---

① 参见北卡大学教堂山分校董事会2012年9月27日全体成员例会的会议记录，http://bot.unc.edu/files/archives/MIN%20912.pdf。
② 参见校长遴选委员会主席哈格罗夫致全国的一封公开信，http://chancellorelect.unc.edu/2012/09/28/a-message-from-chancellor-search-committee-chair-wade-hargrove/。

第六章　美国公立大学治理社会参与的现实案例

续表

序号	姓名	来源地	职务	遴选委员会职务	代表方
14	Douglas Shackelford	本校	商学院教授	委员	教师
15	Jackie Overton	本校	员工联盟主席	委员	员工
16	Dwayne Pinkney	本校	副教务长	委员	员工
17	Kenneth Broun	教堂山市	教堂山前市长	委员	校友、社区
18	Eric Montross	教堂山市	校友总会会长	委员	校友、社区
19	Chuck Lovelace	教堂山市	基金会主任	委员	校友、社区
20	Dwight Stone	格林斯博罗	公司总裁	委员	校友、社区
21	Richard Vinroot	夏洛特市	夏洛特前市长	委员	校友、社区

资料来源：http://chancellorelect.unc.edu/the-search-process/members，访问时间 2015-06-10。

2012年10月8日，由 UNC-Chapel Hill 董事会主席哈格罗夫担任主席的校长遴选委员会召开第一次全体会议。总校校长汤姆·罗斯（Tom Ross）到会并发表了讲话，他提到了对下一任教堂山分校校长的18条个性品质特征的要求，并强调了遴选委员会的保密纪律，要求遴选委员会最终提交3位最优秀的候选人名单。会议决定举办三场公共论坛，以征求学生、教师、员工、校友和当地社区等各方意见。[①] 会议还成立3个工作小组：一是公共论坛分委会（Public Forums Subcommittee），由6名成员组成，负责制定有关学生、教师、职工和社区居民的至少3个公共论坛的工作方案，从公共论坛得到的信息将有助于形成"校长招聘启事"，该小组还负责考虑广泛征求校友关于下一任校长素质的意见和建议。二是招聘启事分委会（Leadership Statement Subcommittee），由7名成员组成，负责结合总校校长汤姆·罗斯在第一次遴选委员会全体会议上的讲话以及来自公共论坛的对继任校长素质要求的反

---

① 参见遴选委员会2012年10月8日会议记录，https://wayback.archive-it.org/3491/20130222192044/http://chancellorsearch.unc.edu/wp-content/uploads/2012/11/Mtg-minutes-1008121.pdf。

馈意见拟定招聘启事。招聘启事将作为遴选下一任校长的奠基性文件。三是面试问题分委会（Interview Questions Subcommittee），由 7 名成员组成，负责拟定针对第一份候选人名单的一组面试问题，这些问题应足以涵盖遴选委员会所期望的继任校长所应具备的主要素质，并且具体到足以让面试官能够获得对候选人充分了解需要的信息，通过这些问题的面试能够淘汰掉一批候选人，进一步缩小候选人范围①。遴选委员会本次全体会议还面试了三家猎头公司，最后投票一致同意选择芬克猎头公司代表董事会和大学进行候选人的筛选。芬克公司是一家专注于像北卡大学这样具有良好声誉的美国大学联合会成员的高管招聘公司，拥有 14 年的教育行业猎头经验，已经参与过 350 次教育猎头行动，帮助招聘的在任大学校长多达 70 人。

2012 年 10 月 26 日，校长遴选委员会公共论坛分委会和招聘启事分委会分别召开第一次小组会议，商讨工作。

2012 年 11 月 5 日，校长遴选委员会召开全体成员会议，会上讨论了"校长招聘启事"的内容要点，强调指出即将开始的公共论坛和网上调查所征集的各方意见将是形成招聘启事的重要内容。会上还就开展网上调查所使用问卷的 5 个问题逐一进行了讨论，并做了修正和完善，会议确定网上调查结果于感恩节前公布于众。会上还通报了公共论坛的准备情况，已将举办公共论坛的通知通过电子邮件、网站、校园媒体、社会媒体等途径广泛发布，并公布了遴选委员会的电子邮箱，对于不能够到现场参加讨论的，可以通过电子邮件联系遴选委员会，推荐候选人。②

2012 年 11 月 7—8 日，校长遴选委员会分别举办了员工论坛、社区居民论坛、教师论坛和学生论坛四场开放式论坛，公开讨论下一任校长的遴选标准。在员工论坛上，发言者强调了大学对北卡罗来纳州的重要

---

① 参见新闻报道，http：//chancellor.unc.edu/2012/10/chancellor-search-committee-creates-three-subcommittees/。

② 参见遴选委员会 2012 年 11 月 5 日会议记录，https：//wayback.archive-it.org/3491/20130222192043/http：//chancellorsearch.unc.edu/wp-content/uploads/2012/12/20121204093458131.pdf。

性，有的员工提出要求下任校长必须明白北卡大学一直是一所"人民的大学"，还有的员工提出要给女性候选人公平的机会。在教师论坛上，发言者强调了对于一所研究型大学来说学术经历的重要性。在学生论坛上，学生们强调了未来校长对学校文化认同的重要性。在社区居民论坛上，教堂山市市长、教堂山市理事会委员、校友总会会长等出席，他们强调了未来校长与社区关系的重要性。各利益相关方都充分表达了对未来校长的期望和要求，遴选委员会所有成员几乎全部参加了每场讨论会，获得了大量关于下一任校长遴选标准的信息。①

2012年11月13日，校长遴选标准的网上调查开始进行，调查问卷填报的具体截止日期是2012年12月15日，调查问卷内容包括校长的个性特征、个人经历及首要任务等五个主要问题（见附录四），网上在线调查问卷通过大学的、校友总会的和新生与家长办公室的常用邮件列表渠道广泛地分发到学生、教师、员工、校友、家长、朋友和社区成员手中。

2012年11月15日，董事会召开了本年度第6次例会，主席哈格罗夫通报了校长遴选事件的进展情况：两个分委会进行了卓有成效的工作，四个开放式论坛成功召开，涉及众多利益相关者的在线调查正在进行，招聘启事的起草正在积极准备中，整个信息收集工作将于12月15日前结束。遴选委员会选定的猎头公司负责人到会并通报了有关情况：一是当下全国各地多所大学和学院都正在进行领导人的遴选，包括卡耐基—梅隆大学、普林斯顿大学、佛罗里达大学、佐治亚大学和威斯康星—麦迪逊大学等；二是优秀候选人的数量不够充足，其中一个主要原因是年龄因素，60%的现任大学校长都已60岁或超过60岁，《高等教育纪事报》称之为"校长的老龄化"，另一个原因是只有30%的现任教务长有升任校长的意愿。②

2012年12月3日，遴选委员会召开全体成员会议，通报了截至目

---

① 参见新闻报道，https://wayback.archive-it.org/3491/20131214171949/http://gazette.unc.edu/2012/11/13/chancellor-search-committee-gathers-public-input/。

② 参见董事会2012年11月15日会议记录，http://bot.unc.edu/files/archives/MIN%201112.pdf。

前网络在线调查的结果：完成问卷发放 18 万份，已收到回复 6780 份，其中 60.5% 为校友，18.2% 为学生。此次会后，结合公共论坛反馈的信息和在线调查统计的结果，形成了校长招聘启事，招聘广告被广泛发布在一些高等教育期刊上。

2012 年 12 月 6 日，遴选委员会公开发布了网上调查的初步结果。共发放在线调查问卷 20 余万份，截至 12 月 6 日共收到 6700 余份回复，其中 60% 的回复来自校友。统计结果发现，70% 的被调查者认为，"卓越的学术成就"是大学最重要的无形资产，其次是"大学录取率和学费可负担性"。被调查者认为，未来校长的首要任务是"保持学术卓越"（占 73%），其次是"留住教师和员工"，再次是"保持在全国高等教育行列的领导地位"和"维持大学教育的可获得性"。新校长应具备的最重要的个性特质方面，64% 的受访者选择"良好的判断力和决策能力"，排在首位；61.7% 的受访者选择了"正直诚实"，排在第二位；"理解 UNC-Chapel Hill 的三重使命"排在第三位，占 54.8%。新校长被看重的经历方面，排在前三位的分别是"领导经历""复杂组织的管理经历"和"学术经历"①。这一调查结果为猎头公司和遴选委员会寻找吻合的候选人提供了依据。

会议记录显示，2013 年 1 月 18 日、2013 年 2 月 4 日、2013 年 2 月 22 日遴选委员会分别召开三次闭门会议，与猎头公司一起讨论候选人。之后，遴选委员会又先后于 2013 年 3 月 2 日、2013 年 3 月 10 日、2013 年 3 月 11 日召开三次全体成员工作会议②（因未公开会议记录，具体会议内容不可知晓），具体商定候选人。

2013 年 4 月 12 日，北卡大学总校理事会召开特别会议，总校校长汤姆·罗斯提名推荐 61 岁的卡罗尔·福尔特，她被选举为北卡大学教堂山分校第 11 任校长，成为该校历史上的首位女校长。

（三）校长遴选事件中的社会参与分析

公立大学校长的遴选是政府、大学和社会共同参与的结果，政府一

---

① 参见新闻报道，https://wayback.archive-it.org/3491/20130222192048/http://gazette.unc.edu/2012/12/06/survey-says-academic-excellence-should-come-first/。

② 资料来源：http://chancellorelect.unc.edu/the-search-process/meetings/。

般通过州长任命的大学董事会成员作为代理人间接参与，大学师生员工一般通过遴选委员会中的代表直接参与或者成立单独的师生员工征询委员会参与，而社会参与是指除政府和大学之外的利益相关者（包括校友、捐赠者、市民、社区、媒体、学生家长、协会、基金会等）的参与。从社会参与的广度、深度和效度三个维度以及参与主体的广泛性、参与渠道的多样性、知情、咨询、共同决定和参与主体的满意度六个层面，来分析校长遴选事件的整个过程和结果，可以发现校长遴选的社会参与具有以下特点。

第一，参与主体分布广泛。由大学的师生员工和校友、学生家长、社区居民以及所有关心大学发展的朋友组成的群体称大学社区（University Community），在确定校长遴选标准和任职资格阶段，大学社区的所有成员都可以参与进来。在校长遴选标准的公开讨论环节，专门组织了社区居民专场讨论会，邀请当地市政府成员、校友总会会长及社区居民共同商讨。校长任职资格调查问卷发放到大学社区的每一位成员，问卷发出数量达20余万份，遍及所有利害关系人。再从校长遴选委员会的组成来看，21名成员中有校友或社区成员5名，校外董事会成员6名，共计社会各界人士11人（其他10人为学生2人、教师6人、员工2人），占成员总数的52.4%，不仅数量较多，而且代表面广。校长遴选整个过程中，大学之外的社会成员参与人数多、分布广，涉及每个利益相关主体。

第二，参与渠道丰富多样。整个遴选过程体现"公开、公平、公正"的特征，社会成员在每一个环节都可以以一定的形式参与其中，不仅是知情和表达建议，甚至是参与决定。社会参与的形式和渠道不仅丰富而且多样，包括公共论坛、公开会议、公共记录、问卷调查、媒体报道、邮件反馈、专业咨询、集体面试、协商投票等等。

第三，遴选过程公开透明。整个遴选过程开放透明，让社会完全"知情"。主要做法包括：网站公开——专门建立校长遴选专题网站，及时发布遴选进程，向社会公布遴选信息；媒体公开——通过报刊、电视、广播等多种媒体发布招聘信息和遴选进程信息，广而告之；公共论坛和问卷调查——通过举办教师、学生、员工、校友和社区居民公共论坛及网络问卷调查,广泛征询意见和建议;会议公开——遴选委员会会议、董事会会议、总校理事会会议等所有公共机构的会议依法公开,事先有会议通知,事中允许公众旁听会议,事后保留并公布会议记录以备查阅。

第四,广开言路广泛咨询。从启动校长遴选程序开始,就注意广开言路,充分听取全校师生员工以及社会各界人士的声音,包括专业咨询公司的声音,使得大学之外的社会成员能够充分表达他们的意见和建议。广泛的咨询为最终遴选出相关各方都满意的校长人选提供了保障。

第五,协商讨论共同决定。公立大学校长的遴选牵涉政府、大学和社会等多个利益相关方,政府对大学校长遴选的参与是通过州长任命的董事会成员来施加影响的间接干预,大学和社会则是通过大学校长遴选委员会代表的直接参与。大学校长遴选委员会本身就是各方代表组成的工作机构,从候选人的提名到候选人的筛选再到校长人选的最终确定,自始至终都是各个利益相关方共同讨论、协商和共同决定的过程。

第六,遴选结果各方满意。从知情到咨询再到共同决定,社会成员广泛而深入地参与大学校长遴选的全部过程,参与渠道丰富且畅通,参与的效果是达成共识,产生各方满意的遴选结果,不仅政府满意,而且大学师生员工满意,特别是其他利益相关者(包括校友、学生家长、社区等)也满意,社会参与的质量和价值得以体现。毕竟因社会参与的缺位或参与效度不高造成政府一方或大学一方的强势干预而使遴选结果流产的公立大学校长遴选事件也时有发生。

二 案例大学治理社会参与的特性

由以上关于北卡大学教堂山分校治理中社会参与的具体案例分析,可以概括出 UNC – Chapel Hill 大学治理社会参与的一些特性。

(一) 参与主体的广泛性

大学教育的公共产品属性决定了大学是典型的利益相关者组织。美国大学治理结构中的利益相关者被描述为高等教育协会、基金会、美国教育部、相关的议会委员会、认证机构、大学系统办公室、州长、州教育厅或教育委员会、州立法会、学生、校友、地方社区成员、董事、高级行政管理人员、教授会主席和校长。①亨利·罗索夫斯基将他们归并和具体化为教师、行政主管、学生、董事、校友、捐赠者、政府、银行家、市民、社区和媒体等。按照前文所述关于大学治理社会参与概念中"社会"范畴的界定,这些利益相关者中属于社会范畴的利益相关者包括董事、校友、捐赠者、银行家、市民、社区和媒体等。在这些主体中高等教育协会和认证协会等属于时间阶段性参与机构,而基金会、地方社区成员、董事、捐赠者、银行家、校友、媒体等在大学治理的日常性参与中发挥重要作用。

如果以实然参与和应然参与的情况对比作为衡量"参与广泛度"标准的话,通过前文对美国 UNC – Chapel Hill 的 BOT 和 BOV 的分析,可以发现,UNC – Chapel Hill 大学治理社会参与的实然利益主体涉及法律专家、媒体、企业家、志愿者、协会、社区、银行、基金会等,与应然状态一致,说明 UNC – Chapel Hill 在大学治理的实际运作过程中,其社会主体参与治理的广泛性程度与理论要求一致。

(二)参与渠道的多样性

参与渠道的多寡和通畅与否是广泛的参与主体能否真正有效地参与治理的基础条件。如前文对 UNC – Chapel Hill 大学校长遴选过程的描述所呈现出来的诸如公共论坛、问卷调查、邮件反馈、专业咨询、公共会议、集体面试、协商投票等多种参与通道,是利益相关人获取信息、表达意见、提出建议和参与决定的多样化的有效途径。

(三)参与层次的深度性

美国是典型的社会参与型大学治理模式,其发达成熟的社会制度决定了其社会参与大学治理的深度已经处于参与阶梯的最顶端。就 UNC – Chapel Hill 大学校长的遴选过程来看,建立校长遴选专题网站,向教师、学生、家长、校友、居民等发出 20 余万份调查问卷,向公共开放所有遴选会议等做法保证了利益相关人的"知情权";举办公共论坛讨论会,向社会各界人士发放调查问卷,邀请专业猎头公司帮助筛选候选

---

① Dennis John Gayle et al., "Governance in the Twenty – First – Century University: Approaches to Effective Leadership and Strategic Management", *ASHE – ERIC Higher Education Report*, San Francisco California: Wiley Subscription Services, Inc., 2003, p. 1.

人等做法保障了利益相关人在"咨询"层次的深度参与；校长遴选标准讨论确定，遴选委员会集体讨论协商，董事会集体协商投票，充分体现了校长遴选的整个过程中政府、大学、社会"共同决定"的特征。整个事件反映出社会参与贯穿于参与阶梯理论所描述的"知情—参与—共同决定"的全过程。

（四）参与形式的稳定性

就 UNC-Chapel Hill 而言，诸如董事会、校外咨询委员会（Board of Visitors）、校友会（General Alumni Association）、学院咨询委员会（Board of Advisors/Advisory Board/Board of Visitors）、全球顾问委员会（Global Advisory Board）、艺术与科学基金会（The Arts and Science Foundation）、公共卫生基金会（Public Health Foundation）、学生事务咨询委员会（Student Affairs Advisory Board）、家长协会（Carolina Parents Association）以及各种类型的委员会是日常参与的稳定形式，通过这些利益相关主体参与的常设组织保障社会成员参与大学治理的稳定性。

（五）参与制度的规范性

由 UNC-Chapel Hill 校长遴选事件来看，上到美国《国家信息自由法》《北卡州公开会议法》和《北卡州公共记录法》，下到《北卡大学总章程》（The UNC Code），对校长遴选程序、遴选时间、遴选委员会成员要求以及遴选过程和会议记录等等都有相关法律法规做出明确而具体的规定，保证了整个事件的公开透明以及利益相关人参与权力的实现，更为重要的是对于违反规定的行为有严格的处罚措施，或被取消决定，或被舆论谴责，或受法律惩处。

（六）参与意愿的自愿性

就 UNC-Chapel Hill 董事会而言，其13名组成成员中，有8人由总校理事会选举产生，4人由州长任命，他们来自企业界、政界、法律界等社会各界，全部为兼职，不属于学校的职员序列，不从学校领取薪资，不与学校有直接的利益关系，而 UNC-Chapel Hill 校外咨询委员会章程更是确切载明其成员的唯一资格条件是"愿意帮助学校实现其教学、科研和社会服务三大使命"。各种组织机构中参与学校治理工作的社会成员们，参与学校事务的各项工作完全出于自愿性质，出于公民权利的行使和公民义务的担当。实质上反映的是一种"共同的事务由大家共同参与治理"的民主参与思想。

本章小结

北卡大学教堂山分校是美国一所有代表性的社会参与型公立大学。通过考察其大学董事会和大学咨询委员会两个组织的成员组成和工作内容可以发现，不管是决策层次的社会参与还是咨询层次的社会参与，其参与主体都广泛来源于社会各界；参与渠道除了大学董事会共同决定层次的参与、大学咨询委员会咨询层次的参与外，还包括社会成员的捐赠参与、媒体组织的评价参与、认证协会的评估参与，等等。"阳光法案"是公立大学治理社会参与的重要制度保障。社会组织和个体普遍参与到大学事务的治理中来是美国民主社会普遍认同的事实和做法，因此社会成员参与的广泛度和深度已达社会参与阶梯的最顶端——共同决定层次。综合分析案例大学的社会参与治理状况，可以发现反映出其大学治理社会参与的一些特性，包括参与主体的广泛性、参与渠道的多样性、参与层次的深度性、参与形式的稳定性、参与制度的规范性、参与意愿的自愿性等等。另外值得提出的是，被认为是"外行"的社会成员参与大学治理的有效性问题一直是美国高等教育界有争议的话题，还未形成统一的认识，因此本章未对选取的个案做社会参与效度的单独分析。

第七章

美、法、中公立大学治理社会参与的比较

"任何类型的大学都是遗传与环境的产物。"① 美国自18世纪末创建公立大学以来、法国自18世纪末建立强大的中央集权体制的大学制度以来、中国自20世纪40年代末建立中央领导的高等教育体制以来，因各自国家政治制度与文化环境的不同，大学治理社会参与的发生、发展和演变过程呈现出不同的特征。本章将基于前文对美国、法国、中国公立大学治理社会参与的历史发展演变与现实运行状况的具体考察分析，在详细比较三类社会参与主体的基础上，揭示美、法、中三国公立大学治理社会参与发生机制和发展方式的不同规律。

第一节 三类参与主体

纵观美国公立大学的历史，其大学治理社会参与的发生并非刻意的制度设计，而是在政治分权体制、民主社会制度、市场经济体系等社会环境的共同作用下，由大学的内部逻辑和外部压力的对抗而历史地形成的，不同的历史时期产生了三类不同的参与大学治理的重要社会主体。由大学治理社会参与的概念分析可知，社会参与的主体包括董事会、高

---

① [英]阿什比：《科技发达时代的大学教育》，滕大春、滕大生译，人民教育出版社1983年版，第7页。

第七章　美、法、中公立大学治理社会参与的比较

等教育协会组织以及社会公众等，这三类主体分别对应社会参与阶梯的"共同决定""咨询"和"知情"三个层次，在美国、法国和中国的公立大学中又以不同或相似的主体形式出现。

一　董事会/校务委员会/党委会

美国、法国和中国公立大学的领导体制分别是董事会领导下的校长负责制、校务委员会领导下的校长负责制和党委领导下的校长负责制，董事会、校务委员会①和党委会分别是美国、法国和中国公立大学的最高决策机构。

（一）美国公立大学董事会的产生历史、人员组成和职能定位

美国公立大学普遍采用董事会领导下的校长负责制，美国大学董事会协会（AGB）规定，大学董事会是公立大学的最高决策机构。美国公立大学自诞生之日起就采用与殖民地时期私立大学相同的由非专业人士来管理大学的董事管理制度，"董事管理制度是外行人对院校的管理，他们的主要工作在院校以外，部分时间在院校，一般不取报酬"②。正如前文所述，美国大学外行董事会治理模式是随着英国到美洲大陆的殖民而迁移到美国的。亚瑟·科恩（Arthur M. Cohen）也认为"设立大学董事会的想法移植于苏格兰的大学"③。美国的大学是移植其宗主国——英国的大学模式，英国传统大学在管理上实行一种自中世纪大学延续下来的学者自治的内部封闭式管理模式，大学的学者与教授们控制着学校的书籍、校舍、捐赠的基金以及挂名的职位，大学成为一种与世隔绝的象牙塔，完全脱离社会。然而，美国大学并没有出现过英国牛津大学、剑桥大学那样的学者行会治校的制度，而是移植了英国的学术法人制度和英国的信托制度，并把二者结合起来，从而产生了美国学院和大学的"法人—董事会制度"。

---

① 法国的"校务委员会"有时也译作"行政委员会"或"大学委员会"。
② ［美］伯顿·R·克拉克：《高等教育系统——学术组织的跨国研究》，王承绪、徐辉、殷企平等译，杭州大学出版社1994年版，第129页。
③ ［美］亚瑟·科恩：《美国高等教育通史》，李子江译，北京大学出版社2010年版，第17页。

公立大学治理的社会参与

这种由社会治理大学的董事会制度，其产生一方面是因为美国大学不是像欧洲大学那样由学者行会自发组织的自然生长型大学，而是后发移植型大学，仿照了公司化的制度设计；另一方面是"因为没有足够的学者来组成自治性的团体，所以只能由一群非专业人士组建学院并聘用一位校长来管理它"[1]。以公司化的制度设计由私人财团建立的私立大学代表私人董事的利益，同样以公司信托制度由政府建立的公立大学代表政府和社会公众的利益，董事会是这种利益的代表者。一方面大学董事会代表公众利益与教育消费者，避免了高等学校闭守于学术象牙塔，忽视各行业的需求；另一方面因为外行的组合才不会以专家自居，直接干预日常校务的运作。[2]

美国公立大学在产生之初，董事会的人员构成中就包括了社会人士，这些组成董事会的非专业人士既包括政府部门的代表，也包括社会知名人士和捐赠者等大学利益相关者。自18世纪创建以来，董事会的成员组成和产生方式发生过较大变化——最主要的变化是工商业者逐渐成为多数成员，但是不管董事会成员如何变化，其成员由校外人士组成的特性始终不变，社会参与大学治理是美国公立大学始终不变的制度安排，尽管在多元共治的理念下不断有更多的参与主体加入。从多元主体共同参与大学治理的角度来说，董事会是最早参与大学治理的主体，事实上董事会在专业学术人员封闭式的自我治理形成之前介入大学这一学术组织，为多元主体的共治预留了参与空间。社会成员的介入在教师成为一个自治的专业团体之前已经根深蒂固，所以当教授群体要求自治，试图改革这种管理模式和获得像欧洲大学教授一样的地位时，已经为时过晚。教授群体作为大学内部重要的利益相关主体参与到大学的治理主体中来，那已经是20世纪以后的事了。可以看出，美国公立大学董事会在产生之初即实现了社会人士的参与，且这种最高决策机构中的社会人士参与，是共同决定层次的社会参与，是公立大学治理社会参与的最

---

[1] [美] 亚瑟·科恩：《美国高等教育通史》，李子江译，北京大学出版社2010年版，第77页。

[2] 郭为藩：《转变中的大学：传统、议题与前景》，北京大学出版社2006年版，第82页。

高阶段。

美国这种由非专业人士组成董事会治理学校的体制一直延续至今。美国大学董事会协会阐明的公立大学董事会的职责主要包括确立大学使命和目标、任命校长、批准预算、筹集资金、批准长期规划等13项职责。作为政府直接控制的替代选择，美国每年都有成千上万名来自各行各业的人士接受委托担任高等教育的董事会成员。① 这些董事分享大学治理权力实现社会参与共同决定的方法路径主要是：组成不同的常设委员会（standing committees），与大学行政团队共同研讨决定不同类别的大学相关事务。据1991年美国大学董事会协会对公立大学董事会的一项调查，公立大学董事会一般都常设有财务、行政、规划、发展、学术事务、学生事务、建筑与场地等委员会，每个委员会一般由5名董事组成，② 分别与相应分管副校长组成的行政团队一起商讨决定不同领域的相关事务，实现社会参与的共同决定。

（二）法国公立大学校务委员会的产生历史、人员组成和职能定位

法国公立大学的治理制度是校务委员会领导下的校长负责制，通过半个多世纪持续不断的立法改革，校务委员会逐渐成为法国大学的最高决策机构。法国从1968年的《富尔法》开始，规定公立大学由大学理事会管理，但是其时教育部和科学理事会分散了大学理事会的最高决策权力；1984年的《萨瓦里法》改革前法，"规定大学的最高权力机构是校务委员会（原大学理事会），咨询机构是科学委员会（原科学理事会），增设一个执行机构即学习与大学生活委员会"③；2007年的《贝克莱斯法》改革前法的三个委员会地位，将校务委员会作为最高决策机构；2013年的《高等教育与研究法》立法改革调整后，"行政

---

① Richard T. Ingram, *Governing Public Colleges and Universities: A Handbook for Trustees, Chief Executives, and Other Campus Leaders*, San Francisco, California: Jossey-Bass Inc., Publishers, 1993, p. 93.

② Richard T. Ingram, *Governing Public Colleges and Universities: A Handbook for Trustees, Chief Executives, and Other Campus Leaders*, San Francisco, California: Jossey-Bass Inc., Publishers, 1993, p. 382.

③ 周继良：《法国大学内部治理结构：历史嬗变与价值追求》，《教育研究》2015年第3期。

委员会①作为大学发展战略的决定机构的定位更明确"②。近半个多世纪法国大学治理结构的立法改革中，从大学理事会与科学理事会并立，到校务委员会与科学委员会和教学与大学生活委员会中突出校务委员会的地位，再到明确校务委员会的战略决策机构性质，校务委员会已经成为名副其实的法国大学治理结构中的最高决策机构。

1968年的《富尔法》实施后，比较典型的大学理事会有80名成员，包括20名高级教学人员，12名初级教学人员，4名研究人员，25名学生，5名行政和技术人员，14名校外人员。③ 1984年的《萨瓦里法》改革后，校务委员会30—60名组成人员中校外人员占20%—30%。2007年的《贝克莱斯法》改革后，校务委员会成员数量缩减到20—30人，其中教师及研究人员占8—14人，校外人士占7—8人，学生代表占2—3人，行政与服务人员占3—5人，增加了校外人士的比例，而且对于校外人士，该法特别注明至少有一位企业经理和一位地方政府负责人，目的是保证大学与社会的强有力联系。2013年《高等教育与研究法》规定，"校行政委员会委员人数由原来的20—30人增至24—36人，其中校外委员8人，至少有4名校外委员由其所代表的校外机构任命，至少有两名校外委员由校行政委员会任命，校外委员参与校长选举"④，而且这些委员在人员构成上须包括来自4种不同界别的代表：在职教学科研人员，校外知名人士，在读学生与高等教育公务利用人，在职工程人员、行政人员、技术人员、图书管理员等，其中校外知名人士要求分别来自地方政府、研究组织、企业领导、劳工机构、中学等不同利益团体的代表，且要求知名人士中应包含数量相等的男女成员，应包含至少一名该大学的校友。⑤ 不管后法如何改革，从1968年《富尔法》规定

---

① 行政委员会即校务委员会。
② 黄硕：《法国高等教育立法的新近发展及其对中国高校治理的启示》，《复旦教育论坛》2019年第3期。
③ [加] 约翰·范德格拉夫等编著：《学术权力——七国高等教育管理体制比较》，王承绪、张继平、徐辉等译，浙江教育出版社2001年版，第62页。
④ 张为宇：《法国〈高等教育与研究法案〉透视》，《世界教育信息》2013年第15期。
⑤ 黄硕：《法国高等教育立法的新近发展及其对中国高校治理的启示》，《复旦教育论坛》2019年第3期。

的"大学理事会"开始,法国公立大学最高决策机构中一直有相当比例的社会成员参与,共同决定层次的社会参与即以此为开端。

就校务委员会的职权而言,2013年《高等教育与研究法》修改调整后,校务委员会作为大学发展战略的决定机构的定位更加明确,其职权范围主要集中在:批准大学及其校长对外签订的合同,表决预算、贷款、资产分配等,批准大学内部规章,确定职位分配等。[①] 校长由校务委员会选举产生,对校务委员会负责,向校务委员会报告工作;校学术委员会只对某些规定的事项先行提出建议,最终要由校务委员会审议决定,校务委员会享有最终决定权。

(三) 中国公立大学党委会的产生历史、人员组成和职能定位

中国公立大学的治理制度是党委领导下的校长负责制,《高等教育法》规定党委会是大学的最高决策机构。自1949年新中国成立后高等学校的内部领导体制进行过多次实践探索,最高决策机构也经过多次改革转换。第一次实践探索始于1950年,实行校长负责制,校长由国家任命,负责学校各项工作。1950年政务院颁布《高等学校暂行规程》,规定"大学及专门学院采取校(院)长负责制"[②]。第二次实践探索始于1958年,实行党委领导下的校务委员会负责制,党委是最高决策机构。1958年中共中央、国务院发布的《关于教育工作的指示》提出"在一切高等学校中应实行党委领导下的校务委员会负责制"[③]。第三次实践探索始于1961年,实行党委领导下的以校长为首的校务委员会负责制,党委是最高决策机构。1961年国家颁布的《教育部直属高等学校暂行条例》规定"高等学校的领导制度是党委领导下的以校长为首的校务委员会负责制"[④]。第四次实践探索始于1966年,实行党委统一

---

① 黄硕:《法国高等教育立法的新近发展及其对中国高校治理的启示》,《复旦教育论坛》2019年第3期。
② 何东昌主编:《中华人民共和国重要教育文献(1949—1975)》,海南出版社1998年版,第45页。
③ 何东昌主编:《中华人民共和国重要教育文献(1949—1975)》,海南出版社1998年版,第858页。
④ 何东昌主编:《中华人民共和国重要教育文献(1949—1975)》,海南出版社1998年版,第1059页。

领导制，党委是最高决策机构。"文革"期间，党委"一元化"领导下的"革委会"负责学校一切事务。第五次实践探索始于1978年，实行党委领导下的校长分工负责制，党委是最高决策机构。1978年教育部《全国重点高等学校暂行工作条例》指出"高等学校的领导体制是党委领导下的校长分工负责制"[①]。第六次实践探索始于1985年，实行校长负责制。1985年，中共中央、国务院颁布的《关于教育体制改革的决定》指出"学校逐步实行校长负责制"[②]。第七次实践探索始于1990年，统一实行党委领导下的校长负责制。1990年，中共中央印发《关于加强高等学校党的建设的通知》，明确要求"高等学校实行党委领导下的校长负责制"，这种领导体制在1998年《中华人民共和国高等教育法》中固定下来。

可以看出，作为中国大学最高决策机构的党委会，虽然在过去的改革中其治理权力经历过强弱变化，但是作为最高决策机构的党委会始终都是党和政府利益的代表。按照《中国共产党普通高等学校基层组织工作条例》的规定，"高等学校党的委员会由党员大会或党代表大会选举产生"[③]，这里的"党员大会"或"党员代表大会"的所有成员都是来自学校内部的师生员工，始终未出现过校外社会人士的代表。

中国的《高等教育法》规定，高校党委会领导职责主要包括："执行中国共产党的路线、方针、政策，坚持社会主义办学方向，领导学校的思想政治工作和德育工作，讨论决定学校内部组织机构的设置和内部组织机构负责人的人选，讨论决定学校的改革、发展和基本管理制度等重大事项，保证以培养人才为中心的各项任务的完成。"这种党委会领导高校的模式，体现的是内部人治理的特点。虽然为了增加高校治理的社会参与，教育部曾于2014年出台《高等学校理事会规程》，规定理事会是"高等学校实现科学决策、民主监督、社会参与的重要组织形式和

---

① 何东昌主编：《中华人民共和国重要教育文献（1949—1975）》，海南出版社1998年版，第1646页。

② 何东昌主编：《中华人民共和国重要教育文献（1949—1975）》，海南出版社1998年版，第2289页。

③ 何东昌主编：《中华人民共和国重要教育文献（1949—1975）》，海南出版社1998年版，第3957页。

制度平台",但是高校理事会对大学治理的参与并非共同决定层次的社会参与,中国公立大学"共同决定"层次的社会参与尚未开启。

二 高等教育协会

高等教育协会作为独立于政府和大学之外的社会组织,在公立大学治理中发挥着间接的影响作用,这种影响实质上为大学治理决策充当顾问、参谋和外脑,发挥咨询作用,因此高等教育协会是咨询层次的社会参与主体。美国、法国和中国的高等教育体系中都有高等教育协会类社会参与,公立大学治理都受其间接影响,但是从产生历史、机构性质与职能定位、参与方式等方面比较来看,美、法、中三国高等教育协会组织对大学治理的影响不尽相同。

(一) 美国高等教育协会组织

美国高等教育协会组织的出现开始于19世纪末期。1870—1945年,是美国"大学转型时期",这一时期美国高等教育得到快速发展,全国公私立院校数由1870年的250所增加到1945年的1768所。[①] 宗教团体、社会组织以及州政府积极创建私立和公立大学的努力,形成了具有相当规模的高等教育市场。为了建立高等教育市场规范和标准,管理混乱无序的高等教育市场,质量认证评估类协会最先被建立起来,如1885年建立的新英格兰学校与学院协会(NEASC)就是最早建立的这类协会组织。因此,美国自由、开放、竞争的高等教育市场成为推动高等教育协会组织产生的最直接、最原始的动力。另外,随着高校数量和类型的扩张,高校之间以及高校内部出现不同类型群体的分化。一方面,不同类型与性质的高校因为有不同的利益诉求,分化出不同的学校群体,如研究型大学群体、州立大学群体等;另一方面,随着高校规模的扩张,高校行政管理人员的数量也增多,高校内部逐渐分化出不同的职业群体,如教师群体、行政管理人员群体等。不同群体的分化,促进了相同群体的联合,从而导致不同协会组织的产生。比如,研究型大学

[①] Arthur Cohen & Carrie Kisker, *The Shaping of American Higher Education: Emergence and Growth of the Contemporary System* (2nd Ed.), San Francisco, California: Jossey-Bass Inc., 2010, p. 106.

为了建立自己的质量标准,于1900年成立了美国大学联合会;教授群体为了捍卫自身的利益,于1915年成立了美国大学教授协会,等等。联邦宪法限制了联邦政府的教育权,而州政府又无权协调州与州之间的大学事务,客观上给高等教育协会组织的产生留下了制度和权力空间;市场的逐利本性给学术市场带来了诸多非学术因素,提供了能规范学术市场、驱逐非学术因素的高等教育协会组织的产生土壤;强大的公民社会的自组织能力有效地抵御了政府的过多干预,依靠社会自身的内在机制产生新功能,以使社会系统自动地由无序走向有序、由低级走向高级;大学从中世纪时期传承下来的非政府、非营利的社会自治组织特性,也是高等教育协会组织产生的诱发动力。因此,美国高等教育协会组织并不是自上而下的有意识地制度设计产物,而是市场行为,是社会自发行为,其产生呼应了"政府无为而治,社会自发自治,大学自主自治"的哲学思想。

美国高等教育协会组织是由高等教育中各利益群体自发组织而建立的,而不是由政府出面建立的,因而它是公民社会的产物,而非政府的衍生物,这决定了美国高等教育协会组织具有独立性和自主性的特点。[1] 美国高等教育协会组织是联系美国高校、政府与社会之间的桥梁,具有咨询、监督、协调、服务等多种功能。比如,成立于1918年的美国教育理事会,通过召集、组织、动员和领导宣传工作,形成有效的公共政策,帮助高校更好地为学生、社区和更广泛的公共利益服务,还致力于提升教育公平性,扩大高校的入学机会,并使高等教育领导的渠道多样化。[2]

美国高等教育协会组织并不直接参与大学治理活动,而是通过间接的方式影响大学政策的制定,影响大学治理的方方面面,从而影响大学的发展。19世纪末期,在公立高等教育市场混乱无序的状态下,一个对高校行为产生的重要影响来自认证协会,它们为图书馆藏书、教室和实验室规模、专业、学位以及高校运行的方方面面制定标准,它们还制

---

[1] 熊耕:《美国高等教育协会组织研究》,知识产权出版社2009年版,第187页。

[2] About the American Council on Education, https://www.acenet.edu/About/Pages/default.aspx.

第七章 美、法、中公立大学治理社会参与的比较

定课程标准、入学标准和毕业标准，所有这些标准发挥着国家标准的作用，对大学的发展产生了重要影响。[①] 比如，1900年建立的美国大学联合会为美国研究型大学建立了质量标准，目前有71名成员，其成员资格标准被广泛视为研究型大学的质量衡量标准，这些标准严重影响着会员大学及非会员大学的研究项目和研究生教育的广度和质量。另一个对高校行为的间接影响来自教师成员协会和行政管理人员协会，协会成员间的思想交流和经验交流对大学发展产生重要影响。比如，成立于1915年的美国大学教授协会，是独立于联邦政府和大学的社会组织，没有行政或执法权力，却在维护大学学术自由和教师基本权益方面具有强大的影响力。美国大学教授协会通过将具有严重违法行为的大学，列入谴责或制裁名单（目前仍有58所机构在列）并通知学术界和公众的方式，[②] 迫使大学遵从美国大学教授协会发布的《学术自由和终身教职原则声明》等准则，从而影响大学治理行为。

（二）法国高等教育协会组织

以高等教育评估类协会为例。1984年创建的国家评估委员会（Comité national d'évaluation，CNE）是法国最早建立的高等教育评估类协会之一，它的全称是"科学、文化和专业公共事务评估国家委员会"。在20世纪80年代初，法国的高等教育体制面临着诸多挑战和问题，传统的中央集权体制导致大学缺乏灵活性和自主权，难以适应不断变化的社会和经济需求，高等教育大众化背景下高等教育经费和学生就业问题亟待解决，高等教育数量、质量、公平、效益等成为法国高等教育的诉求。在此背景下，1984年《萨瓦里法》颁布实施，赋予大学更大的自治权，与此同时为评估政府教育投入的有效性，《萨瓦里法》提出创建CNE，以促进高等教育机构质量的改善、自治的发展及改进高等教育的公共服务职能。

CNE由25名委员组成，包括1名总代表和24名行政人员。委员由

[①] Arthur Cohen & Carrie Kisker, *The Shaping of American Higher Education: Emergence and Growth of the Contemporary System* (2nd Ed.), San Francisco California: Jossey - Bass Inc., 2010, pp. 167 - 169.

[②] Censure List, https://www.aaup.org/our-programs/academic-freedom/censure-list.

共和国总统在部长会议上任命，会员资格有效期为四年，且不能立即续约。25名成员中，11名成员代表学术和研究界，他们来自全国大学理事会、国家研究委员会和法兰西学院，3名成员由大学校长会议从提名名单中选出，1名从工程学院和工程师培训学校的校长中选出，1名成员从师范大学学院的院长中选出，3名成员来自国外的教学和研究机构，4名成员来自经济及社会理事会，1名来自国务院，1名来自审计署。CNE主席从25名成员中选出。一半的成员每两年更新一次。[①]

国家评估委员会（CNE）是一个独立的政府机构，隶属于国家总统，独立行使管理权，直接对共和国总统负责，不需要对教育部长负责，其职责是对隶属于高等教育部的所有具有科学、文化和专业性特征的公立大学及其他公立高等教育机构进行整体评估，描述高等教育机构的整体状况并提供建议。具体而言，包括初始教育和继续教育、学生生活条件、科学技术研究及其成果的开发应用、文化和科学技术信息的传播、国际合作。此外，国家评估委员会还要审查这些机构的治理方式、政策及管理等。然而，国家评估委员会没有权力去评估个人，无权授予课程或者分配国家资金，其职责仅限于对这些机构在教学和科学政策的背景下所采取的措施和整体活动进行分析。由CNE的产生机制和职责行为，可以反映出法国高等教育协会组织是政府主导的产物，不是社会自发行为，虽然其人员组成上有一定的社会代表性，但是它仍然是政府部门，是官方机构。

（三）中国高等教育协会组织

在中国的高等教育协会组织中，中国高等教育学会（CHEA）是中国高等教育成立最早、规模最大、影响最广的学术性全国社团组织，是教育部在其主持召开的全国第二次教育科学规划会议期间（1983年5月30日）成立的，[②] 第一任学会会长由教育部原部长蒋南翔担任，时任教育部部长何东昌任副会长，首届161位理事中有不少是中央委员、

[①] CNE, "Introducing the CNE – Main Characteristic of the Evaluation", https://www.cne-evaluation.fr/versions/anglais.htm.

[②] 何东昌主编：《中华人民共和国重要教育文献（1949—1975）》，海南出版社1998年版，第2097页。

学部委员。① 可以反映出，虽然中国的高等教育协会组织也是学术性社团组织，但是其创建主体多是政府部门，在其创建之初就带有浓厚的官方色彩，其产生是政府主导行为，而非社会自发行为。

中国高等教育协会组织是在政府行政权力部分向社会转移的背景下，由政府主导而成立的，在创建之初就带有政府附属机构的性质，因而具有从属性和依赖性的特点。中国高等教育协会组织，遵从政府的领导，接受政府的委托，以社会组织的身份充当政府与高校之间的过渡角色，其职能实质上相当于政府行政职能的延伸。比如，中国高等教育学会成立之初即确立其基本任务是"协调各省、市、自治区高等教育的研究规划，组织有关单位进行高教领域重大问题的协作研究，组织有关高教学术会议、交流科研成果和经验等"，一直"发挥研究、咨询、中介、服务的职能，是党和政府联系高等学校、广大高等教育工作者的桥梁和纽带，是教育行政部门的得力助手"。②

中国的高等教育协会组织作为半官方的社会机构，既服务于政府的科学决策，又服务于高校的教改实践；既参与政府重大决策的研究，又部分地参加有关学术评价、标准制定工作。从中国高等教育学会的工作目标——"努力成为探索教育规律、创新教育理论的'思想库'，成为提出政策建议、服务教育决策的'智囊团'，成为服务基层教育改革实践的'设计师'，成为引导教育舆论、更新教育观念、推动教育改革的生力军"③，可以反映出中国高等教育协会组织对大学治理的影响力远不及美国高等教育协会组织。

三 社会公众

社会公众作为知情层次的社会参与主体，在高等教育大众化乃至普及化条件下，在大学治理中发挥重要作用。美、法、中三国社会公众参

---

① 瞿振元：《三十而立 铸就辉煌 继往开来 任重道远》，《中国高教研究》2013年第7期。

② 瞿振元：《三十而立 铸就辉煌 继往开来 任重道远》，《中国高教研究》2013年第7期。

③ 瞿振元：《三十而立 铸就辉煌 继往开来 任重道远》，《中国高教研究》2013年第7期。

与大学治理的发生机制、保障机制和参与方式等方面各不相同。

(一) 美国

美国社会公众作为大学治理的参与主体走到显著位置上,是在高等教育步入大众化乃至普及化以后。高等教育的大众化和普及化带来了两个方面的显著变化:一是公立高等学校收支的快速剧增引起社会公众的普遍关注,二是公立高校的教学质量问题引起社会公众的问责与质疑。大学的变革跟随社会发展变革的潮流,美国著名学者、高等教育大众化理论的提出者马丁·特罗曾指出,高等教育发展到普及化阶段后,大学与社会关系将发生根本性变革,大学真正地回归社会并与社会融为一体。社会公众的普遍参与是由公立大学性质的变化决定的。事实上,现代社会公众对公立大学的投资显著增多(包括学费和捐赠等),社会公众通过公立大学获取立足现代社会生存本领的依赖性显著增强,公立大学捆绑了太多社会公众的利益,因此社会公众既是公立大学的建设者,也是大学利益的分享者;社会公众参与大学治理是社会公众利益表达的必然诉求,是走进社会中心的大学的必然需求。总之,美国公立高校规模的大幅扩张,卷入高等教育的社会公众数量明显增加,本着"与我有关的事情我有知情权"的社会理念,社会公众的知情诉求随之发生。

美国公立大学治理中社会公众参与的制度化保障机制来自"阳光法案"。1966年美国联邦政府颁布的《信息自由法》,是一部规制政府信息公开、保障社会公众知情权的"阳光法案"。这部法案定义了公立大学的"公共机构"性质,而且将公共机构具体到公立大学相关的许多正式组织机构,如董事会、理事会、委员会等。"阳光法案"是保障社会公众知情权和参与权的法案,如果公立大学的正式决策由于没有获得社会公众的参与而违反"阳光法案"的规定,法院将宣布会议讨论的内容和形成的决定无效。强制性的法律规定为社会公众参与大学事务治理提供了可靠的保障。

美国公立大学信息公开和公众参与的渠道非常丰富多样,社会公众可以通过多种途径获取大学信息并参与大学事务。前文以北卡罗来纳大学教堂山分校为例分析了社会公众参与渠道的多样性,其信息公开的渠道包括网络、广播、电视台等媒体渠道,公开会议渠道、档案渠道和社会成员直接参与的组织渠道等,公开的类型包括数字化信息、音频信息、视频信息、实物资料、交互信息等。除此之外,社会公众还可以通过学校的公共信息索取网站依法获取学校未主动公开的信息。可见,美国公立大学作为公共机构,其办学透明度非常高。

(二)法国

法国 1968 年《富尔法》确立的"参与"原则使得大学面对社会大众开放,社会公众得以参与到大学的治理中来。1978 年 7 月 17 日法国通过了编号为第 78-753 号的法律,全称为《关于改善行政机关与公众关系的各种措施以及其他行政、社会和税收秩序规定的法律》(也称为《公共机构信息公开和档案的法律》或《关系法》),这项法律是为了改善政府机构与公众之间的关系,采取了一系列措施,其中包括了行政、社会和税收方面的规定,旨在提高政府的透明度和公开度,保障公民的知情权和监督权,加强政府与公民之间的沟通和互动。1996 年 12 月 12 日、2016 年 10 月 7 日对此法进行了修订。该法律规定了公共机构需要公开的信息范围,包括行政文件、决策文件、财务文件、统计数据等,这些信息应当是公众有权知道的。该法律还规定了公众获取信息的程序和方式,公民可以通过书面或电子申请的方式向公共机构请求相关信息,公共机构需要在规定的时间内给予答复和提供信息。该法律还规定了相关部门负责监督公共机构信息公开的执行情况,并规定了公共机构应当依法履行信息公开义务的责任,如果公共机构未能按照法律规定履行信息公开义务,可能会受到相应的处罚或追责。总之,法国的政府信息公开法律对公共机构信息公开的规定,强调了透明度和公开性原则,旨在促进政府的透明度和公开度,保障公众的知情权和监督权。"法国没有专门适用于大学的特殊信息公开制度,大学信息公开受行政信息公开(行政文件获取)的一般法律制度调整,该制度由 1978 年 7 月 17 日法律确立。"[①] 法国的政府信息公开法律适用的公共机构包括大学,大学作为公共机构,受到法国信息公开法律的规定和监管。"法国大学信

---

① [法]皮埃尔·德沃维:《法国大学信息公开制度与实践》,2012 年高校信息公开国际研讨会论文,北京,2012 年 10 月,第 106—107 页。

息公开体现在两个方面：一是面对学生的公开，包括入学录取条件、在校期间的学习成绩和毕业文凭颁发及就业等，二是面对社会的公开，包括教学及科研政策和学校预算等"①。法国政府信息公开法律对大学公共机构信息公开提供了一套完善的法律框架和程序，旨在促进大学的透明度和公开度，保障社会公众对大学治理的知情权和监督权。

（三）中国

中国社会公众对大学治理的参与，则是政府要求下的社会公众的被动参与。中国的公立大学是由政府投资创办，一直以来是由政府负责对高校的管理与问责。在高等教育走向大众化乃至普及化后，高校的数量和规模显著增加，高校的内外部事务也显著增加。为了减轻政府繁重负担，加强对高校的问责，政府要求高校主动公开学校信息，接受社会监督。这实质上是政府对高校的问责与监督责任向社会公众的转移，并非来自社会公众对参与高校事务的主动诉求。

国务院2007年4月颁布了《政府信息公开条例》，该条例要求"教育……等与人民群众利益密切相关的公共企事业单位，公开在提供社会公共服务过程中制作、获取的信息，依照相关法律法规和国务院有关主管部门或者机构的规定执行"。于是，教育部依据政府信息公开条例制定并于2010年3月公布了《高等学校信息公开办法》；2014年7月，教育部又公布了《高等学校信息公开事项清单》，提出了高校信息公开的十大类50条要求，对高校信息公开的内容和方式作出了明确的规定，为社会公众获取高校信息的知情权提供了制度保障。

中国公立大学按照教育部高校信息公开事项清单的通知要求，在学校门户网站开设信息公开专栏，统一公布清单所要求公开的十大类50条信息内容。2015年3月，中国社会科学院法学研究所法治指数创新工程项目组发布的《中国高等教育透明度指数报告》显示，高校透明度均值为69.47分。高校办学透明度不高，学校面向社会的公开程度低，社会对学校办学过程相关信息的可获得性差，表明大学还处在相对

---

① ［法］皮埃尔·德沃维：《法国大学信息公开制度与实践》，2012年高校信息公开国际研讨会论文，北京，2012年10月，第106—107页。

保守和封闭的办学状态。公开透明是提升高校实现治理体系和治理能力现代化的重要路径，是大学治理由传统、封闭转向现代、开放的必经之路。

有学者使用"理想类型"分析法讨论了现代大学制度，认为现代大学的理想类型是超过公私二分的第三部门，具有"自治""非政府""非营利"的制度特征。[①] 他所说的理想类型的大学，属于政府（第一部门）、企业（第二部门）之外的其他组织（第三部门），实质上就是属于政府—市场—社会—大学四分框架下的市民社会组织。高等教育大众化乃至普及化以后，大学特别是公立大学就是最接近这种市民社会性质的"社会轴心机构"。之所以说公立大学的性质是最接近市民社会的组织，原因在于：越是处于精英高等教育阶段，公立大学"为国家服务"的政治性质越明显，而越是接近于高等教育的普及化，公立大学"为社会公众服务"的性质越能彰显出来；然而私立大学在与公立大学的对比中，其企业性质愈加明显，甚至近年来以营利为目的的私立大学也呈增多趋势。公立大学作为市民社会的特殊机构浸润于市民社会之中，社会公众的参与治理不可避免。

第二节 三种发生类型

从大学治理发展历史的角度，基于对美国、法国和中国公立大学治理社会参与发生机制的分析，可以发现三种不同的发生类型。

一 自然生长型

美国公立大学治理中社会参与的发生机制类型属于自然生长型。美国公立大学在诞生之时就效法其他社会组织，形成了社会人士参与的董事会治理结构，开启了共同决定层次的社会参与；在"大学转型时

---

① 王建华：《第三部门视野中的现代大学制度》，广东高等教育出版社2008年版，第250页。

期",在高等教育市场从混乱走向规范、从无序走向有序的过程中,作为社会组织的高等教育类协会自发产生,并极大地影响了大学治理行为;在高等教育进入大众化和普及化阶段后,社会公众作为参与大学治理的一股社会力量自主生长出来,在大学治理中发挥重要作用。美国公立大学的这种社会参与型大学治理模式的形成,是其历史发展过程中自然生长的结果,不像法国和中国近代大学体系那样在政府"特定"干涉下形成,不是外界强加的,其社会参与大学治理结构和功能的形成是"自组织"的过程,这与美国高等教育这一"自组织系统"特性是分不开的。"所谓自组织系统是指,无需外界特定指令而能自行组织、自行产生、自行演化,能够自主地从无序走向有序,形成有结构的系统。"①公立大学产生之后,在市场体系下(市场体系本身就是自组织的)出现过短暂的混乱无序阶段,而后从混乱走向规范,从无序走向有序的过程中产生的高等教育协会参与治理以及更后产生的社会公众参与治理,没有政府特定指令的强行干涉,都是高等教育系统自组织过程。"协同学"理论创始人赫尔曼·哈肯(Hermann Haken)这样定义自组织:"如果一个体系在获得空间的、时间的或功能的结构过程中,没有外界的特定干涉,便说该体系是自组织的。这里'特定'一词是指,那种结构或功能并非外界强加给体系的,而且外界是以非特定的方式作用于体系的。"②

二 事件驱动型

法国公立大学治理中社会参与的发生机制类型属于事件驱动型。法国公立大学由传统的大学治理模式转向"参与型"多元共治模式的过程是由事件驱动引发的。法国的大学在其诞生后的六个世纪里在与教会和王权的斗争中获得较大的自治权力,在1789年法国资产阶级大革命爆发后,拿破仑政府通过教育改革建立起了政府完全控制下的中央集权的高等教育管理体制,而由政府的一元化治理转到社会参与的多元主体

---

① 吴彤:《自组织方法论研究》,清华大学出版社2001年版,第3页。
② 转引自吴彤《自组织方法论研究》,清华大学出版社2001年版,第5—6页。

共同治理，则是由1968年爆发的大学生运动事件驱动的。这一事件直接导致《高等教育方向法》的出台，确立了"参与"原则，开启了社会人士参与大学治理的进程。1968年的"五月风暴"是促使大学治理社会参与发生的标志性事件，是治理模式转轨的外部驱动力。所以，法国打破原有制度的路径依赖，发生大学治理制度转轨，形成新的社会参与型治理模式的驱动力来自外部事件，属于事件驱动型发生机制。

三 政府主导型

中国公立大学治理中社会参与的发生机制类型属于政府主导型。与西方大学发生机制不同的是，中国现代意义上的大学从其诞生之初就带有政府主导的色彩，大学是政府创办出来的。第一所现代大学——1895年建立的"北洋公学"、1896年建立的"南洋公学"、1898年建立的"京师大学堂"都是政府创办出来的，而且把大学作为政府部门对待，大学治理结构几乎完全等同于政府部门，"官师合一"最能说明这一性质。1949年新中国成立后，经社会主义改造延续下来的大学全部都是由政府举办的，完全计划经济条件下的大学不可避免地带有准政府行政部门的特征。新中国成立后，公立大学内部领导体制经历过多次改革探索，也都是由政府主导完成的。因此，中国公立大学治理结构和功能的形成是"他组织"过程，中国高等教育系统是"他组织系统"。"所谓他组织系统即指这样的系统：它不能自行组织、自行产生、自行演化，不能够自主地从无序走向有序，而只能依靠外界的特定指令来推动组织和向有序的演化，从而被动地从无序走向有序。"[①] 一直到改革开放前，中国高等教育的这种"他组织"特征十分明显，政府是组织者，大学是被组织者，在政府的组织下大学走向体系化的中央高度集权的大学治理结构，这种中央高度集权的大学治理结构体系一旦建立，就会形成严重的历史路径依赖。改革开放以来，国家一直在采用渐进的方式改革大学治理模式，从中央政府向地方分权，到政府向学校放权，再到政府向社会赋权，由中央集权的大学治理模式逐步向社会参与型多元共治模式

---

① 吴彤：《自组织方法论研究》，清华大学出版社2001年版，第3页。

转轨，都是政府主导下的制度变迁。近年来，在建立现代大学制度理念的指引下，公立大学治理中社会参与元素逐渐产生，都是政府主导的结果。目前，中国公立大学治理中第三层次即"共同决定"层次的社会参与还没有发生，依然需要政府继续提供制度供给，由政府主导完成最终的制度转轨。

第三节 三个发展走向

美国、法国和中国公立大学治理中，以自然生长、事件驱动或是政府主导等不同类型生发出社会参与机制后，其社会参与深度阶梯的发展走向也呈现出不同的趋势类型。比较美、法、中三国公立大学治理社会参与的发展顺序，可以发现美国和法国大学是沿着社会参与阶梯的自上而下发展，属下延式；中国大学是沿着社会参与阶梯的自下而上发展，属上延式。

一 自上而下，从有到优

美国公立大学治理社会参与主体的出现顺序是，先有董事会，后有高等教育协会，再有社会公众，对应的社会参与活动是先有共同决定，后有咨询，再有知情，显然是沿着社会参与阶梯自上而下的下延式发展，是"从有到优"的过程。美国公立大学治理社会参与的发展道路契合了大学"认识论"的发展逻辑，为满足人的发展和社会发展的需要而产生，政府参与是公立大学得以产生的先决条件，高等教育协会组织参与是公立大学走向卓越的根本保障，社会公众参与是公立大学合法存在的必然要求，因此美国公立大学是在政府、社会和大学等多元主体的共同治理下不断发展并日臻完善的，体现了自然发生、自上而下、缓慢推进的特点。

二 自上而下，从无到有

法国在1968年《富尔法》颁布后，确立的"参与"原则即实现了以有校外人士参与的校务委员会为主要形式的社会参与决策机制，标志着公立大学治理社会参与机制的诞生；1984年的《萨瓦里法》的实施，规定了高等教育协会类组织的诞生；1996年之后不断修订的《政府信息公开法律》提供了社会公众参与大学治理的制度保障。进入21世纪后，有关高等教育改革的多部法律包括2007年的《贝克莱斯法》和2013年的《高等教育与研究法》，在法国公立大学治理制度的改革中加速了社会参与大学治理的发展进程，体现了事件驱动、自上而下、快速推进的特点。

三 自下而上，从无到有

中国在2010年颁布的《国家中长期教育改革和发展规划纲要（2010—2020年）》中提出了建立社会参与的现代大学制度的理念，虽然中国公立大学的发展是"政治论"逻辑的，但是从长远来看，社会参与阶梯也必然会出现。2010年教育部以命令的形式，要求高校信息公开，这一政策的出台为大学治理"知情"层次的社会参与提供了制度供给，促使社会参与阶梯的第一梯档的发生。2014年教育部又以命令的形式，要求建立高等学校理事会，这一政策的出台为大学治理"咨询"层次的社会参与提供了制度供给，促使社会参与阶梯第二梯档的发生。目前中国大学治理中第三梯档即"共同决定"层次的社会参与还没有最后生成，但是笔者注意到，2019年颁布的《中国教育现代化2035》中明确提出了"完善社会参与教育决策机制"的战略任务，政府需要再次为社会参与阶梯的上延提供制度供给，相信中国一定会在政府主导的制度创新下完成社会参与阶梯的构建。这反映了后发国家的"从无到有"的上延式发展过程，也体现了中国公立大学治理社会参与的发展是政府主导、自下而上、稳步推进的特点。

本章小结

从对美国、法国和中国公立大学治理社会参与发生和演变的历史过程分析可以发现，三国大学治理中都存在董事会/校务委员会/党委会、高等教育协会类组织、社会公众这三类社会参与主体，分别对应社会参与阶梯的"共同决定""咨询"和"知情"三个层次。比较美国、法国和中国大学治理社会参与阶梯这三个层次的发生机制可以发现，美国是在分权体制、民主制度、市场经济等社会环境下自然生长的结果；法国打破原有制度的路径依赖，发生大学治理制度转轨，形成新的社会参与型治理模式的驱动力来自外部突发事件，属于事件驱动型发生机制；而中国则是政府理性的顶层设计，由制度到实践的强制性制度变迁的结果，属于政府主导型发生机制。比较美国、法国和中国大学治理社会参与阶梯这三个层次的发展顺序及其特征可以发现，美国是自上而下的顺序，体现自然发生、从有到优、缓慢推进的特点；法国是自上而下的顺序，体现事件驱动、从无到有、快速推进的特点；而中国是自下而上，体现政府主导、从无到有、稳步推进的特点。

第八章

公立大学治理社会参与的趋势、特点与价值

本章将在前几章以美国、法国和中国为国别案例讨论的基础上，从更广泛的意义上评析公立大学治理社会参与的发展趋势、基本特点和价值意蕴。

第一节　公立大学治理社会参与的发展趋势

大学的举办者、所有者、管理者、办学者并不是容易区分的概念。"政府、社会和市场都是大学的重要举办者"①，公立大学的举办者是政府，举办者一般需要出资举办大学，因此政府举办者拥有公立大学的所有权（全部或部分所有权）。办学者是大学的实际运营者，管理者是代表政府行使管理职能的教育行政机关，举办者、管理者和办学者都是参与大学治理的重要主体。现代大学即便是公立大学，拥有完全的所有权、管理权和经营权已不可能。

一　大学是社会的大学

首先，从大学的形成或产生的途径来看。现代意义上的大学起源于

---

① 赵士谦：《大学举办者、管理者和办学者权力关系配置与重塑》，《沈阳师范大学学报》（社会科学版）2018年第4期。

中世纪，中世纪大学的形成和产生有三种基本途径，一是自然形成型，即学者或师生自发聚集在某一场所研习学问，传道授业，后逐渐发展成为大学；二是创立型，即由皇帝、国王或教皇等通过颁发特许状直接主动创办大学；三是衍生型，即由学者或师生离开原来所在大学，在迁徙过程中基本按照原有大学模式在异国或异地创立大学。[①] 例如，中世纪法国的巴黎大学是自然形成的，意大利的那不勒斯大学是国家或王权创立的，法国的图卢兹大学和意大利的罗马教廷大学是教会创立的，英国的牛津大学和剑桥大学是衍生的类型。14世纪以后的大学，不再可能经过漫长的历史时期由学者行会自然形成，多是由教皇或世俗王权创立，到中世纪末，通过这三种途径，欧洲建立了约80所大学，有些大学的历史一直得以延续。17世纪以后，民族国家体系逐步形成，资本主义工商业得到较快发展，新大学的产生途径有国家或教会创立和私人或私人团体创立等。如，1810年德国创立柏林大学，1826年及19世纪后期英国创立的伦敦大学和其他城市大学"没有一所是政府创办，它们或由富商投资，或由公众捐办"[②]，20世纪60年代英国政府创建了12所新大学，17世纪美国由私人或私人团体创办的殖民地学院，18世纪后由州政府创办的公立大学等。

因此，可以说当今的大学存在三种属性：一是由中世纪自然形成型及其衍生型大学延续至今保持较多的自治属性，二是由私人及私人团体创办的大学保持较多的社会属性，三是由国家创办的大学则保持相对较多的国家属性。然而，当今时代，大学已走入社会的中心，国家与社会的关系正走向现代，不管哪种性质建立的大学都已不可能固守自身的属性，必不可少地走向三种属性的共存与融合，也就是打破所有权、举办权和治理权的捆绑关系，自治属性的大学由封闭走向开放，社会属性的大学渗入更多的国家干预，国家属性的大学则融入更多的自治和社会参与。

其次，从大学的经费来源来看。"高等教育是一项昂贵的事业"，

---

① 黄福涛主编：《外国高等教育史》，上海教育出版社2008年版，第41页。
② 贺国庆、王保星、朱文富等：《外国高等教育史》，人民教育出版社2006年版，第199页。

第八章 公立大学治理社会参与的趋势、特点与价值

现代大学的运行与发展离不开巨额的资金支撑，经费的获取是关乎大学生存和发展的一项重要内容，经费的来源渠道在一定意义上决定了大学的属性。2013年的中国教育经费统计显示，高等学校的经费来源渠道主要包括国家财政性教育经费，占总经费收入的60.32%；社会投入（包括民办学校举办者投入和社会捐赠经费），占总经费的0.95%；学校收入（包括学杂费和其他事业收入），占总经费的33.58%；其他收入，占总经费的5.15%。[①] 有统计显示，美国公立大学2005年经费来源于政府拨款的比例占50.78%，学杂费占18.07%，销售和服务收入占21.65%，社会捐赠等其他收入占9.5%。[②] 就UNC–CH公布的2015财年大学发展年报来看，该年经费来源于政府拨款的比例占40.7%，学杂款占13.8%，销售和服务收入占26.6%，捐赠、私人捐款和投资收益占17%。[③] 法国教育部每年出版一期《学校状况》，公布包括高等教育在内的前一年国民教育成本核算结果。高等教育培养的成本是根据国家、地方当局、其他公共管理机构、企业和家庭对高等教育的经费投入来计算的。按照2023年版《学校状况》的统计数字，2022年法国高等教育（含私立）经费总投入403亿欧元。其中，国家投入占60.2%（教育部占52.2%）、地方政府占7.9%、其他公共机构占3.2%、企业直接投入占18.3%、学生家庭占10.5%。[④] 由此可以看出，现代大学的办学经费既来源于政府，又来源于社会和大学自身，根据"谁受益谁付费"的原则，作为高等教育受益方的政府、社会和大学自身，共同承担大学的办学经费，也可以说政府、社会和大学共同享有大学的举办权。

最后，从大学的使命来看。现代社会中，大学被赋予了太多的使命

[①] 教育部财务司、国家统计局社会科技和文化产业统计司编：《中国教育经费统计年鉴—2014》，中国统计出版社2015年版，第4—5页。

[②] 耿同劲：《高等教育经费来源的国际比较及启示》，《现代教育科学（高教研究）》2010年第5期。

[③] UNCCH, "Carolina_ Development_ Annual_ Report_ 2015", https://developmentannualreport.unc.edu/.

[④] 2023年学校状况, https://www.education.gouv.fr/l-etat-de-l-ecole-2023-379707。

和期望。"人们期望现代大学能同时兼备许多互相矛盾的特质。例如，保守与激进、批判与支持、相互竞争与共同分担、自主与问责、私人与公共、优异与平等、企业家精神与人文关怀、确凿与可变、传统与革新、讲究形式与打破旧习，地方性与国际性"①。人们的期望和大学的使命促使大学与社会紧密地联系在一起，维持这种紧密联系的方式就是"公民与社区参与"，"'社区—大学参与'或'公民参与'是全世界高等教育机构越来越突出的一个目标"，"参与意味着与大学以外的世界进行积极的互动"②。大学服务于社区，同时社区和公民参与到大学中，以实现两者的参与式互动。为了加速人类进步，引领人们迈向参与型民主学校制度和参与型民主社会的独特使命，"大学不应只是社区中的大学，而更应是社区的大学"③。

总之，从大学的产生途径、经费来源和存在价值来看，大学既是政府的，也是社会的，更是自己的。

二 社会的大学社会参与治理

"美国的公立大学是一个由公共需要、公共政策和公共投资共同创建和塑造的社会机构"④，它的教学、知识和服务资源向所有公民开放，是促进和实现美国民主化的重要力量。"为了整个社会的利益，由公共行为建立并受到公共税收资助的公立大学，是一项公益事业"，"既然受到社会的资助，公立大学就既要对社会的需要负责，又要对公共税收资金的使用负责"⑤。毫无疑问，美国的公立大学是与社会结合紧密、最能满足社会的需要、服务社会公共利益的社会的大学。

---

① [英]戴维·沃森：《高等院校公民与社区参与管理》，马忠虎译，江苏教育出版社2010年版，第1—2页。
② [英]戴维·沃森：《高等院校公民与社区参与管理》，马忠虎译，江苏教育出版社2010年版，第4页。
③ [英]戴维·沃森：《高等院校公民与社区参与管理》，马忠虎译，江苏教育出版社2010年版，第3页。
④ [美]詹姆斯·杜德斯达、弗瑞斯·沃马克：《美国公立大学的未来》，刘济良译，北京大学出版社2006年版，第5页。
⑤ [美]詹姆斯·杜德斯达、弗瑞斯·沃马克：《美国公立大学的未来》，刘济良译，北京大学出版社2006年版，第6页。

第八章 公立大学治理社会参与的趋势、特点与价值

美国公立大学的外部参与者是一个广泛的群体。前文对 UNC - Chapel Hill 的分析可以发现，公立大学的外部参与者分布广泛：共同决定层次的社会参与者——主要是董事会成员，广泛地来自工商企业界、金融投资界、传媒界、法律界、教育界、政界等多个社会领域，一般都是各个社会领域的精英，他们或是著名企业家、法律专家、政治家、媒体专家、大学校长，也可以是热心学校公益事业的社区志愿者，甚至是农村居民，一般都具有校友身份，大学发展涉及的社会领域都可能有参与主体的分布；咨询层次的参与者——主要是校外咨询委员会成员，其分布的广泛度更大，这是由参与的自愿性决定的，凡志愿帮助大学发展的社会成员都有可能成为大学治理的参与者；知情层次的参与者——不确定的社会大众，甚至不只是本国公民，都是大学实际的或潜在的治理参与者。

在参与大学治理的众多社会群体中，最重要的群体是校友。校友群体是大学发展的宝贵资源，是大学的信息资源、形象资源、人才资源、教学资源、科研资源、社会资源、物质资源，是学校的无形资产，是大学联系社会的关系网络。校友在社会上的声誉和地位在某种程度上依靠母校的声誉和质量，因此校友对母校有一种特殊的情感和关爱，关心和支持母校的发展。美国的一些私立大学一般都依赖校友的捐赠支持，所以校友可以作为董事会成员直接参与大学管理，到20世纪七八十年代，公立大学也开始吸纳校友参与院校管理工作。校友分布在社会的各行各业，他们分布的广泛性决定了参与学校治理主体的广泛性程度。

另一个重要的群体是社区。大学坐落于一定的社区，一方面大学的生存与发展离不开社区环境的支持，另一方面大学也提升其所在社区的环境与品位，因此社区居民对大学的治理参与，是社区与大学互动发展、相互促进、升华品质的重要环节。社区小到市镇、大到州邦，其成员从社会精英到普通民众都有权力也有意愿参与到提升大学品质的治理中去。

社会参与大学治理的重要意义在于，一是弥补"政府失灵"产生的不足，抑制现代大学治理中的过度"行政化"趋势；二是增强"社

会智慧"因素，克服现代大学运行中的过度"自治化"倾向；三是畅通"信息传导"机制，消除现代大学发展中的过度"封闭化"弊端。①

三 多元共治是共同趋势

诞生于欧洲中世纪的"大学"这一概念，在欧洲和北美洲历史文化发展进程中，已经被赋予了特定的形式和内容，被赋予了在欧美文化背景下丰富的历史遗产。"大学"起源于市民社会，大学自治和学术自由是其最根本的价值，因此欧洲中世纪"大学从来没被政府或教会直接控制过，也没有直接成为一种上层统治阶级培养接班人的训练工具"②。

然而，诞生于中世纪时期市民社会中的"大学"，在成长发展过程中，自然不可避免地受到来自政府和社会的权力和资源的浸入，一方面是民族国家与社会发展对大学的依赖；另一方面是大学发展对政府和社会资源的依赖。正所谓"当大学最自由时，它最缺乏资源；当它拥有最多资源时，却最不自由"。"大学存在的时间超过了任何形式的政府、任何传统、法律的变革和科学思想，因为它们满足了人们的永恒的需要"③。大学在不断"满足人们永恒需要"而走向现代大学的过程中，与现代政府和现代社会的不断磨合中，逐渐形成了政府、社会、大学多元共治的大学治理模式，这是现代大学制度下大学治理模式的共同选择。

总体上说，近代以来西方国家不断地对大学治理模式进行改革探索，目前基本已经走上了现代大学制度之路，实行的是政府、社会和大学多元共治的大学治理，社会参与大学治理是多元共治的主要内容之一。美国的大学自诞生之日起采用的董事会制度就体现了大学外部治理上的多元主体共同参与治理的特征，随着这种管理模式的丰富完善和发

---

① 朱涵：《社会参与：创新高校多中心治理模式》，《江苏高教》2012年第3期。

② [加]许美德：《中国大学：1895—1995 一个文化冲突的世纪》，许洁英译，教育科学出版社1999年版，第20页。

③ [美]约翰·S·布鲁贝克：《高等教育哲学》，王承绪、郑继伟、张维平等译，浙江教育出版社2002年版，第80页。

第八章 公立大学治理社会参与的趋势、特点与价值

展演变,到 20 世纪共同治理理念的提出,只是意味着大学治理权力在利益相关者之间的重新调整和重新组合,丰富了参与的主体元素,各参与主体的权力运用更加细化和更加专业化,当然客观上也表明以董事会为代表的社会参与权力由绝对优势位置的份额调整。美国大学治理中因教师参与治理权力的诉求而提出来的共享治理,是大学治理各参与主体权力的再划分和再平衡,是大学内部治理走向专业化和现代化的丰富和完善。换言之,其大学外部的政府—市场—社会—大学的治理结构已几近完备,社会参与大学治理早已是常态,大学治理的社会参与问题(诸如大学治理要不要社会参与、为何要参与以及如何参与等)不再是大学关注的焦点(尽管社会参与大学治理的效度问题依然是当今美国大学研究的热点问题之一)。

法国在资产阶级革命后实行了长达一个半世纪的中央集权制管理体制后,于 20 世纪 60 年代开启了社会参与治理的进程,在近半个世纪的改革中快速推进这种治理模式,逐渐丰富了社会参与的治理内容,加强了社会参与的制度保障,在多元共治的道路上不断前行。

中国在改革开放后的四十余年时间里,高等教育管理体制改革沿着中央充分地向地方分权—政府适当地向大学放权—政府谨慎地向社会赋权的改革方向,越来越多的社会参与成分在大学的治理中显现,渐进式点点滴滴自愿引进的"多元共治"模式也成为中国大学治理的模式选项。当然,就目前的情况看,中国大学治理的社会参与还处于起步阶段,还在改革探索的过程中,而发达国家基本已完成改革的探索,特别是美国大学治理的社会参与最典型、最彻底。

第二节 公立大学治理社会参与的基本特点

经过历史的发展演变,现代大学已经演变成为多元化巨型大学,成为复杂的社会有机体,"它并非人为地创造,也没有人具体设计过"。"多元化巨型大学的界限模糊,它延伸开来,牵涉到历届校友、议员、

农场主、实业家——而他们又同这些内部的一个或多个社群相关联。"①多元化巨型大学"是一个权力分得很细的复杂实体"，政府、社会机构、行政机构、教师、学生都是这个复杂实体治理权力的分享者：学生拥有自由选课的权利，从而"决定大学的哪些领域和学科将得到发展"，"学生还通过他们的光顾选定大学教师"；"教授们或早或迟都获得了招生、课程设置、考试以及授予学位的权利"；非专家委员会、州财政部、州长和州议会是维护政府权力在大学事务中影响的主要手段；许多代表各种利益的公众团体享有对大学事务的影响权力。② 多元化巨型大学的各类利益主体以各自独特的方式参与和影响大学中的事务。从美国等西方国家公立大学治理社会参与的历史和现实的考察中尤其可以发现以下特点。

一　政府参与受限制

大学治理的政府参与甚至可以追溯到中世纪，中世纪大学的建立，不单有行会组织自发形成这一种途径，"皇帝、教皇、公爵、主教以及市议会都授权创办大学并使其合法化"③。政府参与大学的创办，自然也参与大学的管理。虽然由政府创办的柏林大学将中世纪大学"学者行会自己管理自己的事情"的观念发展成了"大学自治"制度，但柏林大学的发展始终脱不开政府。拿破仑政府彻底重建了大学体系，将大学完全置于国家控制之下（直到19世纪90年代才将部分权力回归大学，直到20世纪60年代才将部分权力回归社会）。社会主义国家更是将大学政治化发挥到极致，政府将大学国有化并实施完全控制。对政府参与大学治理现象，约翰·S·布鲁贝克从政治论角度解释道："高等教育越卷入社会的事务中就越有必要用政治的观点来看待它。就像战争意义太重大，不能完全交给将军们决定一样，高等教育也相当重要，不能完

---

① ［美］克拉克·科尔：《大学的功用》，陈学飞、陈恢钦、周京等译，江西教育出版社1993年版，第12页。
② ［美］克拉克·科尔：《大学的功用》，陈学飞、陈恢钦、周京等译，江西教育出版社1993年版，第13—18页。
③ ［美］克拉克·科尔：《大学的功用》，陈学飞、陈恢钦、周京等译，江西教育出版社1993年版，第16页。

第八章　公立大学治理社会参与的趋势、特点与价值

全留给教授们决定"①。

在美国,非专家委员会一直是"政府"权力同大学进行联系的独有手段,州立大学除了非专家委员会之外,还有州财政部、州长和州议会也越来越趋向于对学校工作进行详尽的审查,这些手段都是维护政府权力在大学事务中影响的重要途径,但所幸的是美国政府权力没有被无限地行使,②多元化的利益把大学治理的权力分散到多个利益主体中,政府参与权力始终受到限制。18世纪建国伊始,前六届联邦政府都致力于创建国家大学,然而政府企图将权力渗入大学的做法屡屡失败,并最终没能成功建立起联邦政府控制的国家大学。19世纪初期,州政府试图改造私立大学为公立大学的愿望也因达特茅斯学院案的联邦最高法院的最后判决而破灭,州政府在大学问题上将权力无限扩大的企图也受到了阻碍。19世纪末年,因密歇根大学董事会拒绝密歇根州议会强迫其将该校的医学院迁移到底特律城而引发的斯特林诉密执安大学董事会案,州最高法院的判决结果——议会无权强迫密歇根大学董事会迁移医学院——表明了州政府参与大学事务权力的限度。20世纪初期,在美国大学无序扩张时期,联邦教育局试图通过政府认证以规范大学发展的准备也遭到强烈抵制而被迫终止。甚至到21世纪后,2014年奥巴马政府推出的首个联邦政府大学评估方案——《新的大学评估体系》也因高等教育界和社会公众的反对而沦为简单的信息发布。在美国,政府与大学之间干预与反干预之争的事例比比皆是,正是在这种对抗中,政府参与的权力受到限制,大学自治的理念得到捍卫,在政府参与和大学自治的动态平衡中促进了美国高等教育的大发展。

二　社会参与无边界

马丁·特罗在其著作中明确提出过,当高等教育进入普及化阶段后,大学与社会融为一体、边界消失,大学的事务就是社会的事务,社

---

①　[美]约翰·S·布鲁贝克:《高等教育哲学》,王承绪、郑继伟、张维平等译,浙江教育出版社2002年第3版,第32页。
②　[美]克拉克·科尔:《大学的功用》,陈学飞、陈恢钦、周京等译,江西教育出版社1993年版,第16—17页。

会公众参与大学治理是普遍行为。从美国 UNC – Chapel Hill 治理实践的个案分析中可以发现，公立大学作为公共机构，其透明度指数非常高，社会公众可以参与（包括知情、咨询甚至共同决定）的内容涉及全部大学事务，作为董事会成员的社会人士掌握大学全部事务的最终决定权，社会参与大学事务无边界。

在对 UNC – Chapel Hill 董事会参与治理的大学事务内容做统计后发现，董事会各委员会治理下的事务共 51 项，包括大学专属事务（University Affairs）如课程、专业、教学计划、学位授予、学科建设、招生、教师事务、学生事务等等，还包括非大学专属事务如校园建设、对外关系、财务收支、技术转让，等等。对于市场化和专业化程度都非常高的美国，非大学专属事务由董事会中校外董事——外行中的内行管理则更显专业，即使是大学专属事务也有相应的社会专业组织参与管理，包括营利性的专业公司——如参与大学校长遴选的猎头公司和非营利性的专业组织——如高等教育协会组织等。从一定意义上说，市场化程度越高，大学开放程度越充分，社会与大学的边界越模糊，社会公众参与大学治理的内容越全面；社会分工越精细，专业化程度越高，社会参与大学治理的效果越明显。

管理心理学认为，管理就是对个体或组织施加影响力的过程。构成影响力的基础有两大方面：一是权力性影响力，权力性影响力主要来源于法律和职位，带有强制性；二是非权力性影响力，非权力性影响力主要来源于权威和信赖，带有非强制性。董事会依靠权力性影响力直接参与大学治理，社会组织依靠非权力性影响力间接影响大学治理。公立大学董事会或由公民普选产生，或由议会选举产生，或由州长任命，但一般都要由议会以法定的程序批准，"以人民的名义行使权力"，因此法律赋予了董事会权力性影响力。董事对大学的影响力还来源于其职位，校外董事一般都是工商业界的成功人士，对于非大学专属事务来说，他们具有专家权威的影响力。社会组织对大学治理的影响力不具有强制性，而是通过社会对其权威性的认可与信赖间接影响大学的治理行为。

关于社会组织如何通过非权力影响力监督和约束大学的治理行为，

第八章 公立大学治理社会参与的趋势、特点与价值

有研究对美国大学教授协会做了介绍：美国大学教授协会是一个致力于维护教师的学术自由和终身教职，推动教师参与共享治理，规范教师职业道德的社会组织，协会每年发布违反学术自由和终身教职制度的院校谴责名单和违反协会的共享治理等制度的院校制裁名单，"通过每年的谴责名单、制裁名单以及《高等教育纪事》的公开谴责与制裁，尽管它们并不具备直接的制裁效力，但这样至少可以影响该院校在学生、教师群体以及潜在的大学生和高校教师心目中的印象，使他们在入学或者求职时对其心有余悸。同时，也会在家长、社会公众中形成一定的舆论压力，继而给院校形成一定的道德约束"。[①] 美国大学教授协会就是使用这样的非强制性的方式，依靠其专业性的权威发布和师生及社会公众的充分信赖，有效地监督、约束和纠正大学的治理行为，间接地使大学在这些方面得到治理。

类似美国大学教授协会这样通过非权力影响力使大学得到有效治理的社会组织数量繁多、类型各异，有成千上万的学术协会围绕着美国的大学和学院，以不同的方式对大学和学院产生影响。美国学者威廉·哈罗德·考利（William Harold Cowley）在排除了与校友或学生事务相关的协会组织之外，将美国与大学和学院相关的协会组织概括分为15种类型：（1）认证机构（包括区域性的和专业性的），如西北部学校与学院协会、全美教师教育认证委员会；（2）学科专业学会，如美国化学学会、美国经济学学会等；（3）综合性学科学会，如美国人文学会理事会、社会科学研究理事会等；（4）类似机构的组织，如美国大学联合会、美国学院协会；（5）行政人员协会，如美国大学和学院财务官协会、美国大学注册和招生官协会等；（6）院校董事会组织，如大学与学院理事会协会等；（7）筹款机构，如华盛顿高等教育之友、教育资助理事会等；（8）为学院和大学提供各种服务的机构，如教育考试服务中心、教师保险和年金协会等；（9）教会学校协会，如南部浸礼会学院与学校协会、耶稣会学院与大学协会等；（10）致力于拓展教育事业的团

---

① 付淑琼：《高等教育系统的专业协调力量：美国大学教授协会研究》，浙江大学出版社2011年版，第185页。

体,如国际教育学会、全国大学扩展协会等;(11)与高等教育有关的全国或地区性理事会和协会,如美国高等教育协会,南部地区教育委员会等;(12)国际组织,如联合国教科文组织、国际大学协会等;(13)致力于教师权利的组织,如美国大学教授协会、全美教育协会和美国教师联合会等;(14)荣誉兄弟会,如菲贝塔卡帕兄弟会,西格玛西兄弟会等;(15)荣誉学院,如美国人文与科学院,国家教育学院等。① 这些数量庞大、覆盖全面的高等教育协会组织各具特色,涉及大学和学院事务的方方面面,对美国高等教育和学术研究发挥着不同的作用和影响,其影响力是无远弗届的。

三 大学自治有限度

"公立大学制度肇始于中世纪后期大学的民族化和国家化;其雏形可见于18世纪末拿破仑建立的帝国大学以及19世纪初以柏林大学为代表的近代大学;其最终形成,则有待于世界范围内民族国家形成后公立大学体系的进一步完备;而公立大学制度的全面普及还要等到西方福利国家体制的建立及社会主义运动的兴起。"② "世界范围内,公立大学制度的建立形式大体上可以分为两种情况,一种是由民族国家新建立公立大学系统,一种是由政府对原有大学进行改造,或说公立化"③。美国的公立大学制度是在美国建立后新建立起来的,是对原有私立大学进行改造不成功而另行建立的。新建立起来的公立大学制度有两个明显的特征:一是经费来源以公共财政为主导;二是机构性质变为实现公共利益的国家机构。因此,以"政治论"的高等教育哲学为基础建立起来的美国公立大学,建立伊始就不存在"学者行会自己管理自己事情"的前提,公共财政和公共利益使公立大学丧失了完全自治的基础。"完全的自治必然要求完全的经费独立,这种程度的独立是根本不

---

① W. H. Cowley, *Presidents, Professors, and Trustees: The Evolution of American Academic Government*, San Francisco, California: Jossey-Bass, 1980, pp. 145–146.

② 王建华:《第三部门视野中的现代大学制度》,广东高等教育出版社2008年版,第42页。

③ 王建华:《第三部门视野中的现代大学制度》,广东高等教育出版社2008年版,第52页。

可能的"①。

当然，无论如何公立大学作为一种形式的大学制度依然沿袭了中世纪大学的组织要素和制度逻辑，"认识论"依然是大学存在和发展的根基，大学自治和学术自由依然是大学制度的支撑理念。"公共财政的资助被理解为当然的事情是社会文化传承与创新的必要代价，而不是干预大学的资本。"② 大学自治和学术自由成为现代公立大学无限追寻的价值目标，虽然大学自治只能有限度地存在于现代大学制度之中，毕竟"失去了自治，高等教育就失去了精华"③。美国大学教授协会极力推动美国大学学术自由的实现，客观上也表明了现代大学对这种有限度的大学自治的无限追求。

总之，现代大学制度下的公立大学，政府、社会、大学等各类利益相关主体以各自独特的手段，在共同参与大学事务的治理中，政府参与受限制，社会参与无边界，大学自治有限度，多元共治显特色。

第三节 公立大学治理社会参与的价值意蕴

受限制的政府参与，无边界的社会参与，有限度的大学自治，三方合力共治，体现了现代公立大学治理中的"多元共治"的特点。在三分框架下的市民社会中的各类参与主体参与大学事务的手段不同、目的各异，但各类主体平等参与、共同治理，在多股力量的合力下实现多元利益，客观上达到大学的善治目标。社会参与型大学治理模式将成为现代大学治理模式的共同选择，自由、忠诚、平等、卓越的多元价值将通过多元共治模式具体体现。

---

① ［美］约翰·S·布鲁贝克：《高等教育哲学》，王承绪、郑继伟、张维平等译，浙江教育出版社2002年第3版，第33页。
② 王建华：《第三部门视野中的现代大学制度》，广东高等教育出版社2008年版，第47页。
③ ［美］约翰·S·布鲁贝克：《高等教育哲学》，王承绪、郑继伟、张维平等译，浙江教育出版社2002年第3版，第31页。

一 大学治理社会参与的价值体现

(一) 公立大学的性质

詹姆斯·杜德斯达（James J. Daderstdt）与弗瑞斯·沃马克（Farris W. Wonack）把大学与企业作比较，认为"大学的角色和使命不同于企业"，企业以获取利润为目标，因此"它的大部分决策都是短期行为"，企业运行只遵守市场规则，不受政治干涉；相反，"大学不仅要通过教育、研究和教学这些进行中的活动为社会服务，还有责任管理好以前的成就，做好为未来的一代服务的准备"，"而且公立大学面临着《阳光法案》、州立规章和政治压力等一系列额外的约束和限制"。[①]

杜德斯达和沃马克还把公立大学和政府机构作比较，认为政府与公立大学在人员招聘、经费来源和法律约束等方面有很大的不同：政府人员主要依靠政治任命，公立大学要在激烈竞争的专业人才市场中招聘；政府机关的经费由税收提供，公立大学所得的公共拨款只是其收入的很小一部分；许多政府机构如立法机关不受《阳光法案》等强制性法令的制约，公立大学则不然。[②]

公立大学不同于企业，也不同于政府机构。有学者认为，理想类型的现代大学属于第三部门，在第三部门视野中，大学是一个独立的法人实体，与政府和企业相对独立，并与政府和企业以及其他社会组织平等地、自愿地进行合作。[③] 在美国，"法规和宪法把一些公立大学规定为州政府的一个分支机构"[④]，公立大学被视为立法、行政、司法部门之外的"政府第四部门"。在中国，新中国成立后通过国有化改造建立起来的公立大学更是深深地嵌入国家体制之中，带有明显的政府部门的烙印。然而，公立大学是一个复杂的有机体，国家目标的实现离不开与政

[①] [美] 詹姆斯·杜德斯达、弗瑞斯·沃马克：《美国公立大学的未来》，刘济良译，北京大学出版社2006年版，第12页。

[②] [美] 詹姆斯·杜德斯达、弗瑞斯·沃马克：《美国公立大学的未来》，刘济良译，北京大学出版社2006年版，第13页。

[③] 王建华：《第三部门视野中的现代大学制度》，广东高等教育出版社2008年版。

[④] [美] 詹姆斯·杜德斯达、弗瑞斯·沃马克：《美国公立大学的未来》，刘济良译，北京大学出版社2006年版，第12页。

第八章 公立大学治理社会参与的趋势、特点与价值

府的合作,公众利益的表达离不开社会的参与,卓越价值的追求离不开市场的竞争,大学自身特性的传承离不开大学的自治。因此,集多元利益于一身的大学决定了它不可能单独地属于政府部门或者市场企业,但是它必定属于"第三部门"视野中的"大学"。理想中的公民社会就是一个第三部门占主导的社会,属于第三部门的大学就是政府—社会—市场—大学四分框架下的"市民社会"中的"大学",公立大学所有权归属多元化、经费来源多元化,是最接近于市民社会公共领域的机构。

(二) 多元共治中的多元价值

公立大学多元利益相关者的共同参与把不同利益主体各自的价值观念带到大学治理中,多元共治为利益相关者各自价值诉求的表达提供了前提条件。伯顿·克拉克将现代公众、政府官员、高等教育工作者等大学各利益相关主体的基本价值诉求高度抽象并概括为正义、能力、自由和忠诚,即平等、卓越、自由和忠诚。① 虽然在不同国家或者不同国家的不同时期,这四种不同价值的体现程度不同,但是只有多元主体的共同参与才能够使多种价值观念得以同时表现也是不争的事实。总体来说,在民主社会的大学里,平等与卓越、忠诚与自由的价值理念在不断的冲突与协调中达到了较好的平衡;而在官僚体制社会的大学里,要达成这种价值的平衡还需要引入更多主体的平等参与。

"大学存在的时间超过了任何形成的政府","因为它们满足了人们的永恒需要"。尽管当今世界仍然有些大学因为政府的强势参与而遮蔽了其他价值观念的表现,但是"大自然迫使人类去加以解决的最大问题,就是建立起一个普遍法治的公民社会",可以相信,随着"普遍法治的公民社会"的普遍建立,多元价值理念必将在大学多元主体平等地共同参与下完美地实现。

二 大学治理社会参与的价值讨论

在大学治理的四元分析框架中呈现了参与大学治理的四类主体——

---

① [美]伯顿·R·克拉克:《高等教育系统——学术组织的跨国研究》,王承绪、徐辉、殷企平等译,杭州大学出版社1994年版,第272页。

政府、市场、社会、大学，每类主体对大学的价值诉求构成了多元主体参与的多元价值——自由、忠诚、平等、卓越，这些价值经常会表现在行为上的相互抵触甚至对抗，在大学治理的改革中不断缓和冲突，使各种价值同时表现。

（一）自由与忠诚

"自由"是"大学"的首要价值诉求。自由是大学始终不渝、孜孜以求的价值追求，是大学存在和发展的认识论哲学基础。柏林大学倡导的自由为德国大学赢得了世界声誉。在柏林大学创立之时，国王威廉三世就宣布，大学是科学工作者无所不包的广阔天地，科学无禁区，科学无权威，科学自由。柏林大学第一任校长费希特曾强调指出，柏林大学应追求"最纯粹和最高形式的知识"，也就是要坚持"教的自由"和"学的自由"，独立地探索真理，"为学术而学术"。这种自由地探索未知、自由地追求真理，正是大学这一组织最重要也是最本质的使命所在。

"忠诚"是"政府"的首要价值诉求。忠诚是政府对大学始终不渝的价值要求，是大学在某个国家合法存在的政治哲学基础。现代社会的大学是国家生存和发展之战略所系，关系到政权和民族的生死存亡。忠诚这一价值"包括对批评的限制以及对高等教育系统如何服务于民族大业的要求"[①]，大学培养什么样的人才，生产什么样的知识，无不受一个国家政府的干预，"任何国家概莫能外"[②]。尤其是后发国家，因为其不发达，面临更多的发展压力，因此"对国家效忠的概念占着压倒优势"[③]。

自由和忠诚显然构成了大学价值诉求的一对矛盾，表现在大学与政府的关系中。无论是在发达国家还是在不发达国家的大学里，都存在这对矛盾，只是发达国家的矛盾冲突比较轻，对大学忠诚度的要求比较宽泛，大学自由度比较大；而不发达国家的矛盾冲突比较重，对大学忠诚

---

① [美]伯顿·R·克拉克：《高等教育系统——学术组织的跨国研究》，王承绪、徐辉、殷企平等译，杭州大学出版社1994年版，第281页。
② [美]伯顿·R·克拉克：《高等教育系统——学术组织的跨国研究》，王承绪、徐辉、殷企平等译，杭州大学出版社1994年版，第281页。
③ [美]伯顿·R·克拉克：《高等教育系统——学术组织的跨国研究》，王承绪、徐辉、殷企平等译，杭州大学出版社1994年版，第282页。

第八章 公立大学治理社会参与的趋势、特点与价值

度的要求比较严格，大学自由度相对较小。

(二) 平等与卓越

"平等"是"社会"的首要价值诉求。"社会"要求大学平等地提供学习的机会，平等地提供学业成功的途径。然而，"平等"这一价值观念，更多的是通过政府参与得以完成。各国都是通过扩大高等教育的入学比例，实现高等教育的大众化，从而实现教育公平，发达国家的美国也不例外，也是通过政府不遗余力地发展公立大学，提供政府资助，实现教育公平。英国人詹姆斯·布莱斯（James Bryce）在他的著作《美国联邦》（*American Commonweath*）中称赞美国公立大学对于维持民主制度和机会均等的重要意义，他说："与苏格兰和德国的大学相比，美国大学值得赞美的地方是能够让各个阶层的人民都有走进的机会"，"它们引导各个阶层的人们对大学教育的价值深信不疑并渴望获取之"[①]。

"卓越"也是"大学"首要的价值诉求。走到社会中心的大学，希望得到国家的认可、社会的关注，更希望从政府和社会得到更多的资金和物质资源的支持，以使自身走向更加卓越。然而，"卓越"这一价值的实现，更多的是通过社会参与并以市场的机制得以实现。在美国，受宪法的规制，政府对教育的干预受到严格的限制，久而久之，政府被认为是不懂教育的，同时由于政府事务的千头万绪，没有能力处理好教育事务，在这样的形势下，社会参与弥补了这一空缺，也正是在无数高等教育协会组织的细致入微的关照下，社会公众的问责与监督下，使得美国的高等教育不断地走向卓越。

平等与卓越也构成了大学价值诉求的一对矛盾，表现在大学与社会的关系中。社会要求大学扩大招生的规模，以满足更多适龄青年入学的机会，实现平等价值，而大学则要求自身不断提高质量以实现卓越。平等与卓越的矛盾，在后发国家表现得尤为明显，反映在规模与质量的双层压力上，既要通过规模的快速扩张以适应社会对大学入学机会的合理要求，又要通过质量的快速提升挤进世界一流大学的行列。

[①] John S. Brubacher et al., *Higher Education in Transition: A History of American Colleges and Universities*, New Jersey: New Brunswick, 1997, p.172.

(三) 民主与效率

大学治理的社会参与问题实质上是大学治理民主化问题。美国公立大学治理中的社会参与反映了美国大学治理中的"参与式民主"制度，大学各种利益相关者均可以一定的途径参与到大学治理中，从参与深度上已经达到参与阶梯的最顶端。然而，这一制度被不断质疑和广受诟病的是社会参与的效率问题，社会主体的广泛参与降低了大学决策的效率，民主与效率依然是一对矛盾。"民主使一些在非民主条件下很简单的事务变得相对复杂和烦琐，从而增大政治和行政的成本；民主往往需要反反复复地协商和讨论，常常会使一些本来应当及时作出的决定，变得悬而未决，从而降低行政效率。"① 公立大学董事会的决策时常反映出这一被指责较多的效率问题。

可是，正是社会的参与保护了大学的自由，正是社会的参与维持了大学的卓越。因此，对于美国大学来说，让其在"民主"与"效率"之间做二者只取其一的选择时，相信只会放弃后者，也就是说无论如何大学治理的社会参与这种"参与式民主"制度不会放弃。放弃了社会参与，大学将失去自由的保护；放弃了社会参与，大学将可能不再卓越。这与后发国家明显不同。后发国家在大学的发展中困难重重，既面临自由与忠诚的矛盾，又面临平等与卓越的矛盾，两种矛盾都比较突出，在多重价值追求和双重矛盾冲突的巨大压力下，优先选择"效率"，是生死存亡的抉择。

然而，值得宽慰的是，"普遍法治的公民社会"是人类社会发展共同目标，社会参与的多元共治是大学治理模式改革的共同趋向，在多元共治中自由、忠诚、平等、卓越等多元价值的彰显，将会使民主与效率的矛盾不再突出。

本章小结

现代的大学是社会的大学，社会的大学社会参与治理；现代的大学

---

① 俞可平：《民主是一个好东西》，《民主》2007年第1期。

第八章 公立大学治理社会参与的趋势、特点与价值

也是政府的大学，政府的大学政府参与治理；现代的大学更是自己的大学，自身的大学需要大学自治。因此现代的大学是多元主体共同治理下的大学，多元共治是现代大学治理模式改革的共同趋势。

从普遍的意义上讲，现代大学制度下的公立大学，政府、社会、大学等各类利益相关主体以各自独特的手段，在共同参与大学事务的治理中发挥各自独特的作用，充分体现出各自作用的特点，即政府参与受限制，社会参与无边界，大学自治有限度，多元共治显特色。

从社会参与大学治理的价值上看，社会参与的多元共治彰显了自由、忠诚、平等、卓越的多元价值，缺少社会参与，价值诉求将无法完整体现。虽然美法公立大学治理的社会参与体现了这种多元价值，但是自由与忠诚、平等与卓越、民主与效率的矛盾依然存在，也正因为在多元共治中自由、忠诚、平等、卓越等多元价值得到彰显，民主与效率的矛盾才不再突出。

参考文献

中文文献

一　中文著作

白平则：《强社会与强国家——中国国家与社会关系的重构》，知识产权出版社2013年版。

蔡定剑主编：《公众参与：风险社会的制度建设》，法律出版社2009年版。

陈林、林德山主编：《第三条道路——世纪之交的西方政治变革》，当代世界出版社2000年版。

陈文干：《美国大学与政府的权力关系变迁史研究》，浙江大学出版社2015年版。

陈文海：《法国史（修订本）》，人民出版社2014年版。

陈学飞：《美国高等教育发展史》，四川大学出版社1989年版。

崔高鹏：《美国州立大学董事会权力的变迁》，浙江教育出版社2015年版。

付淑琼：《高等教育系统的专业协调力量：美国大学教授协会研究》，浙江大学出版社2011年版。

顾建民等：《大学治理模式及其形成机理》，浙江大学出版社2017年版。

关玲永：《我国城市治理中公民参与研究》，吉林大学出版社2009年版。

郭为藩：《转变中的大学：传统、议题与前景》，北京大学出版社2006年版。

何东昌主编：《中华人民共和国重要教育文献（1949—1975）》，海南出版社1998年版。

贺国庆、王保星、朱文富等：《外国高等教育史》，人民教育出版社2006年版。

洪源渤：《共同治理——论大学法人治理结构》，科学出版社2010年版。

黄福涛主编：《外国高等教育史（第二版）》，上海教育出版社2008年版。

霍海燕：《当代中国政策过程中的社会参与》，人民出版社2014年版。

贾西津主编：《中国公民参与——案例与模式》，社会科学文献出版社2008年版。

教育部财务司、国家统计局社会科技和文化产业统计司编：《中国教育经费统计年鉴—2014》，中国统计出版社2015年版。

瞿葆奎主编：《法国教育改革》，人民教育出版社1994年版。

李福华：《大学治理的理论基础与组织架构》，教育科学出版社2008年版。

李素敏：《美国赠地学院发展研究》，河北大学出版社2004年版。

李维安等：《大学治理》，机械工业出版社2013年版。

李兴业编著：《巴黎大学》，湖南教育出版社1988年版。

李艳芳：《公众参与环境影响评价制度研究》，中国人民大学出版社2004年版。

刘敏：《法国大学治理模式与自治改革研究》，北京师范大学出版社2015年版。

欧阳光华：《董事、校长与教授：美国大学治理结构研究》，高等教育出版社2011年版。

潘懋元主编：《中国高等教育百年》，广东高等教育出版社2003年版。

孙柏瑛：《当代地方治理——面向21世纪的挑战》，中国人民大学出版社2004年版。

王承绪等：《比较教育》，人民教育出版社1999年版。

王建华：《第三部门视野中的现代大学制度》，广东高等教育出版社2008年版。

王锡锌：《公众参与和行政过程：一个理念和制度分析的框架》，中国民主法制出版社2007年版。

王锡锌：《行政过程中公众参与的制度实践》，中国法制出版社2008年版。

王英杰：《美国高等教育的发展与改革》，人民教育出版社2002年版。

王周户：《公众参与的理论与实践》，法律出版社2011年版。

吴彤：《自组织方法论研究》，清华大学出版社2001年版。

熊耕：《美国高等教育协会组织研究》，知识产权出版社2009年版。

张红霞：《教育科学研究方法》，教育科学出版社2009年版。

张俊宗：《现代大学制度：高等教育改革与发展的时代回应》，中国社会科学出版社2004年版。

张磊：《欧洲中世纪大学》，商务印书馆2010年版。

张维迎：《大学的逻辑》，北京大学出版社2012年版。

中国社会科学院法学研究所法治指数创新工程项目组：《中国高等教育透明度指数报告（2014）》，中国社会科学出版社2015年版。

中央编译局比较政治与经济研究中心主编：《公共参与手册：参与改变命运》，社会科学文献出版社2009年版。

二　中文译著

［比］希尔德·德·里德－西蒙斯主编：《欧洲大学史（第一卷·中世纪大学）》，张斌贤、程玉红、和震等译，河北大学出版社2007年版。

［法］让－皮埃尔·戈丹：《何谓治理》，钟震宇译，社会科学文献出版社2010年版。

［加］卜正民等编：《国家与社会》，张晓涵译，中央编译出版社2014年版。

［加］许美德：《中国大学：1895—1995：一个文化冲突的世纪》，许洁英译，教育科学出版社1999年版。

［加］约翰·范德格拉夫等编著：《学术权力——七国高等教育管理体制比较》，王承绪、张维平、徐辉等译，浙江教育出版社2001年版。

［捷］奥塔·希克：《第三条道路》，张斌译，人民出版社1982年版。

［美］D.B.约翰斯通：《高等教育财政：问题与出路》，沈红、李红桃译，人民教育出版社2003年版。

［美］爱德华·弗里曼、杰弗里·哈里森、安德鲁·威克斯：《利益相关者理论：现状与展望》，盛亚、李靖华等译，知识产权出版社2013年版。

［美］R·爱德华·弗里曼：《战略管理——利益相关者方法》，王彦华、梁豪译，上海译文出版社2006年版。

［美］伯顿·R·克拉克：《高等教育系统——学术组织的跨国研究》，王承绪、徐辉、殷企平等译，杭州大学出版社1994年版。

［美］丹尼尔·贝尔：《后工业社会的来临——对社会预测的一项探索》，高铦、王宏周、魏章玲译，新华出版社1997年版。

［美］道格拉斯·C.诺思：《制度、制度变迁与经济绩效》，杭行译，上海三联书店2008年版。

［美］德里克·博克：《美国高等教育》，乔佳义译，北京师范学院出版社1991年版。

［美］菲利普·G.阿特巴赫：《比较高等教育：知识、大学与发展》，人民教育出版社教育室译，人民教育出版社2001年版。

［美］克拉克·科尔：《大学的功用》，陈学飞、陈恢钦、周京等译，江西教育出版社1993年版。

［美］劳伦斯·维赛：《美国现代大学的崛起》，栾鸾译，北京大学出版社2011年版。

［美］罗伯特·殷：《案例研究：设计与方法（原书第5版）》，周海涛等译，重庆大学出版社2017年版。

［美］罗纳德·G.埃伦伯格主编：《美国的大学治理》，沈文钦、张婷姝、杨晓芳译，北京大学出版社2010年版。

［美］亚伯拉罕·弗莱克斯纳：《现代大学论——美英德大学研究》，徐辉等译，浙江教育出版社2001年版。

［美］亚瑟·科恩：《美国高等教育通史》，李子江译，北京大学出版社2010年版。

［美］约翰·S·布鲁贝克：《高等教育哲学》，王承绪、郑继伟、张维

平等译,浙江教育出版社2002年版。

[美] 詹姆斯·杜德斯达、弗瑞斯·沃马克:《美国公立大学的未来》,刘济良译,北京大学出版社2006年版。

[意] 安东尼奥·葛兰西:《狱中札记》,曹雷雨、姜丽、张跣译,中国社会科学出版社2000年版。

[英] 阿什比:《科技发达时代的大学教育》,滕大春、滕大生译,人民教育出版社1983年版。

[英] 安东尼·吉登斯:《第三条道路:社会民主主义的复兴》,郑戈译,北京大学出版社2000年版。

[英] 戴维·沃森:《高等院校公民与社区参与管理》,马忠虎译,江苏教育出版社2010年版。

三 中文期刊论文

别敦荣:《我国现代大学制度探析》,《江苏高教》2004年第3期。

陈德敏等:《初论建设有中国特色的现代大学制度》,《中国高教研究》2001年第3期。

陈相明、陈全圣:《国外大学治理研究述评》,《山西师大学报》(社会科学版)2013年第2期。

陈学飞:《高校去行政化:关键在政府》,《探索与争鸣》2010年第9期。

陈学飞:《五国高等教育管理体制改革中几个带共性的问题》,《高等教育研究》1992年第1期。

陈章龙:《新时期高校党委领导下的校长负责制研究》,《国家教育行政学院学报》2015年第7期。

崔高鹏:《浅析美国赠地学院创建模式及其影响》,《中国人民大学教育学刊》2014年第1期。

邓峰:《董事会制度的起源、演进与中国的学习》,《中国社会科学》2011年第1期。

丁月牙:《社会参与大学治理——基于高校内部的视角》,《国家教育行政学院学报》2014年第8期。

董云川:《现代大学制度中的政府、社会、学校》,《高等教育研究》2002年第5期。

杜玉波:《加快推进中国特色现代大学制度建设》,《中国高等教育》2013年第23期。

范文曜:《发展社会主义民主政治促进高等教育治理的社会参与》,《中国高教研究》2011年第6期。

范文曜:《高等教育治理的社会参与》,《复旦教育论坛》2010年第4期。

方友忠:《法国政府高官和大学校长〈谈高教与研究法草案〉》,《世界教育信息》2013年第16期。

傅永军、汪迎东:《哈贝马斯"公共领域"思想三论》,《山东社会科学》2007年第1期。

耿建:《中国高等教育公共治理的模式选择——兼论高校管理体制改革的方向及途径》,《江苏高教》2005年第3期。

耿同劲:《高等教育经费来源的国际比较及启示》,《现代教育科学(高教研究)》2010年第5期。

管培俊:《关于新时期高校人事制度改革的思考》,《教育研究》2014年第12期。

郭卉:《我国公立大学治理变革的困境与破解——基于路径依赖理论的分析》,《湖南师范大学教育科学学报》2011年第5期。

韩毅、何军:《美国1785年土地法令历史溯源》,《贵州社会科学》2014年第7期。

郝永林:《大学治理的社会参与:中国情境及其实现》,《大学教育科学》2014年第3期。

何玉海、王传金:《现代大学制度:本质内涵、基本结构与建设路径》,《上海师范大学学报》(哲学社会科学版)2016年第3期。

侯卫伟、孙健:《浅论高等教育管理中的社会参与问题》,《河南社会科学》2000年第1期。

侯新兵:《社会参与大学治理:内涵、动因及方式》,《黑龙江高教研究》2020年第7期。

胡赤弟：《高等教育中的利益相关者分析》，《教育研究》2005 年第 3 期。

黄硕：《法国高等教育立法的新近发展及其对中国高校治理的启示》，《复旦教育论坛》2019 年第 3 期。

蒋贵友：《一流大学规划中的社会参与治理及其现实困境》，《中国高校科技》2021 年第 10 期。

解淑暖：《法国组建"超级大学"》，《上海教育》2015 年第 11 期。

瞿振元：《三十而立 铸就辉煌 继往开来 任重道远》，《中国高教研究》2013 年第 7 期。

李福华：《利益相关者理论与大学管理体制创新》，《教育研究》2007 年第 7 期。

李慧玲、孟亚：《大学治理研究十年：主题、方法和层次》，《高校教育管理》2015 年第 1 期。

李平：《高等教育的多维质量观：利益相关者的视角》，《国家教育行政学院学报》2008 年第 6 期。

李涛、王桂云：《柯亨和阿拉托市民社会理论研究》，《前沿》2012 年第 20 期。

李晓波：《以股份制为契机建立现代大学制度》，《中国高教研究》2003 年第 8 期。

李占乐：《中国公民社会参与公共政策制定的渠道和方式》，《理论导刊》2011 年第 3 期。

林杰、张德祥：《中国高等教育外部治理现代化：理想目标、现实困境及推进策略》，《中国高教研究》2020 年第 3 期。

林靖云、刘亚敏：《我国教育治理中的社会参与：困境与出路》，《现代教育管理》2020 年第 11 期。

刘宝存、杨尊伟：《我国高等教育治理体系的社会参与：国际比较的视角》，《中国高教研究》2016 年第 12 期。

刘承波：《美国高教治理中的规划协调与社会参与机制研究及启示》，《中国高教研究》2007 年第 10 期。

刘承波：《中国公立高校治理中的社会参与》，《大学教育科学》2008 年第 5 期。

刘和旺：《诺思制度变迁的路径依赖理论新发展》，《经济评论》2006 年第 2 期。

刘红岩：《国内外社会参与程度与参与形式研究述评》，《中国行政管理》2012 年第 7 期。

刘绍怀：《关于我国现代高等教育管理体制基本要素问题的探讨》，《云南高教研究》2000 年第 2 期。

刘献君：《现代大学制度建设的哲学思考》，《中国高教研究》2010 年第 10 期。

刘振天：《西方国家教育管理体制中的社会参与》，《比较教育研究》1996 年第 3 期。

刘智运：《论高等教育运行机制》，《机械工业高教研究》1995 年第 3 期。

柳拯、刘东升：《社会参与：中国社会建设的基础力量》，《广东工业大学学报》（社会科学版）2013 年第 2 期。

龙献忠、周晶：《大学治理能力现代化进程中的社会参与制度建构》，《江苏高教》2018 年第 7 期。

龙献忠、杨柱：《治理理论：起因、学术渊源与内涵分析》，《云南师范大学学报》（哲学社会科学版）2007 年第 4 期。

龙献忠：《论高等教育多中心治理的参与协商机制》，《高等工程教育研究》2004 年第 5 期。

陆华：《建立"新大学"：法国高等教育改革的逻辑》，《复旦教育论坛》2009 年第 3 期。

马陆亭：《大学章程地位与要素的国际比较》，《教育研究》2009 年第 6 期。

马陆亭、范文曜：《我国现代大学制度的建设框架》，《国家教育行政学院学报》2009 年第 5 期。

潘海生：《作为利益相关者组织的大学治理理论分析》，《中国地质大学学报》（社会科学版）2007 年第 5 期。

潘懋元：《走向社会中心的大学需要建设现代制度》，《现代大学教育》

2001 年第 3 期。

潘敏:《建立我国现代大学制度的内外动因析》,《上海交通大学学报》(哲学社会科学版) 2001 年第 4 期。

申锦莲:《创新社会管理中的社会参与机制研究》,《行政与法》2011 年第 12 期。

沈汉:《20 世纪 60 年代西方学生运动的若干特点》,《史学月刊》2004 年第 1 期。

盛正发:《大学治理结构研究的综述和反思》,《集美大学学报》(教育科学版) 2010 年第 2 期。

史雯婷:《从高等教育的社会治理看第三部门的发展》,《江苏高教》2004 年第 3 期。

宋觉:《我国现代大学制度的价值取向与实现路径》,《教育发展研究》2008 年第 9 期。

孙健:《社会参与大学治理:内涵、价值与限度》,《教育理论与实践》2022 年第 33 期。

孙军:《市民社会理论对我国高等教育管理体制的启示》,《江苏社会科学》2012 年第 S1 期。

王兵:《当代中国人的社会参与研究述评》,《哈尔滨工业大学学报》(社会科学版) 2012 年第 6 期。

王洪才:《大学治理的内在逻辑与模式选择》,《高等教育研究》2012 年第 9 期。

王洪才:《论现代大学制度的结构特征》,《复旦教育论坛》2006 年第 1 期。

王洪才:《现代大学制度的内涵及其规定性》,《教育发展研究》2005 年第 21 期。

王冀生:《现代大学制度的基本特征》,《高教探索》2002 年第 1 期。

王建华、钟和平:《高校治理中社会参与的困境及对策分析》,《大学教育科学》2011 年第 1 期。

王建华:《第三部门视野中的现代大学制度》,《高等教育研究》2007 年第 1 期。

王晓辉：《法国大学治理模式探析》，《比较教育研究》2014年第7期。

王新松：《公民参与、政治参与及社会参与：概念辨析与理论解读》，《浙江学刊》2015年第1期。

王英津：《国家与社会：马克思主义经典作家之阐释》，《江苏行政学院学报》2004年第2期。

邬大光：《现代大学制度的根基》，《现代大学教育》2001年第3期。

吴松：《我们离现代大学制度有多远？》，《中国大学教学》2005年第1期。

吴伟央：《公司董事会职能流变考》，《中国政法大学学报》2009年第2期。

徐贲：《美国教育部从无到有》，《教育》2015年第48期。

徐敏：《高校信息公开与现代大学制度建设》，《江苏高教》2011年第1期。

许平：《"60年代"解读——60年代西方学生运动的历史定位》，《历史教学》2003年第3期。

许晓平：《应当重视社会参与大学管理》，《高等教育研究》1987年第3期。

宣勇：《外儒内道：大学去行政化的策略》，《教育研究》2010年第6期。

荀渊：《治理的缘起与大学治理的历史逻辑》，《全球教育展望》2014年第5期。

阎光才：《关于当前大学治理结构中的社会参与问题》，《清华大学教育研究》2020年第1期。

杨东平：《现代大学制度的精神特质》，《中国高等教育》2003年第23期。

杨龙：《路径依赖理论的政治学意义》，《中共宁波市委党校学报》2003年第1期。

杨瑞龙：《论制度供给》，《经济研究》1993年第8期。

叶家康、胡四能：《中国高等教育的社会参与：产生、发展、问题与对策》，《五邑大学学报》（社会科学版）1994年第5期。

易承志：《市民社会理论的历史回溯》，《云南行政学院学报》2009 年第 5 期。

尹贻梅、刘志高、刘卫东：《路径依赖理论研究进展评析》，《外国经济与管理》2011 年第 8 期。

俞可平，《民主是一个好东西》，《民主》2007 年第 1 期。

俞可平：《中国公民社会：概念、分类与制度环境》，《中国社会科学》2006 年第 1 期。

郁建兴、刘大志：《治理理论的现代性与后现代性》，《浙江大学学报》（人文社会科学版）2003 年第 2 期。

袁贵仁：《建立现代大学制度推进高教改革和发展》，《中国高等教育》2000 年第 3 期。

张斌贤：《现代大学制度的建立与完善》，《国家教育行政学院学报》2005 年第 11 期。

张德祥：《关于"现代大学制度研究"的几点思考——在"现代大学制度研究"开题会上的发言》，《辽宁教育研究》2005 年第 8 期。

张继明、王希普：《大学权力秩序重构与大学治理的现代化——基于社会参与大学治理的视角》，《高校教育管理》2017 年第 1 期。

张俊宗：《大学制度：范畴与创新》，《高等工程教育研究》2004 年第 3 期。

张俊宗：《现代大学制度：内涵、主题及主要内容》，《江苏高教》2004 年第 4 期。

张为宇：《法国〈高等教育与研究法案〉透视》，《世界教育信息》2013 年第 15 期。

章兢、彭兰：《中国特色现代大学制度的建设路径探析》，《中国高等教育》2012 年第 10 期。

赵俊芳：《现代大学制度的内在冲突及路径选择》，《高等教育研究》2011 年第 9 期。

赵士谦：《大学举办者、管理者和办学者权力关系配置与重塑》，《沈阳师范大学学报》（社会科学版）2018 年第 4 期。

赵祥：《新制度主义路径依赖理论的发展》，《人文杂志》2004 年第

6期。

赵晓男、刘霄:《制度路径依赖理论的发展、逻辑基础和分析框架》,《当代财经》2007年第7期。

钟秉林:《关于大学"去行政化"几个重要问题的探析》,《中国高等教育》2010年第9期。

周川:《中国高等教育管理体制改革的政策分析》,《高等教育研究》2009年第8期。

周光礼等:《大学章程的国际比较》,《中国高校科技与产业化》2011年第5期。

周光礼:《学术自由的实现与现代大学制度的建构》,《高等教育研究》2003年第1期。

周继良:《法国大学内部治理结构:历史嬗变与价值追求》,《教育研究》2015年第3期。

周娟、肖萍、程祥国:《高等教育治理社会主体法律地位研究》,《中南民族大学学报》(人文社会科学版)2018年第3期。

周穗明:《欧美"第三条道路"述评》,《岭南学刊》2002年第3期。

朱涵:《社会参与:创新高校多中心治理模式》,《江苏高教》2012年第3期。

朱玉山:《大学治理的社会参与:分析框架、概念界定与评测维度》,《现代教育管理》2017年第1期。

朱玉山等:《法国大学外部治理权力的历史嬗变与价值追求》,《高教探索》2016年第3期。

朱玉山:《高等教育普及化阶段美国公立大学校长遴选中的社会参与》,《江苏高教》2017年第7期。

朱玉山:《美国高等教育管理体制中的社会参与及借鉴》,《医学教育探索》2006年第7期。

朱玉山:《美国公立大学治理的社会参与制度:历史演进与基本特征》,《高教探索》2020年第11期。

朱玉山:《中美公立大学治理社会参与阶梯的比较研究》,《黑龙江高教研究》2021年第6期。

［法］皮埃尔·德沃维：《法国大学信息公开制度与实践》，《2012 年高校信息公开国际研讨会论文集》。

［美］马丁·特罗：《从精英向大众高等教育转变中的问题》，王香丽译，《外国高等教育资料》1999 年第 1 期。

［英］格里·斯托克等：《作为理论的治理：五个论点》，华夏风译，《国际社会科学杂志（中文版）》2019 年第 3 期。

四　学位论文

李国良：《治理理论视角下美国公立研究型大学制度研究》，博士学位论文，吉林大学，2016 年。

罗晓梦：《我国大学治理中公民参与的价值与实现途径》，硕士学位论文，东北大学，2011 年。

曲兴儒：《英美创业型大学治理中的社会参与研究》，硕士学位论文，东北石油大学，2019 年。

汪少卿：《"外欧内美"——全球化时代的法国高等教育改革》，硕士学位论文，浙江大学，2012 年。

王琳琳：《我国高校治理中社会参与的问题与对策研究》，硕士学位论文，东北大学，2012 年。

王馨悦：《自媒体时代社会参与大学治理研究》，硕士学位论文，湖南大学，2018 年。

徐从圣：《新型研究型大学社会参与治理研究》，硕士学位论文，浙江大学，2022 年。

杨燕：《中世纪时期巴黎大学的自治》，硕士学位论文，首都师范大学，2007 年。

张立：《高校治理中的社会参与研究》，硕士学位论文，湖南大学，2010 年。

周娟：《我国高等教育治理法治化研究》，博士学位论文，南昌大学，2017 年。

英文文献

Arthur M. Cohen & Carrie B. Kisker, *The Shaping of American Higher Education: Emergence and Growth of the Contemporary System* (2nd Ed.), San Francisco, California: Jossey – Bass Inc., 2010.

Battle K P., *History of the University of North Carolina (1789 – 1868)*, Raleigh: Edwards & Broughton Printing Company, 1907.

Clark Kerr & Marian Gade, *The Guardians: Boards of Trustees of American Colleges and Universities*, Washington D. C.: Association of Governing Boards of Universities & Colleges, 1989.

Clark Kerr, *The Great Transformation in Higher Education 1960 – 1980*, Albany: State University of New York Press, 1991.

David Levi – Faur. *The Oxford Handbook of Governance*, Oxford: Oxford University Press, 2012.

Dennis John Gayle et al., "Governance in the Twenty – First – Century University: Approaches to Effective Leadership and Strategic Management", *ASHE – ERIC Higher Education Report*, San Francisco California: Wiley Subscription Services, Inc., 2003.

Edgar Bruce Wesley, *Proposed: The University of The United States*, Minneapolis, Minnesota: The University of Minnesota Press, 1936.

Edwin D. Duryea, *The Academic Corporation: A History of College and University Governing Boards*, New York & London: Falmer Press, 2000.

Franklin A Gevurtz, "The European Origins and the Spread of the Corporate Board of Directors", *Stetson Law Review*, Vol. 33, 2004.

Frederick Rudolph, *The American College and University: A History*, Athens: Unversity of Georgia Press, 1990.

Hastings Rashdall, *The Universities of Europe in the Middle Ages (Vol. 1)*, Oxford: Oxford at the Clarendon Press, 1895.

Henry Rosovsky, *The University: An Owner's Manual*, New York: W. W. Norton & Company, Inc, 1991.

Hofstadter et al. (eds.), *American Higher Education: A Documentary History*, Chicago: University of Chicago Press, 1961.

Hugh Hawkins, *Banding Together: The Rise of National Associations in American Higher Education (1887 – 1950)*, Baltimore: The Johns Hopkins University Press, 1992.

Jean L. Cohen et al., *Civil Society and Political Theory*, Massachusetts and London: The MIT Press, 1992.

John S. Brubacher et al., *Higher Education in Transition: A History of American Colleges and Universities*, New Jersey: New Brunswick, 1997.

Keith Olson, *The GI Bill, The Veterans, and The Colleges*, The University Press of Kentucky, 1974.

Kemp Battle, *History of the University of North Carolina (1789 – 1868)*, Raleigh: Edwards & Broughton Printing Company, 1907.

L. E. Blauch (ed.), *Accreditation in Higher Education*, New York: Greenwood Press, 1969.

Lynne L Dallas, "The Multiple Roles of Corporate Boards of Directors", San Diego Law Review, 2003.

Pearl Kibre, *Scholarly Privileges in the Middle Ages: The Right, Privileges, and Immunities of Scholars and Universities at Bologna, Padua, Paris and Oxford*, Cambridge, Massachusetts: Mediaeval Academy of America, 1962.

Richard Ingram, *Governing Public Colleges and Universities: A Handbook for Trustees, Chief Executives, and Other Campus Leaders*, San Francisco, California: Jossey – Bass Publishers, 1993.

Richard Moll, *The Public Ivies: A Guide to America's Best Public Undergraduate Colleges and Universities*, New York: Penguin, 1985.

Robert Berdahl, "Shared Governance and External Constraints", in Marvin Peterson ed. *Organization and Governance in Higher Education*, Needham

Heights, MA: Simon & Schuster, 1991.

Sherry Arnstein, "A Ladder of Citizen Participation", *Journal of the American Planning Association*, Vol. 85, No. 1, 2019.

Stuart Langton, *Citizen Participation in America*, Lexington, Massachusetts: D. C. Heath and Company, 1978.

The Commission on Global Governance, *Our Global Neighborhood: The Commission on Global Governance*, Oxford: Oxford University Press, 1995.

Thomas Walter Reed, *History of the University of Georgia*, Athens, Georgia: University of Georgia Press, 1949.

Werner Z. Hirsch et al. (eds.), *Governance in Higher Education—The University in a State of Flux*, London: Economia Ltd., 2001.

W. H. Cowley, *Presidents, Professors, and Trustees: The Evolution of American Academic Government*, San Francisco California: Jossey – Bass, 1980.

附　　录

附录一　高等学校信息透明度指数指标体系

一级指标及权重	二级指标及权重
学校基本情况（15%）	学校概况（10%）
	学校章程（10%）
	学科简介（10%）
	机构设置与职能（10%）
	学校领导信息名单（25%）
	境内外教育与合作办学（10%）
	后勤保障（10%）
	校园安全（15%）
招考信息（25%）	招考栏目设置（10%）
	招生信息发布（30%）
	特殊类型招考信息（15%）
	研究生复试信息（15%）
	录取查询渠道（20%）
	咨询与申诉渠道（10%）
学生管理信息（20%）	学籍管理信息（10%）
	教学质量信息（15%）
	奖学金与助学金发放（35%）
	学位授予（15%）
	就业质量（10%）
	奖惩机制（15%）

续表

一级指标及权重	二级指标及权重
财务信息（20%）	财务管理栏目设置（15%）
	财务、资产管理制度（5%）
	受捐赠财产的使用与管理（15%）
	校办企业资产信息（15%）
	采购与招投标信息（15%）
	预算信息（15%）
	决算信息（15%）
	收费信息（15%）
信息公开专栏（20%）	栏目设置（15%）
	信息公开制度（10%）
	信息公开指南（10%）
	信息公开目录（20%）
	信息公开年度报告（15%）
	依申请公开（20%）
	网站检索功能（10%）

摘自《中国高等教育透明度指数报告（2014）》，中国社会科学出版社 2015 年版，第 6 页。

附录二 UNC–Chapel Hill 大学咨询委员会成员职业情况一览表（2016 年 1 月）

序号	姓名	性别	工作单位	职业身份	职业类	所在委员会
1	Tom	男	投资公司总经理	总经理	企业	SCS, MI
2	Sandy	男	会计事务公司合伙人	合伙人	企业	SR
3	Nancy	女	不详	不详	不详	不详
4	Vincent	男	埃里森家庭及美容牙科牙医	牙医	医院	不详
5	Anna	女	不详	不详	不详	MI
6	Billy	男	投资公司总经理	总经理	企业	不详
7	Brian	男	投资公司总经理	总经理	企业	MI

续表

序号	姓名	性别	工作单位	职业身份	职业类	所在委员会
8	Ibrez	男	医疗集团内科医生	内科医生	医院	SR
9	Barton	男	投资咨询公司总经理	总经理	企业	不详
10	Batchelder	男	律师事务所合伙人	合伙人	法律	SR, SCS
11	Dan	男	商业公司合伙人	合伙人	企业	SR
12	Caroline	女	广播集团执行副总裁/首席财务官	副总裁	媒体	MI
13	David	男	国防部干事	国防部干事	政府	不详
14	Mary	女	前州立图书管理员,退休	图书管理员	社区	MI
15	Melanie	女	不详	不详	不详	SR
16	Rob	男	不详	不详	不详	SR, SCS
17	Philip	男	投资公司董事长兼总裁	董事长	企业	不详
18	Adele	女	私人教练	私人教练	社区	SR
19	Peter	男	投资公司总经理	总经理	企业	SR
20	Erskine	男	投资公司高级顾问	投资顾问	企业	不详
21	Antonio	男	桑福德儿童牙科牙医	牙医	医院	SR
22	Mike	男	医疗资本企业总裁	总裁	企业	不详
23	Charles	男	律师	律师	法律	MI
24	Karl	男	不动产服务公司高级副总裁	副总裁	企业	SR
25	Rob	男	北卡州众议院议员,律师事务所合伙人	众议院议员	政府	不详
26	Angela	女	愿景公司高级顾问	投资顾问	企业	不详
27	Lee	男	创投公司负责人	总经理	企业	SR
28	Baker	男	投资公司首席投资官	投资顾问	企业	不详
29	Tim	男	转炉改进公司总裁	总裁	企业	不详
30	Cassandra	女	公司高级顾问	公司顾问	企业	不详
31	Len	男	公司总裁,退休	总裁	企业	不详
32	Tom	男	能源公司董事长/首席执行官/总裁(已退休)	总裁	企业	不详
33	Virginia	女	北卡公共交通运输部项目主任	交通厅主任	政府	GR

续表

序号	姓名	性别	工作单位	职业身份	职业类	所在委员会
34	Phil	男	律师事务所高级合伙人	合伙人	法律	不详
35	Rusty	男	泊车服务公司总经理	总经理	企业	不详
36	Anne	女	不详	不详	不详	不详
37	Chaney	女	商务管理公司负责人	总经理	企业	MC
38	Debu	男	营销公司总裁/创始人	总裁	企业	SCS
39	Dockery	女	营销公司合伙人	合伙人	企业	MC
40	Clay	男	MIT 前校长	大学校长	教育	不详
41	Britt	男	州长办公室主任（退休）	州长办公室主任	政府	SR
42	Sandy	男	会计师事务所合伙人	合伙人	企业	SR
43	John	男	服装公司总裁	总裁	企业	不详
44	Marylouise	女	律师事务所合伙人	合伙人	法律	不详
45	Paul	男	泌尿外科协会会长兼合伙人	协会会长	协会	不详
46	Marcus	男	牙科医院牙医	牙医	医院	SCS
47	Tom	男	基金会主任	基金会主任	基金会	MC
48	Lisa	男	家装设计公司设计师	家装设计师	企业	不详
49	Margaret	女	不详	不详	不详	SR
50	Doug	男	UNC 校友总会会长	校友总会会长	协会	SR, LR
51	Samuel	男	律师事务所律师	律师	法律	不详
52	Pepper	女	幼儿园教师（退休）	幼教老师	教育	不详
53	Dunlevie	女	银行总经理	总经理	银行	不详
54	Rob	男	投资公司合伙人	合伙人	企业	不详
55	Brian	男	不详	不详	不详	GR, MI
56	John	男	房地产中介公司总经理	总经理	企业	不详
57	Bob	男	理财公司总经理	总经理	企业	不详
58	Daryl	男	传媒公司高级副总裁	副总裁	媒体	MC, SR
59	John	男	投资银行的合伙人和创始人	合伙人	银行	不详
60	Lisa	女	公司总经理兼发言人	总经理	企业	SR
61	Roy	女	医疗集团医生	医生	医院	SR
62	Joe	男	美林证券公司高级副总裁	副总裁	企业	SR

续表

序号	姓名	性别	工作单位	职业身份	职业类	所在委员会
63	Mary Susan	女	医疗集团妇产科医生（退休）	妇产科医生	医院	不详
64	Paul	男	家具公司董事会（退休）	董事	企业	不详
65	Rex	男	投资公司董事会兼总经理	总经理	企业	MC
66	Alston	男	风投公司合伙人	合伙人	企业	不详
67	Harold	男	贸易公司创始人和总裁	总裁	企业	不详
68	Glover	女	基金会总经理	总经理	基金会	MI
69	Mike	男	律师事务所律师	律师	法律	SR，GR
70	Leigh	女	家居装饰公司创始人兼总经理	总经理	企业	SR
71	Grisham	女	不详	不详	不详	SR
72	Rick	男	北卡州参议院议员，人才公司总裁	参议院议员	政府	GR
73	Jennifer	女	投资咨询服务公司创始人	总经理	企业	不详
74	Hamilton	男	风险管理公司总经理	总经理	企业	MC
75	John	男	投资公司总裁	总裁	企业	MI
76	Hank	男	律师事务所律师	律师	法律	SR
77	Paul	男	UNC – Chapel Hill 前校长，教授（退休）	大学校长	教育	不详
78	Hooper	男	管件铸造公司总裁	总裁	企业	SCS
79	Hargrove	男	眼科医院医生	眼科医生	医院	不详
80	Wade	男	法律事务所高级合伙人	合伙人	法律	不详
81	Johnny	男	房地产公司总裁	总裁	企业	不详
82	Cecil	男	律师事务所合伙人	合伙人	法律	SR
83	Hada	女	律师事务所合伙人	合伙人	法律	SR
84	Chris	男	美国参议院副议长	美国参议院副议长	政府	不详
85	Sam	男	北卡环保厅法律总顾问	环保厅法律总顾问	政府	SR
86	Jennie	女	社区志愿者	社区志愿者	社区	SR

续表

序号	姓名	性别	工作单位	职业身份	职业类	所在委员会
87	Buzz	男	贸易公司董事会/总经理	总经理	企业	MC
88	Leon	男	杜克眼科中心眼科学教授	教授	教育	SR
89	Allan	男	投资公司合伙人	合伙人	企业	SR
90	Joseph	男	工业公司高级副总裁	副总裁	企业	SCS
91	Patty	女	UNC护理学院兼职助理教授	教授	教育	SCS
92	Hobgood	男	富国银行投资咨询公司副总裁	副总裁	银行	MC
93	Michael	男	货运公司总经理	总经理	企业	不详
94	John	男	北卡州法院大法官	法院大法官	政府	SCS, SR
95	Jim	男	再生能源公司经济分析师	经济分析师	企业	SR, GR
96	Hans	男	建筑公司首席法官	律师	企业	不详
97	Gray	男	法律事务公司特别顾问	法律顾问	法律	MI, SCS
98	Barbara	女	基金会公司总经理	总经理	基金会	不详
99	Jim	男	咨询公司负责人	总经理	企业	不详
100	Lori	女	基金会公司总经理	总经理	基金会	SR
101	Bob	男	会计师事务所资深顾问	投资顾问	企业	SR
102	Richard	男	董事长（退休）	董事长	企业	不详
103	Nell	女	妇科协会妇产科医生	妇产科医生	协会	nd
104	Wande	女	儿童国家医学中心麻醉师	麻醉师	医院	SR
105	Sandra	女	强生公司律师	律师	企业	SR, MC, MI
106	Bert	男	北卡州议会议员	州议员	政府	GR
107	Bob	男	律师事务所合伙人	合伙人	法律	SR
108	Henry	男	投资公司合伙人	合伙人	企业	SR
109	Pete	男	软件公司总裁	总裁	企业	SR
110	John	男	IBM公司副总裁	副总裁	企业	SR, MC
111	Thane	男	控股公司总裁	总裁	企业	不详
112	Jim	男	南方电力公司	总裁	企业	不详
113	Jean	男	药业公司总裁	总裁	企业	不详
114	Zee	男	纳什县县长	县长	政府	GR

续表

序号	姓名	性别	工作单位	职业身份	职业类	所在委员会
115	Tom	男	基金会高级职员（退休）	基金会职员	基金会	不详
116	Kel	男	投资公司合伙人	合伙人	企业	不详
117	William	男	区域医疗主任	经理	企业	SCS
118	Matt	男	投资公司合伙人	合伙人	企业	SR
119	Jane	女	基金会总经理	总经理	基金会	SR
120	Malcolm	男	集团公司高级项目经理	经理	企业	SCS
121	Lomax	男	不详	不详	不详	SR
122	Mike	男	董事会成员	董事	企业	SCS
123	John	男	印刷公司	职员	企业	SR
124	William	男	UNC-CH 教育学院副教授（退休）	教授	教育	SR
125	Francie	女	不详	不详	不详	不详
126	Sarah	女	不详	不详	不详	SR
127	Charles	女	律师事务所律师	律师	法律	SR
128	Kevin	男	律师事务所合伙人	律师	法律	不详
129	Denise	女	安保公司总裁	总裁	企业	不详
130	Karol	女	美国司法部助理总检察长	美国司法部检察长	政府	不详
131	Knox	男	家庭投资理财公司合伙人	合伙人	企业	SCS, SR
132	Bert	男	谷物烘干机公司总裁	总裁	企业	SR
133	John Robert	男	能源集团总裁	总裁	企业	SR
134	Bill	男	投资公司合伙人	合伙人	企业	不详
135	Bettie	女	UNC 牙医学院兼职副教授	教授	教育	MI, SCS
136	Brian	男	生物科技公司管理合伙人	合伙人	企业	SR, SCS
137	Andrew	男	配送公司首席运营官	总裁	企业	MC
138	Molly	女	康奈尔大学医学院助理教授	教授	教育	不详
139	Ralph	男	律师事务所律师	律师	法律	SR, GR
140	Taylor	男	铜金矿公司财务及业务发展总监	总裁	企业	不详
141	Charlie	男	律师事务所合伙人	合伙人	法律	SR

续表

序号	姓名	性别	工作单位	职业身份	职业类	所在委员会
142	Charlie	男	竞技体育有限公司总裁	总裁	企业	SCS
143	Bill	男	律师事务所律师，UNC、DUKE兼职讲师	律师	法律	SR
144	Nik	男	投资管理公司合伙人	合伙人	企业	GR
145	Jame	男	UNC–Chapel Hill前校长	大学校长	教育	不详
146	David	男	律师事务所合伙人（退休）	合伙人	法律	SR
147	Tom	男	南大西洋资本管理公司市部经理	总经理	企业	SR, MC
148	Frank	男	阿什维尔麻醉协会麻醉师	麻醉师	协会	GR
149	Chris	女	北卡无罪人员援助中心行政总监	行政总监	协会	SR
150	Tom	男	北卡州法院行政办公室政府事务首席法律顾问	政府事务顾问	政府	SR
151	Jim	男	商业公司经理	经理	企业	SR
152	Anne	女	哈利诺尔曼房地产经纪人	经纪人	企业	SR
153	Danny	男	风投公司经理	经理	企业	SR
154	Anc	男	保险公司高级副总裁	副总裁	企业	SR, MC
155	Sam	男	杜克地产公司常务副总裁	副总裁	企业	SR
156	Pemala	女	妇幼保健院妇产科医生	妇产科医生	医院	SR, SCS
157	Caroline	女	房地产投资信托公司前首席财务官	首席财务官	企业	不详
158	Wanda	女	达勒姆市副城市经理（副市长）	副市长	政府	GR
159	David	男	商业地产投资公司总裁	总裁	企业	不详
160	Paul	男	高盛集团全球并购董事会主席	董事长	企业	SCS
161	Jimbo	男	商业咨询公司城市研究所高级研究员	研究员	企业	SR
162	Lou	男	医疗保险公司副总裁	副总裁	企业	SR, SCS
163	Bailey	男	投资管理公司合伙管理人	合伙人	企业	SCS, GR

续表

序号	姓名	性别	工作单位	职业身份	职业类	所在委员会
164	Roger	男	房地产开发公司总裁	总裁	企业	不详
165	Phil	男	国际学生交流与发展民间非营利组织总裁兼首席执行官	总裁	协会	不详
166	Suzanne	女	社区志愿者	社区志愿者	社区	SR, MI
167	Greg	男	设备公司董事长（退休）	董事长	企业	不详
168	Tilghman	男	法律公司总裁	总裁	法律	SR
169	John	男	生态恢复公司首席运营官	总裁	企业	LR
170	Billy	男	内科医生	内科医生	医院	不详
171	George	男	法律事务所高级合伙人/律师	合伙人	法律	不详
172	Donna	女	律师事务所律师	律师	法律	SCS
173	David	男	杜克能源支持基金联邦事务部主任	基金会主任	基金会	SCS
174	Sallie	女	银行业机器产品销售公司营销主任	营销主任	企业	SR
175	Michael	男	富国银行高级副总裁	副总裁	银行	GR
176	Douglas	男	密歇根企业领导人圆桌会议总裁	总裁	企业	MC
177	Reid	男	商务管理顾问公司的合伙人	合伙人	企业	不详
178	Jeannie	女	不详	不详	不详	SR
179	Nelson	男	投资公司董事长	董事长	企业	不详
180	Charles	不详	不详	不详	不详	不详
181	Jay	男	律师事务所律师/合伙人	合伙人	法律	SR
182	Jim	男	工业设备制造公司首席执行官	总经理	企业	SCS, MC
183	Sallie	女	投资管理公司总经理	总经理	企业	不详
184	Louise	女	不详	不详	不详	SR
185	Henry	男	药品生产公司所有人/总裁	总裁	企业	SR
186	Ken	男	投资公司总经理	总经理	企业	MC, SR
187	Kristen	女	商会副会长	商会副会长	协会	GR, MC

续表

序号	姓名	性别	工作单位	职业身份	职业类	所在委员会
188	Ray	男	法律事务所合伙人	合伙人	法律	GR
189	Clayton	男	北卡州众议院议长办公室主任	议长办公室主任	政府	GR
190	C. D.	男	北卡大学总校校长（退休）	大学校长	教育	不详
191	Bill	男	房地产投资管理公司投资顾问	投资顾问	企业	SR
192	Don	男	货运公司CEO兼董事长	董事长	企业	不详
193	John	男	投资公司	总经理	企业	不详
194	Richard	男	北卡州参议院议员	州参议院议员	政府	不详
195	John	男	律师事务所律师/合伙人	合伙人	法律	不详
196	Katina	女	查尔斯顿大学学院院长	大学院长	教育	不详
197	Ralph	男	美联银行律师/总顾问（退休）	律师	银行	不详
198	Bob	男	建材零售公司董事长（退休）	董事长	企业	不说
199	Michael	男	波士顿咨询集团公司负责人	总经理	企业	SCS, MC
200	Polly	女	不详	不详	不详	不详
201	Bryan	男	农业公司总经理	总经理	企业	SR, MI
202	Ted	男	北卡大学系统总部法律顾问	法律顾问	教育	MC
203	Robert	男	律师事务所律师/合伙人	合伙人	法律	SCS
204	Cressie	女	北卡州上诉法院大法官	州法院大法官	政府	不详
205	Holden	男	华盛顿大学圣路易斯分校教务长	大学教务长	教育	不详
206	Walter	男	农业银行城市部经理（退休）	经理	银行	不详
207	Margaret	女	社区志愿者	社区志愿者	社区	SR
208	Roland	男	北卡州伊甸顿市市长	市长	政府	SR
209	Edgar	男	基金会项目主任	基金会职员	基金会	MC
210	John	男	人寿保险公司总裁（退休）	总裁	企业	SCS, MC
211	David	男	法律事务公司总裁兼律师	总裁	法律	不详

续表

序号	姓名	性别	工作单位	职业身份	职业类	所在委员会
212	Felicia	女	UNC – Chapel Hill 副校长	大学副校长	教育	不详
213	Cathy	女	不详	不详	不详	不详
214	Judy	女	不详	不详	不详	不详
215	Chris	男	商业律师事务所律师	律师	法律	不详
216	Bob	男	汽车部件销售公司副总裁	副总裁	企业	不详
217	Randall	男	医疗集团内科医师	医生	医院	不详
218	Stick	男	杜克能源基金会与杜克能源公司总裁	总裁	企业	不详
219	Larry	男	医院麻醉师	麻醉师	医院	不详
220	Bob	男	酒店管理与服务公司首席执行官	总经理	企业	不详
221	Alex	男	投资公司总经理	总经理	企业	SR
222	Annette	女	不详	不详	不详	不详
223	Chris	男	房地产中介公司总裁	总裁	企业	不详
224	Marry Brent	女	社区志愿者	社区志愿者	社区	SR

数据资料来源于北卡大学教堂山分校的 BOV 网站，http://bov.web.unc.edu/directory，访问日期是 2016-03-03，其中各成员参与的各委员会英文字母缩写分别代表 GR – Government Relations, SR – State Relations, LR – Local Relations, SCS – Student Career Services, SR – Student Recruitment, MC – Marketing Communications, MI – Membership Involvement.

附录三 2015 年 UNC – Chapel Hill 历次董事会全体会议内容

会议时间	会议议题	表决形式	表决结果
2015-01-22	认可事项：前次董事会会议记录、教师加薪及职位晋升、三位副校长和体委主任加薪	提议并附议	批准（approved）
	董事会主席讲话	通报情况	无需表决
	学生会主席讲话	通报情况	无需表决

续表

会议时间	会议议题	表决形式	表决结果
2015-01-22	校长讲话	通报情况	无需表决
	海洋科学研究所情况交流	信息交流	无需表决
	奥德姆社会科学研究所情况交流	信息交流	无需表决
	北卡女性中心工作情况交流	信息交流	无需表决
	黑人文化与历史中心工作情况交流	信息交流	无需表决
	对外关系委员会报告	委员会会议通报	无需表决
	财务与基础设施委员会报告：房屋租赁	提议并附议	通过（passed）
	设施改造方案	提议并附议	通过（一票反对）
	创新与影响委员会报告	工作研讨	无需表决
	大学事务委员会报告	信息通报	无需表决
	对外关系委员会报告：来自校长命名委员会的建议	提议和附议表决	通过
	大学事务委员会报告：晋升与加薪	提议和附议表决	通过
2015-03-26	认可事项：前次董事会会议记录、教师加薪及职位晋升	提议和附议表决	批准（approved）
	董事会主席讲话	通报情况	无需表决
	学生会主席讲话	通报情况	无需表决
	校长讲话	通报情况	无需表决
	校表演艺术团情况交流	信息交流	无需表决
	人事委员会报告	通报情况	无需表决
	对外关系委员会报告	通报情况	无需表决
	财务与基础设施委员会：条例修改、建筑设计商选择、租赁通报	提议和附议表决	批准
	建筑设计商选择	提议和附议表决	通过
	创新与影响委员会报告	通报情况	无需表决
	大学事务委员会报告	通报情况	无需表决
	对外关系委员会报告：WUNC-FM管理委员会	提议和附议表决	通过（一致）
	大学事务委员会报告：晋升和加薪	提议和附议表决	通过

续表

会议时间	会议议题	表决形式	表决结果
2015-05-28	学生会主席宣誓就职		
	认可事项：前次董事会会议记录、教师加薪及职位晋升	提议和附议表决	批准
	董事会主席讲话：篮球主教练表彰决定	提议和附议表决	通过
	五位董事任职到期表彰决定	提议和附议表决	通过（一致）
	五位到期董事任荣誉董事决定	提议和附议表决	通过（一致）
	董事会秘书提议起草对董事会主席的表彰决定	提议和附议表决	通过（一致）
	命名委员会报告：任命新成员	提议和附议表决	通过
	学生会主席讲话	通报情况	无需表决
	校长讲话	通报情况	无需表决
	继续教育中心情况交流	信息交流	无需表决
	校园命名问题：工作研讨＋解决方案，方案1	提议、附议、举手表决	通过（一致）
	方案2	提议、附议、举手表决	通过（10：3）
	方案3	提议、附议、举手表决	通过（一致）
	对外关系委员会报告	通报情况	无需表决
	财务与基础设施委员会：建筑设计商选择、租赁通报、发展报告	提议和附议表决	通过（一致）
	创新与影响委员会报告	通报情况	无需表决
	大学事务委员会报告：晋升和加薪	提议和附议表决	通过
	大学风险管理团队报告	信息交流	无需表决
	对外关系委员会报告：2019届BOV选拔	提议和附议表决	通过
	大学事务委员会报告：晋升和加薪	提议和附议表决	通过

续表

会议时间	会议议题	表决形式	表决结果
2015-07-23	六位新董事宣誓就职		
	董事会官员选举	提议和附议表决	通过
	前董事长表彰决定	提议和附议表决	通过
	认可事项：前次董事会会议记录、教师加薪及职位晋升、法学院院长任命	提议和附议表决	批准
	董事会主席讲话	通报情况	无需表决
	学生会主席讲话	通报情况	无需表决
	校长讲话	通报情况	无需表决
	临床与转化研究所情况交流	信息交流	无需表决
	健康信息学专业情况交流	信息交流	无需表决
	对外关系委员会报告：BOV副主席任命	提议和附议表决	通过
	财务与基础设施委员会报告：捐赠基金的投资分配、建筑设计商选择、年度审计认证信处理	提议和附议表决	通过（一致）
	商业与经济发展委员会报告	通报情况	无需表决
	大学事务委员会报告	通报情况	无需表决
	大学事务委员会报告：晋升和加薪	提议和附议表决	通过
2015-10-01	认可事项：前次董事会会议记录、基金会理事会人事安排	提议和附议表决	批准
	董事会主席讲话	通报情况	无需表决
	学生会主席讲话	通报情况	无需表决
	校长讲话	通报情况	无需表决
	生物医学工程系情况交流	信息交流	无需表决
	创新与创业情况交流	信息交流	无需表决
	商业与经济发展委员会报告	通报情况	无需表决
	对外关系委员会报告	通报情况	无需表决
	财务与基础设施委员会报告：审计计划等	提议和附议表决	通过（一致）
	建筑商选择	提议和附议表决	通过
	大学事务委员会报告	通报情况	无需表决
	大学事务委员会报告：晋升和加薪	提议和附议表决	通过

续表

会议时间	会议议题	表决形式	表决结果
2015-11-19	认可事项：前次董事会会议记录、晋升与加薪、文理学院院长任命	提议和附议表决	批准
	董事会主席讲话	通报情况	无需表决
	学生会主席讲话	通报情况	无需表决
	认识诺贝尔奖获奖者	信息交流	无需表决
	校长讲话	通报情况	无需表决
	运动脑外伤研究中心情况交流	信息交流	无需表决
	商业与经济发展委员会报告	通报情况	无需表决
	对外关系委员会报告	通报情况	无需表决
	财务与基础设施委员会报告：建筑设计商选择、设计报告、年度捐赠基金报告	提议和附议表决	通过（一致）
	大学事务委员会报告：医学院地区教育项目	提议和附议表决	通过
	师生员工申诉处理草案	提议和附议表决	通过
	大学事务委员会报告：晋升和加薪	提议和附议表决	通过
	任命商业与经济发展副校长	提议和附议表决	通过

* 资料来源：http://bot.unc.edu/minutes，根据北卡大学教堂山分校董事会网站董事会会议记录整理。

附录四　UNC – Chapel Hill 校长遴选调查问卷

封面信

2012 年 11 月 13 日

尊敬的学生、教师、员工、校友、家长、朋友和社区成员：

校长遴选委员会邀请您分享关于您对下一任校长的看法。

点击这里https://www.surveymonkey.com/s/bpmpnv9 展开调查问卷，其中包括五个问题，涵盖了大学最大的资产，以及下任校长的首要任务和其素质或专业素养等。请在 2012 年 12 月 15 日前完成并提交。

您的参与将有助于遴选委员会更好地评估北卡大学教堂山分校师生员工以及整个北卡社区的意见，促进我们遴选的过程更好地向前迈进。

您还可以通过发送电子邮件或者书面来信表达您更多的反馈意见，电子邮件发送到 chancellorsearch@ unc. edu，来信请寄到北卡州教堂山市北卡罗来纳大学教堂山分校校园 1794#信箱，遴选委员会收，邮编 27599 - 1794。

谢谢您在我们遴选索普校长的继任者过程中给我们提供的帮助。

校长遴选委员会

(* 来源：http：//chancellor. unc. edu/2012/11/chancellor - search - committee - invites - participation - in - brief - online - survey - about - chancellor - search/)

校长遴选调查问卷

北卡大学教堂山分校校长遴选委员会在他们开始遴选下一任校长前，希望听到您的反馈和意见。请花几分钟时间完成以下问卷调查，调查结果将提供给遴选委员会。

1. 北卡大学教堂山分校最大的资产是什么？（选 3 项）
    声誉和排名
    致力于通识教育
    卓越的竞技体育
    对本州积极的经济影响
    卓越的学术成就
    传统和历史
    致力于本科生（教学和研究）
    大学本身（学生，教师和工作人员）
    新观点的研究与发现
    校友的骄傲与忠诚

全球影响力

录取率与学费承受能力

文化活动与专业

与北卡罗来纳州人民的紧密联系

2. 下一任校长的首要任务是什么？（选5项）

  与政府部门的关系

  致力于通识教育

  提高多样性

  维持筹款成功

  大学扩展（北校区）

  设施质量

  保持卓越的竞技体育

  留住最好的教职员工

  学生和教师招收质量

  环境的可持续性

  公共服务

  保持国家高等教育的领导者

  与当地社区的关系

  扩大研究及其对社会的影响

  阐述高等教育的价值

  在线教育/电子学习

  保持录取率和学费负担能力

  加强大学的全球影响力

  保持卓越的学术成就

  确保必要的资金来源以保持卓越

3. 对于大学校长来说，取得成功的最重要的五项个性特征是什么？（选5项）

  学术经历

  正直诚实

附 录

良好的判断力和决策能力

政治敏锐性

管理经验

人际交往能力——能够与不同背景人的联系

大学使命的理解（教学、研究与公共服务）

重视透明度

理解科研的重要性

欣赏共同治理（学生和教师自治）

建立一个强大的团队的能力

理解体育运动的作用

高效的大学发言人

理解学生、教育和员工的期望

全球视野

协作的领导风格

4. 对于下一任校长，您更看重哪些方面的经验？（选3项）

筹款经验

领导经验

校际竞技体育知识

与北卡罗来纳州的关系

在学术界的背景

公共服务的经验

对科研的理解

与北卡大学教堂山分校的关系

复杂组织的行政管理

创新

5. 您与北卡罗来纳大学教堂山分校的关系是？

朋友

员工

教师

学生
校友
家长
居民

(＊来源：https：//www.surveymonkey.com/r/BPMPNV9？sm＝GzbTMfgGAiqTjvU-VIlpemA％3d％3d)

后　记

"大学存在的时间超过了任何形式的政府，任何传统、法律的变革和科学思想，因为它们满足了人们的永恒需要。在人类的种种创造中，没有任何东西比大学更经得住漫长的吞没一切的时间历程的考验。"人们的这种永恒需要就是对真理的无限追求，大学超乎寻常的历史存在最根本原因是满足了人类对知识的渴求，这是符合大学合法存在的认识论逻辑的。大学从中世纪一路走来，从社会的边缘走到社会的中心，也正是它的特殊运行方式和治理机制才使得它历久弥新，依然焕发勃勃生机。因此，因时因势的大学治理变革对大学的健康成长发挥了举足轻重的作用。

走到社会中心的现代大学不仅仅是大学人自己的组织，还受到政府和社会的共同关注，各种利益相关群体共同参与大学治理已是现代大学不可回避的现实，社会参与大学治理成为现代大学的必然要求。社会参与和公众参与同义，是从其他学科引入而来，既然来自其他学科，社会参与当属专有名词，它不仅仅包含"社会的参与"这一具体的主体和行为，更重要的是它包含一定的思想意蕴和理论基础，因此用"大学治理的社会参与"一词不仅能涵盖社会参与大学治理的主体和行为，更能够体现大学治理社会参与的思想内涵。

美国是社会系统非常发达的国家，其大学治理的社会参与不仅理念深入人心，而且其社会参与的水平和质量也都达到了较高的层次，不管是理念还是经验都是值得类似中国这样的国家学习借鉴的。尽管有人认为"中国的政府参与的水平和质量也是值得它国学习的"，这也是不争的事实，但是社会参与的"有无"与"高低"超出了同一个话语体系，那是 0 与 1 的差别。因此，如何迈上大学治理社会参与这个台阶是中国建设现代大学的必然要求。法国大学治理中社会参与的发生机制不是一个值得学习的样板，但是法国有着同样中央集权体制传统的大学治理模式，由强力的中央集权控制快速走向社会参与大学治理模式，而且其从无到有、自上而下式的发展走向是值得中国借鉴的。

研究展示了一个比较成熟的美国公立大学治理社会参与的案例，从理念到实践、从历史到现实呈现了一个真实的样本，目的是提供参考和借鉴，文中对美国经验和成绩介绍较多，对弊端和不足批判较少，出发点是为中国提供参照系。当然，在美国公立大学治理机制变革过程中，各利益相关主体参与机制的磨合、由冲突走向妥协和平衡的历程，以及社会主体参与治理的效率和效果的质疑与争论，更是值得深入探讨的，这也是经过本研究提出的一个更加有难度但更加值得深入研究的课题，我将持续探索下去。

本书能够付梓，首先要感谢教育部人文社会科学研究规划基金项目"现代大学治理的社会参与机制研究"（18YJA880122）、江苏省高校优势学科建设工程项目（江苏师范大学教育学）和江苏省高校哲学社会科学优秀创新团队"现代大学治理"（江苏师范大学）建设项目的资助，感谢中国社会科学出版社编辑们不辞辛苦的付出；我要特别将此书献给一直督促我进步的父亲，遗憾的是他在我博士论文答辩的两周前因病离世，还要献给我慈爱的母亲；感谢我的妻子和儿子的理解与支持；还要感谢所有真诚关心和帮助过我的老师、同学、同事、亲人和朋友。

感谢所有爱我的人和我爱的人，愿大学的明天更加美好，愿人类的明天更加美好！

2024 年 5 月 11 日于雅筑陋室